Memoru ĉi praulojn:
Eseoj pri Esperanto-literaturo

HUMPHREY TONKIN

Memoru ĉi praulojn:

Eseoj pri Esperanto-literaturo

MONDIAL

Mondial
Novjorko

Humphrey Tonkin:

**Memoru ĉi praulojn:
Eseoj pri Esperanto-literaturo**

Kovrilo: Mondial

ISBN 9781595694157

www.esperantoliteraturo.com

Enhavo

Antaŭparolo

En sia pensinstiga kaj dokta libro *Loĝi en homaj lingvoj* (2011) Probal Dasgupta prezentas al ni la nocion, ke lingvoj estas domoj, loĝejoj, ĉiuj kun siaj diversaj karakterizaĵoj, kaj ke Esperanto estas samtempe unu el tiaj domoj kaj ligilo interdoma. Se ĉiuj lingvoj estas konversacioj, Dasgupta sugestas, Esperanto estas interkonversacia konversacio. Tio evidentas en la Esperanto-literaturo, kiu samtempe havas siajn unikajn apartaĵojn kaj celas per tiuj apartaĵoj tamen interligi la homojn kaj trovi komunajn spertojn kaj ideojn. La plimulto de la esperantistaro uzas Esperanton kiel duan, aŭ trian, aŭ kvaran lingvon. Eĉ la denaskaj esperantistoj samtempe kontaktiĝas kun aliaj lingvoj kaj ties loĝejaj apartaĵoj. Kiel, do, plej efike konstrui literaturon, en medio en kiu ĉiu "loĝanto" estas tirita dudirekten, al la denaska kaj al la esperantista tradicioj? Kaj kiel entute krei literaturan tradicion kiu povas transponti tiujn diferencojn? Malfacile eble, sed inda je eksperimentado. La Esperanto-literaturo estas bone konata nur al limigita nombro de homoj: la meza esperantisto konas la lingvon sufiĉe por legi tekstojn kaj interparoli, sed ne nepre por enprofundiĝi en la literaturajn verkojn en Esperanto. Aliflanke, ekzistas sufiĉe granda legantaro ankaŭ en Esperanto por krei la komunan komunikan bazon de la parolata lingvo – tiun frazeologion kiun studas Fiedler, Melnikov kaj aliaj, kaj kiu ofte havas sian originon en literaturaj verkoj.

Se la literaturo en Esperanto prisemas la normalan lingvan interrilaton de esperantistoj, ĝi estas siavice prisemata de la formoj, normoj kaj antaŭsupozoj de la diverslingvaj verkistoj kiuj verkas en Esperanto. Parto de la plezuro kiun mi, kiel parolanto de la angla, sentas en legado de verkoj en Esperanto, estas konscia observado de la manieroj laŭ kiuj la anglaj lingvo kaj literaturo respeguliĝas en la verkoj de tiuj Esperanto-verkistoj kiuj, denaske aŭ alimaniere, konas bone la anglan literaturon kaj adaptas ĝiajn formojn kaj normojn al Esperanto – aŭ, pli precize, greftas ilin al la Esperanto-trunko. Sed samtempe okazas nekonscia ensorbo de aliaj literaturaj tradicioj en mia legado de neanglalingvaj Esperanto-aŭtoroj. Iasence, ĉiu literaturo en Esperanto estas traduka, sed samtempe ĉiu literaturo en Esperanto estas originala.

Tra la jaroj, mi de tempo al tempo verkis pri Esperanto-literaturo. En tiun ĉi libron mi kolektis kelkajn tiujn plejparte jam aperigitajn verkojn, ne ĉar mi trovas ilin aparte mondskuaj, sed ĉar mi celas pligrandigi la nombron de literaturemaj esperantistoj kaj samtempe klarigi kial la Esperanto-literaturo indas nian kolektivan atenton. Ĉar la eseoj ekestis diversdate kaj diverskiale, vi trovos jen kaj jen ripeton de informoj jam renkontataj aliloke en la volumo. Mi petas vian tiurilatan indulgon.

Mi eble tro ofte kaj ĝistede emfazas (ankaŭ ĉi-volume) ke, tradukante *Hamleto*-n en Esperanto, Zamenhof havis tri celojn: montri, ke Esperanto povas asimili al si la plej grandajn klasikajn literaturajn verkojn; fiksi gvidliniojn por estontaj literaturaj verkoj en Esperanto; kaj plivastigi la gamon de spertoj kaj ideoj esprimeblaj aŭ esprimindaj en la Internacia Lingvo. Tiuj tri paraleloj validas ankaŭ hodiaŭ, ligante pasintecon, nuntempon kaj futuron: Esperanto-literaturo tradukas, transgvidas, jam ekzistantajn ideojn kaj formojn el aliaj tradicioj; ĝi konstruas konstante sian propran tradicion; ĝi donas al ni lingvajn kaj spertajn modelojn por pli bone kaj pli efike uzi la lingvon en estonteco.

Jen kelkaj disaj kontribuoj al studado de tiuj fenomenoj de nia Esperanto-loĝejo.

H.T., novembro 2020.

1. Movado aŭ kulturo?
La ideologia bazo de Esperanto-poezio[1]

1. Enkonduke

En la jaro 1939, en la momento de ekflamo de la Dua Mondmilito, eta kolekto de poemoj de Kálmán Kalocsay sidis finpresita sed nebindita en la sidejo de Literatura Mondo en Budapeŝto. La volumeto ne aperis: la milito haltigis la agadon de la eldonejo. Kelkajn jarojn post la milito, Reto Rossetti trovis la dismetitajn paĝojn kaj sukcesis kunmeti kvin ekzemplerojn. La verko fine aperis ĉe UEA en la jaro 1977. Ĝia titolo estis *Izolo*. En la historio de la Esperanto-poezio ĝi ludas gravan rolon – ne nur ĉar ĝi enhavas plurajn el inter la plej perfektaj poemoj de nia plej perfekta poeto, sed ankaŭ ĉar ĝi markas momenton en la historio, nome la jaron 1939, en kiu la espero, tiu abstrakta sed samtempe praktika koncepto plej grava al Zamenhof, ŝajnis malaperanta. Tiu momento kondukis al paŭzo en la disvastiĝo de Esperanto kaj la krea spirito de ĝiaj adeptoj.

La titolo, *Izolo*, portas kaj subkomprenigas multajn nuancojn. Per sia agado en la 1920aj kaj 1930aj jaroj, kiam li rolis kiel eldonisto, redaktoro, poeto, kaj mentoro al multaj aliaj aspiraj Esperanto-verkistoj, la energia Kalocsay samtempe strebis por konstrui krean komunumon de beletristoj Esperantaj, kaj restis mem konvinkita pri la fragileco de tiu konstruo kaj la esenca izoliteco de la esperantista verkisto. Eĉ en siaj plej gloraj jaroj, la revuo kiun li redaktis kun Baghy, *Literatura Mondo,* havis nur kelkajn centojn da abonantoj (la homoj ŝajne preferis revuojn kiel *Heroldo de Esperanto* kaj *La Praktiko*). Pluraj liaj poemoj aludis al tiu sento de kultura kaj psika izoleco. Rigardante ĉirkaŭ si, Kalocsay vidis florantajn naciajn literaturojn, ĉiu kun sia lingvo, kun siaj institucioj, kun sia legantaro – dum ĉe la esperantistoj necesis konstrui tutan tradicion – en diaspora komunumo kie ĉiu uzanto de la lingvo estas certagrade soleca kaj certagrade

---

1   Partoj de tiu ĉi ĉapitro estas ĉerpitaj el la prelegoj en la Internacia Kongresa Universitato en Fortalezo (2002) kaj Hanojo (2012) kaj el prelego prezentita en la Kvara Interlingvistika Simpozio, Universitato Adam Mickiewicz, Poznan, Pollando en 2017.

fremda. Unu el la grandaj dilemoj, kiun ĉiu konscianta Esperanto-verkisto devas fronti, estas la demando kian literaturan komunumon imagi kaj klopodi krei. Ĝis kiu grado verki en Esperanto similas ĉiun alian verkadon (verkado sub flago, por tiel diri – verkado en la kadro de nacia kaj lingva historio, kun klare difinita kultura civitaneco) kaj ĝis kiu grado ĝi diferencas? Se necesas krei kulturan kadron, kian kadron krei? La unuaj esperantistoj havis almenaŭ partan respondon al tiu demando. Tre frue en sia historio, la Esperanto-movado adaptis kaj adoptis la karakterizojn de ŝtato, kun flago, himno, alvokoj al solidareco, eĉ siaj konsuloj kaj sia lingva akademio. Temis pri la solaj ĝenerale konataj simboloj je la dispono de embria popoleto (kvazaŭ farita arte) kiu vivis en mondo dividita inter ŝtatoj. En tiu senco, la Esperanto-movado iĝis ŝtateca – en epoko de kreskanta naciismo, kiu tamen samtempe montris la danĝerojn de ŝtatismo. Nur Eugène Adam, la kontraŭisto Lanti (*l'anti*), tridek jarojn post la fondiĝo de la Esperanto-movado, kategorie malakceptis tiujn simbolojn, ligante Esperanton al senŝtateco, al sennaciismo. Zamenhof daŭre ŝanceliĝis inter esprimado de la diferencoj, kaj utiligo de la similecoj, inter la Esperanto-movado kaj la ŝtatoj. La verda standardo, sub kiu li preĝis, ja estis alispeca standardo, sed tamen standardo.

Tiu kontraŭdiro – inter la simboloj de ŝtateco alproprigitaj de la fruaj esperantistoj, kaj la insisto ke la Esperanto-movado estas io nova kaj tute alia – iasence trafluas nian tutan historion. Zamenhof kreis revolucian lingvon, malsimilan al ĉiuj aliaj – sed zorge prezentis ĝin al la publiko en la Dua Libro kvazaŭ ĝi similas ĉiujn ekzistantajn lingvojn (li tute aperte emfazis tion). Li verkis originalajn poemojn – sed li ankaŭ dediĉis sin al grandega kaj monumenta traduka programo, esperantigante Ŝekspiron, Schiller, Molière, La Malnovan Testamenton, kvazaŭ kreante por Esperanto inventitan literaturan kaj kulturan pasintecon. Kaj, se temas pri la originala poezio, neeviteble Zamenhof alproprigis la poeziajn formojn de la literaturoj, kiujn li konis – kaj ankaŭ iliajn metaforojn. La poemo *La espero*, ekzemple, emfazas en sia unua strofo la nocion de vento, kiu blovas tra la mondo; de birdaj flugiloj, kiuj soras kiel soras birdoj; de "voko" kiu trairas la mondon iom sammaniere kiel kreis la fizikan mondon la "voko" de Jehovo (laŭ judoj kaj kristanoj).

Ne malfacilus trovi ekzemplojn de tiu pensmaniero kaj de tiuj simboloj en multaj jam ekzistantaj literaturoj – precipe tiuj tuŝitaj de la romantikismo, kiu ja parte inspiris Zamenhof. Ofte en tiuj literaturoj, vento estas ligata al spirado, al la poezia "inspiro" (t.e. enspiro); ofte ĝi estas ligata ne nur al printempeca renaskiĝo sed ankaŭ al aŭtuna purigo, kiu antaŭas tiun renaskiĝon, kiel ekzemple (por citi el la literaturo kiun mi plej bona konas) en la *Odo pri la okcidenta vento* de la romantika angla poeto Percy Bysshe Shelley, kiun Kalocsay mem elektis traduki.[2] En la komencaj versoj de *Paradizo Perdita* de la angla poeto Milton, ni renkontas ne nur la nocion de enspirado (la enspirado de la sankta spirito en la poeton ebligas la poeton elspiradi lingve kaj poezie), sed ankaŭ flugilojn – kaj la flugadon de la poezia kanto de la poeto.

Per siaj tradukoj kaj sia originala poezio, kreante la estontecon Zamenhof do unue kreis, aŭ alproprigis, la pasintecon. Lia celo komprenable estis doni senton de seriozeco, de establiteco, al la movado, kaj uzi la signifojn de la pasinteco en nova formo por doni signifon al la estonteco. Ŝlosila elemento en la tuto estis la nocio de espero.

Post Zamenhof venis dekoj da ne ĉiam kompetentaj poetoj, kiuj, uzante similajn metaforojn kiel tiujn de Zamenhof, enradikigis ilin en la lingvan simbolaron. Oni povas nomi tiujn poemojn populara poezio, celanta levi la spiriton. Alvokoj al agado, odoj al kongresoj, omaĝoj al movadanoj, abunde aperis en la ĉiam kreskanta Esperanto-gazetaro. Ne malofte aperis kantoj kaj muziknotoj: la levo de la voĉoj en kantado estas plej elementa esprimo de la grupa solidareco, komuna al multaj siatempaj sociaj kaj religiaj movadoj: armeoj marŝas; movadoj kantas. Foje ambaŭ faras ambaŭ (*La espero* en la formo, en kiu ni ĝin kantas, havas marŝan ritmon…). Tiu populara poezio utiligis la bazan simbolaron, kiun Zamenhof establis. Inter ili: komprenebla la espero.

Kiel oni jam multfoje rimarkigis, espero, la preferata karakterizilo de nia lingvo, estas neperfekta, kovrante la grundon inter, unuflanke, neperfekta nuno kaj, aliflanke, ideala sed neniam atingebla estonta perfekto: espero tenas en si implicojn de sia malo: neatingo, malespero.

2   *Angla antologio 2*, red. Albert Goodheir 1987: 69.

Nesurprize, do, ke sub la esperantuje ŝovinisma bardumado de la fruaj poeziaj aspirantoj en Esperanto fluis kontraŭkurento de pesimismo – videbla plej elstare en nepre la plej interesa poemo Zamenhofa, *Mia penso,* sed esprimata ankaŭ en la poezio de Kurzens, Schulhof, kaj aliaj. Schulhof konstruis sian poemon *Desperanto* sur la optimismajn ŝablonojn troveblajn ne nur en la poezio de Zamenhof sed ankaŭ en la abundaj poeziaĵoj de liaj unuaj adeptoj:

> Dolĉe sonas via nova nomo, ho
> Espero! nia bela vorto! En la nokto
> plena je sopiro vi, Espero, estas
> eliksiro sed nur eliksiro sen la
> forto....

> ... Tre agrabla vere estas songô,
> ankaŭ songô pri la estonteco, pri
> senĉesa homa harmonio, unu amo,
> unu familio
> – sukeraĵo por la infaneco.

> Ni atendas vane tempon belan,
> kiam regos sole via nomo. En
> eterna monda karuselo vi Espero
> restos ĉiam stelo,
> Ĉiam malproksima por la homo.... (*EA* 35[3])

La deirpunkto de Schulhof estas la poemo de Zamenhof *La espero* (kvankam karakterize Schulhof, lude kun la novaj vortoj de nova lingvo, rulas ilin en la buŝo: *sopiro ... espero; espero ... eliksiro* – eĉ se konklude ili estas "sen la forto" nuraj vortoj). Parodioj de tiu poemo aperadas pli-malpli konstante en Esperanto, ankaŭ hodiaŭ.

Kalocsay heredis tiun disfenditan ideologion, inter optimismo kaj pesimismo, sed, pli grave, inter la nocio de kontinueco kun aliaj lingvoj kaj la nocio de io lingve kaj koncepte komplete nova. Kalocsay kreis originalajn poemojn – sed la plej efikaj kaj atentindaj estas tiuj, kiuj majstris la ritmojn kaj formojn de la eŭropa poezio, kiun li konis

---

3   *EA: Esperanta antologio,* red. William Auld, dua eldono, 1984.

kaj amis. Kaj se liaj originalaj poemoj estas inter la plej imponaj de nia literaturo, li estis egale, eĉ unavice, tradukisto, laborante, same kiel Zamenhof, por loki la Esperanto-kulturon inter la mondajn kulturojn kaj sekve la landajn kulturojn. Lia unua originala poemaro (1921) nomiĝis *Mondo kaj koro,* lia dua originala (1931) portis la titolon *Streĉita kordo.* Dum la unua, frua kolekto kvazaŭ pruntis la titolon *Mondo kaj koro* de la temoj de la fruaj Esperanto-verkistoj (kies koroj batis takte kun tiu de Zamenhof, kaj kies vizio ampleksis mondojn), la dua esprimis alian nocion – ke, parte dank' al la laboroj de la ekipo de Literatura Mondo – kun helpo precipe de Grabowski kaj de la rusoj de la 1920aj jaroj – la instrumento de la Esperanto-poezio ne nur fabrikiĝis sed staris preta kaj agordita por melodii en la internacia lingvo. Fakte la *Parnasa gvidlibro,* kunlabora verko de Kalocsay kaj Waringhien, aperis unu jaron post *Streĉita kordo* kaj definitive kanonigis la Esperanto-poezion en la germana kaj angla jamba tradicio.

Kiel ni rimarkis, la titolo de la tria poemaro, *Izolo,* ankaŭ portis siajn asociaĵojn – la izolo, kiun Kalocsay sentis, en movado materiisma, kiu nesufiĉe priatentis siajn beletristojn; la izolo de la Esperanto-kulturo en la mondo de la kulturoj; kaj, fine kaj plej grave, tiu dolora izolo de la Bono kontraŭ la Malbono, en mondo, kiu, pretigante sin por milito, ignoras aŭ misuzas la noblajn sentojn favore al la malnoblaj.

Inter la poemoj en tiu volumeto, verkita rande de Mondmilito, estis tamen serio de poemoj en alia traducio: tielnomataj "Japaneskoj," miniaturaj kaj plej simplaj poemoj, unu el kiuj fariĝis aparte fama. Ĝi nomiĝas "Gruoj":

> En triangulo
> La gruoj grege iras.
> Liter' giganta!
> Mi volus VO prononci,
> Sed VE mi elsuspiras. (*EA* 178)

Vo ja estas nomo de litero en Esperanto; ve estas esprimo de malespero. La erara eldiro de la poeto, en kiu la Esperanta nomo de la litero kvazaŭ misglitas en tiun deklaron de senespero, kvazaŭ simbolas perdon de la kapablo sin esprimi en Esperanto: la lingvo de Vo estas neatingebla, la aŭtune forirantaj gruoj voforme malaperas: la poeto celas la lingvon de Espero, de Esperanto, sed elsuspiras nur "ve," dum la gregon forkovras la nuboj de milito.

Tiu vortludo (vortludo en du sencoj), en kiu la lingvo Esperanto forglitas de la lango, estas nova varianto, nova alproprigo, el longa tradicio. La antikvaj grekoj, en kies alfabeto ne troviĝis ekvivalento de la litero Vo, imagis la flugoformon de gruoj kiel la literon ipsilono, kiu siavice ne troviĝas en la Esperanta alfabeto. La litero ipsilono, laŭlegende, estis eltrovita de la greka lertulo Palamedo, ĝisosta malamiko de Odiseo, per observo de la formacio de gruoj. La greka filozofo Pitagoro asertis ke la litero ipsilono signifas disdividon de vojoj inter virto kaj malvirto. La "Adiaŭo" per kiu la volumo de Kalocsay finiĝas, akceptas, ke la vojo de malvirto estas jam elektita, kaj ke la virto cedos antaŭ la neeviteblo de milito:

> Nun ĉe l' abismo, antaŭ la fata salto,
> En la momento lasta, vere lasta,
> Ni frapu sur la kordo malelasta,
> Ni frapu morne, sen esper' pri halto,
> Kaj antaŭ la falego el la alto
> Ni adiaŭu al la revo ĉasta,
> Kiun ni, malgraŭ trista spert' kontrasta,
> Pri l' homfuturo flegis en ekzalto!

Tiu kordo malelasta estas iasence la antaŭ kelkaj jaroj "streĉita kordo" de la titolo de la Kaloĉaja poemaro de la jaro 1931, kiam la mondo aspektis almenaŭ iom pli hela, ol ĝi nun fariĝis. Nun, tamen,

> Forsonos kant' kaj mortos trilkoncertoj!
> Dezertas koroj, kaj, post sangelĉerpo,
> La landoj same iĝos jam dezertoj,
> Kie apenaŭ kreskos eĉ la herbo.

Jam tiam, en 1931, Kalocsay "En amara horo" priploris la disdividon de la esperantistoj, kiuj ŝajne ne kapablis kunlabori, ne komprenas la esencon de la afero: "Nenio estas vi, nenio, / Se pri la senco sen konscio, / Vi hurlas pri la 'nova sento'!" En tiu sama poemo, per fame konataj versoj li esprimas la frustriĝon de "Poeto sen popolo, ho animprema scio, / Ke surdas la oreloj por ĉiu mia voko." (*EA* 146) Hurlado pri la "nova sento" resendas nin al la kerna poezia esprimiĝo de esperantisteco, nome la poemaro de Zamenhof kaj precipe la himno *La espero*. Al tiu eta sed fonda fasko da poemoj, la Zamenhofa poezia kontribuo kiu lanĉis nian literaturon, ni ĵetu pli detalan rigardon, ĉar ĝi formas la fundamenton de la tradicio de poemoj, ankoraŭ daŭranta hodiaŭ, kiuj traktas la fenomenon de Esperanto mem.

2. Zamenhof

Laŭ la kutima kalkulo, Zamenhof verkis naŭ originalajn poemojn en Esperanto. Du el ili, *Mia penso* kaj *Ho, mia kor'*, aperis en la Unua Libro kaj do konsistigas la unuajn originalajn literaturaĵojn en la nova lingvo.[4] En la unua numero de *La Esperantisto*, en septembro 1889, Zamenhof aperigis dediĉan poemon al la nova gazeto en Esperanto kaj en la germana. Tio do konsistigas trian originalan verkon. *Al la fratoj* aldoniĝis en 1890, aperigite en *La Esperantisto* la 25-an de aprilo.[5] La kvina poemo, la plej fama el ĉiuj, *La espero*, estis publikigita en la tielnomata Poŝa Lernolibro por ruslingvanoj, kiu aperis en 1890 (*Lingvo Internacia Esperanto: Plena lernolibro*).[6] Ĝi estis poste represita, kune kun la jam aperintaj *Mia penso, Ho, mia kor'*, *Al la 'Esperantisto'* kaj *Al la fratoj*, en *La liro de la esperantistoj*, kiun Antoni Grabowski eldonis en 1893. Ĉiuj tiuj poemoj aperis ankaŭ en la instrua antologio *Fundamenta Krestomatio* en 1903.[7]

Ne en *La liro* sed jes en la *Fundamenta Krestomatio* troviĝis la sesa poemo, *La vojo*, kiu unue aperis en la revuo *Lingvo Internacia* en junio-julio 1896. En la dua eldono de la *Krestomatio* de 1905, Zamenhof presigis la himnon *Preĝo sub la verda standardo*, kiu aperis ankaŭ

---

4   La sep tekstojn oni povas trovi en Zamenhof 1929: 586-592. Pri la signifo de la poezio de Zamenhof, vidu Boulton 1959 kaj Francis 1959.

5   Boulton 1959: 48 ŝajne erare donas 1889 kiel daton de la poemo.

6   Detalojn vidu en Ludovikito 1974: 296-300.

7   Pri la poemoj de Zamenhof, kiuj aperis en la *Fundamenta Krestomatio*, vidu la notojn de Waringhien 1992.

en la gazeto *Lingvo internacia* en tiu sama jaro (15 aŭgusto).[8] La oka Zamenhofa poemo, *Pluvo*, aperis en 1909 en la aŭgusta-septembra numero de *Tutmonda Espero*. Naŭa poemeto, *Saluto al 'Verda Radio'*, estis mallonga dediĉa poemo al broŝura kolekto de originalaj Esperanto-verkoj aperigita en Rigo en 1911 de la Esperantista Literatura Rondeto.[9]

Malgranda rikolto – sed grava por la evoluo de la lingvo kaj movado, kaj kompreneble nur parto de la poezia produkto de Zamenhof, kiu ja dediĉis grandan parton de sia vivo al tradukado, inkluzive la tradukadon de poezio, ekzemple la esperantigo de la Ŝekspira *Hamleto*. Efektive, jam de la tempo antaŭ la Unua Libro, antaŭ la tempo de Esperanto mem, Zamenhof fervore interesiĝis pri poezio, eĉ revis fariĝi poeto en la rusa lingvo (Ludovikito 1986: 37). Al sia *Provo de gramatiko de la jida lingvo* (verkita inter 1879 kaj 1882) li eĉ aldonis kelkajn poemetojn por ilustri la metrikon en la jida (Holzhaus 1982: 28; Maimon 1978: 73-78): Maimon donas tradukon, en la propra versio kaj en plene rima versio de William Auld. Kaj fine menciindas, ke la kajeroj, kiuj entenis la pra-Esperanton de la fruaj 1880aj jaroj, enhavis (1) tradukon de la balado de Heine "En sonĝo princinon mi vidis," kiu en sia fina formo aperis en la Unua Libro de 1887, kaj (2) unu originalan poemon, nome la unuan version de la poemo *Mia penso*, ankaŭ en nova versio en la Unua Libro.[10]

Oni povas do sen troigo diri, ke la fruaj provoj de Zamenhof pri socia aktiveco – ĉu la Cionismo de la fruaj 1880aj (studentaj) jaroj, ĉu la planlingvismo kiu fine kondukis al la Unua Libro de 1887, estis trempitaj en la poezio. Ne nur tio: ekzistas rimarkinda kontinueco inter la sentoj kaj temoj esprimitaj en la jidaj poemoj aŭ en la praesperantaj poemoj kaj tiuj sentoj kaj temoj de la matura Esperanto. En tiuj tagoj Zamenhof vivis (kiel li vivis iasence tra la tuta vivo) en

---

8 Ĝi aperis sen la lasta (sesa) strofo, kiu, laŭ Dietterle (590), aperis unue en *Tra la mondo*, n-ro 2, kaj poste en *British Esperantist* en 1906. Kiam Zamenhof prezentis la poemon en Bulonjo-sur-Maro en 1905, li ankaŭ ellasis tiun lastan strofon – se ĝi je tiu stadio eĉ ekzistis. La koncerna strofo aludas al "Kristanoj, hebreoj aŭ mahometanoj," kiuj "ĉiuj de Di' estas filoj."

9 Holzhaus 1969: 429 havas kompletan (eventuale eĉ tro kompletan) liston de la originalaj poemoj de Zamenhof, inkluzive de kelkaj aliaj sensignifaj versaĵoj.

10 Waringhien 1959: 19-54 prezentas la menciitajn tekstojn kune kun aparte lumiga analizo kaj komentario.

lingva fandejo, en kiu samaj sentoj manifestiĝis en diversaj lingvaj kuntekstoj kaj motivigis al diversaj celoj. Ne ignoreblaj ankaŭ estas la novaj entuziasmoj de la periodo post 1887, notinde la interesiĝo pri Hilelismo kaj Homaranismo.

La ĉeesto de poezia esprimiĝo je ĉiu stadio en lia evoluo implicas, ke Zamenhof malmulte diferencigis la poezion disde la socia aktivado. Gaston Waringhien klarigas, ke dum la periodo de interesiĝo pri Cionismo, Zamenhof aspiris al tio, ke la jida havu "la rangon kaj gloron de literatura lingvo" (sento ree esprimita rilate al Esperanto preskaŭ de la komenco de tiu lingvo). En sia jida gramatiko li emfazis sian amon al "tiu tielnomata ĵargono", la ĉiutaga malaltprestiĝa jida lingvo, kiun li ame uzis en la propra neformala vivo. La jam menciitaj jidaj poemoj, ekzemple (apenaŭ poemoj: versaĵoj vere) estas verkoj esence kuraĝigaj, aktivigaj. Utiligante simplajn ideojn el la juda kulturo, ili vokas al solidareco en la nova movado por retrovi la judan identecon kaj senton de unueco. Kompreneble ili sidas tie kiel ilustraĵoj, ekzemploj, kvazaŭ la enhavo malpli gravas ol la formo – sed tio en si mem levas interesajn demandojn pri la Esperanto-poemoj de Zamenhof. Ĉu do, ili estas samtempe ilustraĵoj de la formoj de la lingvo kaj la sopirataj formoj de la Esperanto-movado mem, kiun Zamenhof esperis same arte fari kiel li arte faris sian "arte faritan" lingvon?

La poemeto, kiu ilustras la jambon (ritme x-/), la unua el la kvin, tekstas jene (en la kiel eble plej laŭritma traduko de Maimon):

> En ĉiu lingvo kantas vi, ho fratoj,
> Kaj ĉion prenas vi el fremdaj manoj.
> Sufiĉe! Kie estas *viaj* kantoj?
> Do estu hom', vekiĝu, tempo venis!

La judoj gajnas sian vivon per la rilato kun aliaj homoj, kaj eĉ kantas en la lingvoj de aliuloj. Nun ili estas instigataj formi propran rondon, kanti propran kanton. Ke oni kantu al la Sinjoro novan kanton, estas esprimo ofta en la Malnova Testamento (ekzemple la 33-a Psalmo). "Vekiĝu, tempo venis!" – *Ŝteu uf, es iz ŝeun cajt* – aldonas la poeto. "Semu al vi justecon," oni legas en la Biblia Libro de Hoŝea (10.12), "tiam vi rikoltos amon; plugu al vi plugotaĵon; estas tempo por turni sin al la Eternulo."

La trokea (/-x) turnas sin al analogia verso el alia parto de la Biblio:

> Vian ploron Dio ne aŭskultos,
> Li ne vidas vian suferadon.
> Semi devas vi, kun larmoj semi,
> Se vi volas en la ĝoj' rikolti.

Tie ĉi Zamenhof, forlasante la sentojn de Hoŝea pri justeco (ĉar supozeble vanaj), insistas, ke la judoj transformu eĉ la propran suferadon pozitiven: diras la 126-a Psalmo, "Kiuj semas kun larmoj, / Tiuj rikoltos kun kanto."

Jen la amfibraka (/-x-x), kiu turnas sin ne al Biblia bildigo de la sorto de la firme teraj Izraelidoj, sed al la greka nocio de la komenco de ia odiseado:

> Veturas la ŝipoj, kantadas la homoj,
> Kaj ŝaŭmas gajece la ondoj, --
> Jen iras la judoj, ekzilon forlasas,
> Por propran kamenon starigi.

Ne estas tre surprize, se oni konsideras la sentojn esprimitajn en tiuj jidaj poemetoj, ke kelkajn jarojn pli frue Zamenhof kaj la lernejaj amikoj kantis sian praesperantan poemon, kies sentoj estas multrilate similaj al la jidaj poemetoj:

> Malamikete de las nacjes
> Kadó, kadó, jam temp' está.
> La tot' homoze in familje
> Konunigare so debá.

"Malamikeco de la nacioj, falu, falu; jam estas tempo! La tuta homaro en familio devas kununuigi sin." Malantaŭ tiu poemeto sidas la Biblia rakonto pri la kapto de la urbo Jeriĥo, kiun Josuo, sekvante la instruk-ciojn de la Eternulo, kaptis ne per la glavo (kiun li tamen poste kun iom tro da entuziasmo uzis kontraŭ la urbanoj...), sed per ĉirkaŭirado de la urbo en procesio, portante la "keston de la Eternulo," kaj kun sep trumpetistoj, kiuj "senĉese trumpetis." Dum sep tagoj, unu fojon tage, ili rondiris la urbon. En la sepa tago, "kiam la popolo ekaŭdis la sonadon de la trumpeto, la popolo ekkriis per laŭta voĉo; kaj la muro falis malsupren, kaj la popolo eniris la urbon … kaj ili prenis la urbon" (*Josuo* 6:20). Tiu fama rakonto el la sesa ĉapitro de *Josuo* estas mito, kiu fonas tre ofte la pensojn de Zamenhof. Sed la versio de la mito, kiun Zamenhof prezentas, estas kvazaŭ respondo de pacamanto al jarmiloj da homa interbatalado: dum Josuo masakris la enloĝantojn de Jeriĥo, en la Zamenhofa reverko Jeriĥo estas en si mem urbo de malamikeco, kies detruo kondukas al erao de universala amo: "La tot' homoze in familje / Konunigare so debá."

En tiu poezia kunteksto ekestis Esperanto. La levo de la voĉoj en kantado estas plej elementa esprimo de la grupa solidareco, kaj muziko reeĥas miniature la harmonion de la Dia kreaĵo. Pro tio la greka Orfeo kapablis per la ludo de sia liuto movi rokojn kaj arbojn; pro tio Davido povis trankviligi la "malbonan spiriton" de Saulo (1 *Samuel* 16: 23). Pro tio, la poezio rolas en la penso de Zamenhof kiel ilo al mobilizo de la popolo. Pli ĝenerale, la literaturo kiel tuto povas doni al la popolo senton de komuna heredaĵo kaj de komuna vivo – afero aparte grava en la kvazaŭdiasporo de la internacilingva movado.

En mia anglalingva kontribuo al volumo redaktita de Klaus Schubert antaŭ dudeko da jaroj (Schubert 2001), mi pritraktis la ŝlosilan rolon de evoluigo de la literatura lingvo en Esperanto, parte en rilato al tiu ĉi naskiĝa periodo de la lingvo. Mi tie emfazis, kun ilustroj el la verkoj de Zamenhof, ke Zamenhof konceptis sian lingvon kiel kolektivan aktivecon. Kial lerni lingvon, li esence asertis, kiun nur la aŭtoro komprenas? Lia celo, tute klare esprimita en la Dua Libro, estis kiel eble plej rapide kaj komplete povigi al la uzantoj de la lingvo krei kaj formi la lingvon sendepende de lia persono: "La dependo de la lingvo de l' volo aŭ de l' talento de mia propra persono aŭ de ia alia aparta persono aŭ personaro – tute foriĝos." La nova lingvo do fariĝu kolektiva verko: "Mi ne povas diri, ke la lingvo estas preta ĝis ĝi estos trairinta la juĝon de la publiko."

Tiu deklaro de Zamenhof estis revolucia. La patologio de lingvo-kreado ofte portas kun si la senton, ke la aŭtoro *posedas* la lingvon, ke li (ĉar kutime temas pri *li*, malofte pri *ŝi*) kvazaŭ nur *permesas* al aliaj personoj ĝin uzi. La malavara starpunkto de Zamenhof estis tute alia: la komunumo ĝin posedas, kaj li nur maksimume *proponas*.

En mia artikolo mi atentigis, ke la reguloj, kiujn Zamenhof kreis por sia lingvo, estis esence mandatoj, ne malpermesoj: lia serena fido pri la povo de la kolektivo donis al ĉiu uzanto investon en la komuna sukceso. Tial li emfazis, ke, kvankam oni ĝis maksimumo fosu en la jama vortprovizo por bone kaj efike esprimi sin, ĉiu estas libera krei proprajn vortojn, kiuj aŭ eniros la lingvon aŭ forfalos, depende de la publika bontrovo. Kreante sian leksikon, Zamenhof celis krei senton de lingva historio: la semantika fono de Esperanto jam kuŝis en la lingvoj de Eŭropo, precipe en la semantike ankra latina lingvo. Ja temis pri aposteriora lingvo, bazita sur jam ekzistantaj vortoj, kun jam ekzistantaj semantikaj kampoj. Same, per la poeziaĵoj en la Unua Libro, la enkonstruo de literaturaj valoroj en la lingvon donis al la unuaj uzantoj senton de kultura orientiĝo: ne temis nur pri lingvo, sed pri tuta artikulacio (aŭ, pli precize, artikado) de la elementoj de signifo kulturaj, sociaj, mitologiaj, kredaj, kulturaj, kiuj fundamentas la homan civilizon: ĉion ĉi Zamenhof celis ekmovi per sia nova socia movado.

Zamenhof klare komprenis, ke la "vivanta" kvalito de lingvo dependas de tio, ke ĝiaj uzantoj havu senton pri komuna "vivanta" pasinteco. Li komprenis, do, ke eĉ novaj lingvoj bezonas sian historion. En tiu rilato liaj sentoj similis tiujn de la grandaj naciistaj revivigantoj de lingvoj – ne nur Ben Yehuda kaj ties revivigo de la hebrea, sed ankaŭ la revivigantoj kaj novigantoj de eŭropaj lingvoj kiel la latva, hungara aŭ finna, malantaŭ kies novaj naciigitaj formoj kuŝis tuta etimologio ne nur lingva sed ankaŭ, pere de la literaturo subtenata de tiuj lingvoj (kaj ilin subtenanta), iasence genta kaj civiliza. La laboro de iu Lönnrot pri la finna, aŭ Charlotte Guest pri la kimra, estis pli ol simpla retrovo de pasinteco: ili signife ordigis, rearanĝis, koherigis tiun pasintecon – iom same kiel Zamenhof fosis en la komunaj lingvaj kaj literaturaj tradicion de la eŭropaj popoloj. Temis ja pri nova lingvo en malnova vesto. "Por krei senton de nacieco el unu aŭ pluraj etnecoj," skribis la usona politikologo Adrian Hastings (1997: 2-3), "absolute la plej grava kaj plej ofte renkontata faktoro estas vaste uzata literaturo en la koncerna lingvo."[11] Mallonge dirite: por krei estontecon oni devas elfosi, fasoni, pasintecon. Pro ĉio ĉi, indas zorge atenti la unuajn poemojn, kiuj ornamis la novan lingvon naskitan en 1887. Ni notis jam, ke *Mia penso* aperis en la kajeroj, en kiuj Zamenhof elskribis siajn unuajn provojn pri internacia lingvo. Ĝi portis la daton aŭgusto 1882. La poemo rakontas pri iu bela vespero, en kiu "en la rondo" "knabineto dolĉe deklamas." Ŝi "paroladis" pri "vivo detruita," kaj dum ŝi deklamis, ŝi "senscie incitadis" ... "mian vundon ne kovritan." Tiu vundo estas la vundo kaŭzita de la pensoj kaj revoj de la poeto, kiu al "gloro" kaj "devoj" dediĉis sin, ignorante la propran junecon. Li tamen sentas fajron en la koro, eĉ se inter la gajuloj li ŝajnas nur "maloportuna." Se tiel estas, la Plejaltulo jam nun "rompu mian forton" dum li ankoraŭ esperas (do antaŭ la neevitebla seniluziiĝo?).

Zorga konanto de la Zamenhofaj poemoj tuj rimarkos kelkajn diferencojn inter la poemo de 1882 kaj tiu de 1887, kvankam la sentoj estas iom similaj. Unuavide, la plene Esperanta versio de 1887 ŝajnas preskaŭ traduko de tiu praa versio, sed ĝi fakte enhavas signifajn modifojn. La knabineto de 1882 fariĝis "amikino" en 1887; anstataŭ deklami, ŝi kantas, kaj ŝia la kanto estas "kanto pri l' espero."

Kiel mi jam notis, oni povus tutan studon fari pri la centreco de tiu nocio de la espero al la pensado de Zamenhof ĉirkaŭ kaj post la jaro 1887. Lia decido nomi sin Doktoro Esperanto, kaj la rapida transiro de la nomo Esperanto al la lingvo mem, igas esperon centra nocio ankaŭ de la Esperanto-movado kiel tuto. Se espero laŭdifine implicas optimismon kaj direktiĝon al difinita celo, ĝi ankaŭ signifas nekompletecon, nefinplenumiĝon. Oni ne devus studi la verkojn de la franca psikologo Jacques-Marie Lacan[12] (kiu tamen havus certe interesajn rimarkojn pri tiu ĉi poemo) por kompreni, ke la motivigo malantaŭ la espero estas la deziro – do la imago pri kompleteco, sed samtempe ĝia neatingo. La antikvaj grekoj distingis inter esto kaj fariĝo: espero implicas nekompletecon. Espero estas do paradoksa

---

11 Por bone kompreni la ligon inter la problemaro ĉirkaŭ nacia solidareco kaj la problemaro krei aŭtentike internacian kaj inkluzivan popolon esperantistan, necesas bone kompreni la Zamenhofan koncepton de la rilato inter patriotismo kaj internaciismo, traktitan ekzemple en lia parolado en Guildhall en Londono en 1907.

12 *Écrits* 1966 k 1971.

emocio, ĉar ĝi dependas samtempe de la deziro pri kompleteco kaj de la deziro pri nekompletiĝo. Sed same kiel la amaraj kaj suferaj spertoj povas fariĝi semoj de ĝojo (kiel ni vidis en la koncerna jida poemeto), la ĝojo povas retroiri en senesperon. Dum en 1882 oni legas nur pri "pensoj" kaj "revoj," la tria strofo de la poemo de 1887 kaptas en serio de oksimoroj tiujn sentojn: "mia *penso* kaj *turmento*" kaj "*doloroj* kaj *esperoj*." Kaj se, en la fino (sugestas la poeto), mi ne povas sukcesi en mia "peno kaj laboro," venu la morto antaŭ ol la espero estingiĝu.

Poemo, kiu en 1882 rakontas nur pri la kontrasto inter la devo unuflanke kaj la juneca ardo aliflanke, fariĝis en 1887 multe pli komplika. Ne plu estas tute klare ĉu la poeto senrezerve bedaŭras la perdon de la juneco, aŭ ĉu li timas ke la espero iel misgvidas lin al trompiĝo. La aldono en 1887 de tute nova strofo samtempe simpla kaj tre persona nur komplikas la sentojn:

> "Ĉu vi dormas? Ho, sinjoro,
> Kial tia senmoveco?
> Ha, kredeble rememoro
> El la kara infaneco?"
> Kion diri? Ne ploranta
> Povis esti parolado
> Kun fraŭlino ripozanta
> Post somera promenado!

Ĉu pravas tiu fraŭlino? Verŝajne ne. La "kara infaneco" ne estas evidente tiel kara ĉi-kaze, kaj krome ŝia kanto estis kanto kaj pri "espero" kaj pri "vivo detruita." Ŝi evidente supozas, ke la unua nocio kaptas la atenton de la junulo, sed efektive temas pri la dua: pri la "vivo detruita." Tamen, la dolĉa devo ĝentili antaŭ fraŭlino malhelpas, ke la junulo klarigu. Ĉu do tiu fraŭlino estas forto pozitiva aŭ negativa: ĉu ŝi estas gvidantino aŭ sorĉistino?

Kaj kial entute aperigi tian poemon en libreto, kiu proponas novan socian ordon per nova internacia lingvo? Malfacilas trovi respondon al tiu demando. Similajn dubojn oni ja povus havi pri la poemo *Ho mia kor'.* Se la fina rezulto de tiuj dustrofa verketo estas tio, ke la poeto ordonas al la koro ne bati maltrankvile, tamen ĝi tiel batas. Kaj la poemo de Heine, kiu aperis kaj en la praesperanta kajero kaj en la

Unua Libro? Ĝi priskribas princinon, kiu aperas al la poeto en sonĝo. La poeto amas ŝin ne pro la krono de la patro sed pro ŝi mem; sed evidentiĝas, ke ŝi estas tenata en tombo kaj elvenas nur dumnokte – do ke ŝi estas kombino de tipe romantika sorĉistino de la morto, kaj de neatingebla espero (videbla nur en sonĝoj kaj ne en realo). Esperanto naskiĝis, do, en etoso komplika – ne kiel ia triumfa manifesto, nuda je duboj, sed kiel iom hezita, internen direktita projekto. La historio montros, ke la modesto kaj sindetenemo de Zamenhof estis decida elemento en la kresko de la komunumo de parolantoj de la nova lingvo: Esperanto estis ne nur liberiga en si mem, sed kvazaŭ insista pri la plena partopreno de la unuaj adeptoj. Sen tiu partopreno, mankus la intelekta komunumo, plena je espero sed ankaŭ de realismaj duboj, kiu finfine neprus por sukceso.

Ne detenu nin la dediĉa poemo al la nova gazeto *La Esperantisto*, aperigita en 1889. Ni tamen notu, ke la sentoj en tiu ĉi poemo, verkita ĉe la komenco de kresko de la kolektivo esperantista, estas aliaj ol la iom timemaj, interne konfliktaj poemoj de 1887. La poemo aperis en du versioj, Esperanta kaj germana, kaj do iel simbole transpontis du mondojn – tiun de la malnovaj etnaj lingvoj, kaj tiun de la nova, transetna esprimilo Esperanto.

> En bona hor'! Ni aŭdis la signalon,
> Kaj bataleme saltas nia koro.
> Konduku nin, komencu la batalon
> Sub bona stelo, en feliĉa horo!
>
> Amikoj de proksime, malproksime,
> Salutas vin, ho nia luma stelo!
> Konduku nin senhalte kaj sentime
> Al nia granda, sankta, glora celo!
>
> Ne tre facila estos nia vojo
> Kaj ne malmulte ankaŭ ni suferos,
> Sed batalante kun plej granda ĝojo
> Senhalte ni laboros kaj esperos.

> For estas jam la baroj de l' komenco,
> L' unua muro estas trarompita.
> Kaj dolĉa estos nia rekompenco,
> Kiam la celo estos alvenita!

Komparo de la germana kaj Esperanta versioj montras (Holzhaus 1969: 432-33), ke la germana estas konsiderinde pli komplika, sed ambaŭ versioj estas invitoj al batalo ne malsimilaj al naciistaj tiaj invitoj. Samtempe, tamen, la kamaradoj sekvas lumantan stelon, kiu siavice memorigas pri la kristana rakonto de la naskiĝo de Jesuo, aŭ tiu fajra kolono kiu gvidis la Izraelidojn el Egiptujo. Plej grave, temas pri poemo, kiu traktas movadon jam komencitan: "For estas jam la baroj de l' komenco" kaj la unua muro estas "trarompita." Ni iras nun en novan etapon, en kiu la poeziaj klopodoj de Zamenhof, ne plu turnitaj internen al la propra dubanta memo, celas krei senton de solidareco ĉirkaŭ fortaj simboloj. Ene de kvar jaroj post la publikigo de tiu ĉi poemo, jam oni komencis paroli pri la ebleco, ke la verda stelo fariĝu la simbolo de Esperanto.

Al la fratoj, de 1890, estas la plej longa Zamenhofa poemo originala. Kvazaŭ malneto de la ideoj pli forte esprimataj en *La vojo* de 1896, en 15 kvarversaj strofoj ĝi traktas temojn kiuj poste fariĝis konataj en la poezio kaj paroladoj de Zamenhof: la esperantistoj estas ankoraŭ en mallumo, ligitaj nur de "unu bela espero." Tamen, baldaŭ venos la suno kaj, malgraŭ ĉiuj obstakloj ("ridon... insulton", vanaj perdiĝoj de la "voko", kaj la fizika izoleco de la unuopaj "fratoj") per "sankta fervoro" fine venos sukceso:

> Gloran la celon, sankta l' afero,
> La venko – baldaŭ ĝi venos;
> Levos la kapon ni kun fiero,
> La mondo ĝoje nin benos.

Fakte, tiu ĉi poemo enhavas tutan aron da simboloj kaj parolturnoj kiujn Zamenhof espluatis en postaj verkoj, kaj kiuj estis ekspluatataj de generacioj de movadaj organizantoj kaj aspiraj poetoj en postaj jaroj. Ĝi estis kvazaŭ enkonduko al tiu plej fama poemo Zamenhofa, *La espero*.

La espero aperis, kiel ni jam notis, en la Poŝa Lernolibro por rusoj.
Kvankam hodiaŭ ni kantas ĝin en tri okversaj strofoj, pro la ampleksa
melodio de la franca baron Felicien Menu de Ménil (1860-1930),
la originalo konsistas el ses kvarversaj strofoj. En interesa atentigo
de Ludovikito (1986: 36-37), ni legas, ke la irlanda pioniro Richard
Geoghegan, tradukinto anglen de la Unua Libro, skribis jene al la
brito Harry Epton en 1923: "Trarigardante la *Plenan vortaron rusan-
internacian*, mi notas ke, sur la dorson de la titola paĝo mi kopiis el
ie ajn rusan tradukon de la himno *En la mondon venis nova sento*, kaj
ĉe la finiĝo estas la vortoj [en la rusa] ... 'L.M. Zamenhof, Varsovio,
julio 1890.'[13] Ŝajnas ke, tie ni havas la daton de la verkado de la fama
poezio."

La letero de Geoghegan igas Ludovikiton demandi sin ĉu, ĝuste
por tiu ĉi lernolibro celata al parolantoj de la rusa, Zamenhof eventu-
ale verkis la himnon unue en la rusa kaj poste ĝin tradukis en Esper-
anton? Eventuale li faris inverse. Ĉiuokaze, oni denove havas ĉi tie
poemon kiu, kiel *Al la 'Esperantisto'*, iasence kuŝas sojle inter la naciaj
lingvoj kaj la internacia.

Zamenhof elektas kiel temon la esperon: doktoro Esperanto do
verkas poemon pri la propra inspiro, pri tio, kio okupas lian penson.
Hodiaŭ ni tiel internigis la nomon de nia lingvo, ke ni iasence forgesis
la nekutimecon de la kaŝnomo de ĝia kreinto kaj la fakton, ke per
popularaj aludoj al la "lingvo de Doktoro Esperanto" kaj "la lingvo de
Esperanto" la nomo transglitis de inventinto al inventaĵo, tiel ke la
lingvo mem eknomiĝis "Esperanto". Aliaj internacilingvaj projektoj
nomiĝas "monda lingvo," aŭ "interlingvo," aŭ "nova lingvo," sed nia
nomiĝas "tiu, kiu esperas." La idealismo do kvazaŭ enkonstruiĝis de-
komence en la lingvon mem.

Ni jam rimarkis, ke, elektante la nocion de "espero," Zamenhof elek-
tis komplikan ideon. La espero havas siajn ligojn kaj kun la juda tradi-
cio kaj kun la kristana. "La religio de la Malnova Testamento," skribas
Easton (2002), "estas super ĉio religio de espero, centrigita en Dio,
de kiu oni fide atendas ĉian liberiĝon kaj benon." La Nova Testamento
aludas, en la vortoj de Paŭlo, al la tri tielnomataj teologiaj virtoj Fido,
Espero kaj Amo. La unuan la kristanoj ligas al la unua persono de la
Triunuo, Dio la Patro. Amon oni ligas al Kristo, Esperon al la Sankta

---

13   Kial L.*M*. Zamenhof? Supozeble por indiki lian filecon al Marko (Markoviĉ).

Spirito. Espero estas ofte montrata en artaj reprezentaĵoj kiel virino kun flugiloj – kio ligas ŝin al la Sankta Spirito, kiu siavice estas ofte reprezentata kiel kolombo. Tiu kolombo havas siajn paralelojn en la Malnova Testamento, ekzemple en la rakonto pri Noa, kiu post la inundo ellasis el la arkeo kolombon, kiu fine "revenis al li ... kaj jen ĝi havis en sia buŝo deŝiritan folion de olivarbo" (*Genezo* 8.11). Sed tiu simbolo de espero (kiu samtempe estas simbolo de la paco) ne estas la ĉefa en la Malnova Testamento. En *Genezo* 22 ni legas la rakonton pri Abrahamo, kiu estas ordonata de Jehovo oferi la propran filon al li. Preta fari tion, Abrahamo tamen esperis, ke tio ne okazu, kaj fine Jehovo lasis la filon tamen vivi. Mi ĉi tie ne eniros la komplikan psikologian labirinton de tiu ĉi rakonto (kiun Sigmund Freud jam pritraktis en *Civilizo kaj ties malkontentoj*), sed mi atentigas, ke en *Mia penso* la mito de la Abrahama ofero ludas centran rolon: "Kion havis mi plej karan – / La junecon – mi ploranta / Metis mem sur la altaron / De la devo ordonanta." Kvankam la poeto tiel pretigis la imagitan filon al oferiĝo, tamen restis al li la espero: kiel Abrahamo, li restis espera, ke tiu Devo tamen ne konsumos komplete la Junecon, ne detruos nin en la nomo de la Devo.

En la Nova Testamento la plej elstara ekzemplo de la espero estas la okazo, en *Agoj de la Apostoloj*, kiam la Sankta Spirito descendas al la deprimitaj sekvantoj de Jesuo en la formo de "langoj kvazaŭ el fajro ... kaj ĉiuj pleniĝis de la Sankta Spirito, kaj komencis paroli aliajn lingvojn, kiel la Spirito donis al ili parolpovon" (2.3-4). Tiu ĉi miraklo de la Pentekosto, kiam la Sankta Spirito paroligis la apostolojn per diversaj lingvoj sed ĉiuj homoj ilin komprenis, estas normale interpretata kiel ekzemplo de la potenco de la Sankta Spirito kiel esprimanto de espero. En tiu ĉi kazo ĝi estas rekte ligita al la nocio de lingva interkompreniĝo.

La vortojn de *La Espero* ni bone konas:

> En la mondon venis nova sento,
> Tra la mondo iras forta voko;
> Per flugiloj de facila vento
> Nun de loko flugu ĝi al loko.

La "nova sento," kiu envenis la mondon, estas supozeble tiu Espero, kiun la poemo traktas. Ĝi esprimiĝas tra la mondo en la formo de "forta voko," do lingvado, kiu trairas la mondon. En la komenco de *Genezo,* ni legas, ke "la spirito de Dio ŝvebis super la akvo," kaj lia vorto lumigis la teron kaj ĉielon: "Kaj Dio diris: Estu lumo; kaj fariĝis lumo." La flugiloj de facila vento memorigas samtempe pri la flugiloj de la espero kaj la flugiloj de la spirito de Dio. Sed tiuj flugiloj estas flugiloj *de facila vento,* kio ja taŭgas por porti "vokon." Temas do pri la "facila vento" de la spiro – tio kio portas la parolon de loko al loko.

> Ne al glavo sangon soifanta
> Ĝi la homan tiras familion;
> Al la mond' eterne militanta
> Ĝi promesas sanktan harmonion.

La voko do ne similas tiujn naciistajn vokojn al konkerado, kiujn ni eble normale atendus en tia poemo – konkerado en kiu la glavo kvazaŭ akiras propran vivon, altirante siajn viktimojn per soifo al sango (ni notu, ke ne temas pri homoj, kiuj atakas per glavoj, sed glavoj, kiuj kvazaŭ alsuĉas la homojn). Tiu ĉi voko "promesas sanktan harmonion" – ne plenumas ĝin sed malfermas al la homoj la eblecon.

> Sub la sankta signo de l' espero
> Kolektiĝas pacaj batalantoj,
> Kaj rapide kreskas la afero
> Per laboro de la esperantoj.

Ne estas tute klara la speco de "laboro" en la kvara verso de la strofo, sed ni notu, ke la pacaj batalantoj, kiuj en la komenco de la verso kolektiĝas sub la signo de la espero, fariĝas "esperantoj" en la fino: la kolektiĝo sub la signo kvazaŭ faras el ili verbajn manifestiĝojn de la substantiva koncepto. La "afero" (same iom nebula vorto) kreskas rapide, supozeble per la aliĝo de ĉiam pli kaj pli da batalantoj por la paco. Eble Zamenhof imagis, ke tiu "sankta signo" ne estas iu fiksa standardo aŭ emblemo, ĉirkaŭ kiu la homoj ariĝas, sed stelo simila al tiu en la poemo *Al la 'Esperantisto'* kiu kondukas la homojn al "sankta,

glora celo". Tiel, do, la marŝado kolektas dumvoje siajn novajn adep-
tojn.

> Forte staras muroj de miljaroj
> Inter la popoloj dividitaj;
> Sed dissaltos la obstinaj baroj,
> Per la sankta amo disbatitaj.

La muroj de miljaroj reportas nin al Josuo kaj la urbo Jeriĥo. La
muroj de Jeriĥo falis pro la forteco de la trumpetado kaj la krioj de
la Izraelidoj: unue la vorto, poste la rezulto. Same ĉi tie tiuj muroj
(la muroj, kompreneble, de la lingva dividiĝo) ne nur falos, sed eĉ
"dissaltos," kvazaŭ sub eksplodo "disbatitaj" per la forto de la amo.
Ja ne estas klare ĉu la pacaj batalantoj respondecas senpere pri la
disbato de la muroj aŭ ĉu efektive temas pri la Jeriĥa miraklo, en
kiu muroj falis pro krioj – aŭ, en tiu ĉi kazo, muroj falis pro la lingva
"voko." Verdire, la nocio de dissaltado kaj disbatado sugestas ne nur
breĉon en la muroj, sed ilian kompletan dispeciĝon, kiu do reduktas
ilin al nura "fundamento".

> Sur neŭtrala lingva fundamento,
> Komprenante unu la alian,
> La popoloj faros en konsento
> Unu grandan rondon familian.

Se do, nia Jeriĥo de lingva disdivido estas reduktita al lingva funda-
mento, tiu fundamento, la bazaj elementoj de la iamaj disdividaj ling-
voj, povas esti rekonstruata en novan lingvon el la elementoj de la
malnovaj. Apenaŭ necesas atentigi, ke Zamenhof ĉi tie reverkas an-
kaŭ la miton de la Babelturo, laŭ kiu la orgojlaj popoloj konstruis
turon altan kiel Jehovo mem, tiel ke Jehovo ĝin detruis per la lingva
disdivido. Sed tiu nova Babelturo ne estos tia, sed konsistigos ne
rondan turon, sed rondon familian – tiu familio, kiu en la dua strofo
pro la voko ne estis tirata al la glavo.

> Nia diligenta kolegaro
> En laboro paca ne laciĝos

Ĝis la bela sonĝo de l' homaro
Por eterna ben' efektiviĝos.

La kolegoj kompreneble estas tiuj, kiuj eklaboris en la tria strofo: la nocion de paca batalo nun anstataŭas la kolektiva laboro. Realiĝos en la fino "la bela sonĝo" de la homaro – surpriza vorto, ĉar oni tie atendus la vorton "revo." Sed Zamenhof precize celis la nocion de *revekiĝo al nova mondo*, kiel ia Adamo, kiu, vekiĝante el la profunda dormo, kiun metis sur lin Jehovo, trovas Evan.

Tiu ĉi poemo de Zamenhof plenplenas je la simboloj kaj ideoj de mileniismo, nome la kredo, bazita sur juda kaj kristana profetado, je alveno de ideala socio, ofte rezulte de revolucio. La Zamenhofajn sentojn oni povus retrovi en dekoj da mileniismaj poemoj de tiu epoko. Revenas ankaŭ tiuj sentoj en aliaj Zamenhofaj poemoj, ekzemple la simbolriĉa *La vojo* de 1896, la idee komplika *Preĝo sub la verda standardo* de 1905, kaj eĉ la ŝajne ideologie neŭtrala *Pluvo* de 1909. Ĉi-lasta, malpli bone konata, meritas nian momentan atenton:

Pluvas kaj pluvas kaj pluvas kaj pluvas
Senĉese, senfine, senhalte,
El ĉiel' al la ter', el ĉiel' al la ter'
Are gutoj frapiĝas resalte.

Tra la sonoj de l' pluvo al mia orelo
Murmurado penetras mistera,
Mi revante aŭskultas, mi volus kompreni,
Kion diras la voĉo aera.

Kvazaŭ ia sopir' en la voĉo kaŝiĝas
Kaj aŭdiĝas en ĝi rememoro...
Kaj per sento plej stranga, malĝoja kaj ĝoja,
En mi batas konfuze la koro.

Ĉu la nuboj pasintaj, jam ofte viditaj,
Rememore en mi reviviĝis,
Aŭ mi revas pri l' sun', kiu baldaŭ aperos
Kvankam ĝi en la nuboj kaŝiĝis?

Mi ne volas esplori la senton misteran,
Mi nur revas, mi ĝuas, mi spiras;
Ion freŝan mi sentas, la freŝo min logas,
Al la freŝo la koro min tiras.

Kiel aŭtobiografia poemo tiu ĉi lingve simpla verko havas sian apar-
tan intereson. Malantaŭ la pluvo, deprime longdaŭra, aperas mis-
tera murmurado, kiun la poeto celas kompreni. La murmurado ve-
kas "rememoron," kiu "per sento plej stranga" samtempe "ĝoja kaj
malĝoja", igas la koron bati konfuze. La strofo priskribas sentojn
similajn al tiuj esprimitaj kaj en *Mia penso* kaj en *Ho mia kor'*, kvazaŭ
tiu poemoparo el la Unua Libro iel kunfandiĝis. La poeto unue reagas
per tiuj kliŝoj pri malespero kaj espero, kiuj kontentigis lin en la
pasinteco – nocioj pri suno malantaŭ nuboj, espero post deprimo. Sed
la fina strofo iras tute alian direkton: "Mi ne volas esplori la senton
misteran." En la fina strofo la poeto akceptas la mondon tia kia ĝi
estas, ĝuante la freŝecon post pluvo, sed emfaze malakceptante la
alegorion de revolucioj kaj popolaj movadoj, kiu animis liajn aliajn
poemojn. Finfine la pluvo estas nenio alia ol ... pluvo.

Mi devas konfesi, ke tiu poemo aparte plaĉas al mi ĝuste pro sia
honesto. Se en ĝi kaŝiĝas la privata Zamenhof, la publika Zamenhof
manifestiĝas en tiuj poemoj kiuj rolis kvazaŭ motoroj de la idealismo
– plenaj je konataj, foje preskaŭ kliŝaj, metaforoj celantaj agadon,
kuraĝon, esperon inter la adeptoj de la nova lingvo. La sentoj tiel
generataj donis kuraĝon al la fruaj esperantistoj, konvinkon pri
la kapabloj de la nova lingvo, kaj forton por esence kontraŭi tiujn
perfektistojn kiuj, pere de la invento de Ido, celis pli bone adapti
Esperanton por plaĉi al skeptika publiko. Zamenhof prioritatigis soli-
darecon super perfektecon: pli bone aŭtomobilo kiun oni povu ŝofori
ol staranta aŭtomobilo sub kiu sin sternas la specialistoj serĉantaj
konstante plibonigojn de la motoro. La Ido-skismo ja montris la
gravecon de solidareco, kiu sekve fariĝis temo de Esperanto-poemoj
kaj Esperanto-paroladoj ekde la epoko de Zamenhof tra tiuj de Privat
kaj Lapenna kaj pluen al Fettes kaj Charters.

3. Verdstelaj versaĵoj kaj poezio de espero

En sia postparolo al la *Esperanta antologio* (1984: 835), William Auld aludas al la "verdstelaj versaĵoj, la rutinaj ampoemoj kaj mortosopiraj facilanimaĵoj" de la frua epoko, ne tute senbaze. Almenaŭ ĝis la Unua Mondmilito, la Esperanto-poetoj (kun unu-du esceptoj) ĉefe celis montri, ke Esperanto entute kapablas funkcii kiel literatura lingvo. En siaj verdstelaĵoj ili ne ĉiam sukcesis: abundas en la gazetaro kaj en antologioj poemoj senarte entuziasmaj de poetoj pli ardaj ol kompetentaj. Sed, kiel pruvis Kalocsay jarojn poste, ni erarus se ni simple flanken forŝovus ĉiujn poemojn kiuj traktas la Esperantan idealon: la kombino de espero kaj deprimo, kiu estas en ĉiuj literaturoj abunda, trovas en Esperanto tute apartan taŭgon pro la unika kombino de movado kaj kulturo kiu karakterizas la Esperanto-literaturon.

Escepto al la acidaj vortoj de Auld estis nepre Antoni Grabowski, kies bonekonata originala poemo *La Tagiĝo* (EA: 7) apartenas al la inspiriga tradicio de Zamenhof ("Tagiĝo, tagiĝo radias en rond', / La ombroj de nokto forkuras el mond'"). Auld mem, kvazaŭ tamen serĉante poetan kapablon, enmetas en sian Esperantan antologion longan poemon de Mozes Goldberg pri la Babelturo, kiu evidente pruntas abunde kaj ne tre lerte el Zamenhof mem: "Ĝoje l' espero nin jam karesas / Proksiman celon montrante: / L' internacia lingvo progresas, / Amikojn ĉie trovante" (EA: 11-13). Pli subtile Marie Hankel traktas la esperon per priskribo de la sezonoj en sia poemo *Vana espero* (EA: 32).

En 1911 aperis en Bohemio malgranda kolekto de dek poemoj de Stanislav Schulhof, jam menciita, sub la titolo *Per espero al despero.* En sia antaŭparolo la poeto klarigas, ke li verkis la dek poemojn en la daŭro de la jaro 1910. Iasence ili bone ekzempligas la retorikan bazon de la pace batalanta Esperanto-movado de tiu periodo. Jam la titolo memorigas pri la emocia proksimeco de la fragila sento de espero unuflanke kaj la facile inundanta sento de malespero aliflanke. Pluraj el la poemoj estas simplaj alvokoj al entuziasma varbado: "Nur antaŭen, nur antaŭen / tra la maroj, tra la lando. / Malgraŭ ĉio, forto, aĝo, / rido kaj mokataĵo, / iru nia propagando." "Kun Espero en la koro / kun la stelo sur standardo, / marŝu nia avangardo / nur antaŭen por la gloro!" Aliaj priskribas situacion en kiu la poeto, enua kaj senespera, trovas la miraklon de Esperanto kaj estas per tio savita: "Dankon al vi, stranga verda stelo, / kiu en la nokto sen espero / el putranta, ŝima atmosfero / ekaperis hele sur ĉielo." Tiun senton Schulhof poste esprimis pli delikate en poemo el posta kolekto, la brila soneto *Francesco Petrarca*, verkita en 1911 (EA: 38), kiu arte glitas de omaĝo al la poezia tradicio por rekte ligi sin al la serĉo por "verda laŭro" – samtempe la titolo de poeto kaj la aspiro al la verda lingvo:

> Al vi, eminenta majstro de l' soneto
> mi dediĉas tiun simplan kanton mian
> kaj de poezio formon plej gracian
> mi elektis por ĝi, simpla poeteto.

> Nur malhele, kiel en la silueto
> mi vin vidas, majstro mia, amebrian,
> vian ĉarman Laŭron, ĉastan, abstemian,
> nokte deziranta ie en sekreto.

> Flame vi sopiris je la kor' de Lauro,
> sed la ĉarma al vi ĉiam malaperis,
> kiam vi ŝin tuŝi provis delikate;

> tute same, majstro, al mi senkompate,
> kiam certe ĝin jam teni mi esperis,
> glitis for el miaj manoj verda laŭro.

Kontraste, *Desperanto*, jam citita (EA: 35), brutale kaj neflankiĝante aliras la fundamentan kredon de la esperantistoj – nome ke tiu ĉi lingva revolucio estas paca revolucio, alia ol ĉiuj aliaj revolucioj – kaj ĝin rekte atakas. Esperanto, deklaras Schulhof, ne ŝanĝos la homojn, kiuj restos same egoismaj kaj etmensaj kiel antaŭe. Sed Schulhof atingas tiun konkludon per alproprigo de la retoriko de la espero (*kaj* la sento *kaj* la tiel titolita poemo) – pri disfalantaj muroj, homa harmonio, familio, steloj, muroj de miljaroj. Schulhof hokiĝas ĝuste al la vorto *sonĝo*, kiun li ironie redifinas kiel aŭtentikan sonĝon kontraste al idealisma revo. Per tiu ĉi poemo ekestas la poezia retoriko de malespero, kiu akompanas la idealisman tradicion en la estontecon.

Auld presigas en sia antologio belan poemon de la brito Clarence Bicknell, el tiu ĉi sama epoko. Malantaŭ ĝi oni aŭdas la voĉon de la angla romantika poeto John Keats, precipe lian poemon de la sama nomo, *Aŭtuno*:

> Nek de l' printempo la mantelo verda,
> Nek de l' somer' la rozokrono suna,
> Valoras la trenaĵon fajrsimilan,
> La orbrodaĵon de l' vestar' aŭtuna. (EA: 46)

La poemo de Bicknell finiĝas per alvoko al nova sindediĉo al "agado nobla". Dume, *Trankvilo*, poemo de alia brito, Giles Leigh Browne (kvazaŭ frua adepto de la Raŭmismo...), pledas por Esperanto kiel konsolo *kontraŭ la mondo* (EA 55).

En interesa kvazaŭdialogo kun Bicknell, Edmond Privat, en *La tempo* (EA: 62), revenas al la aŭtuna sezono por samtempe lamenti la pason de la tempo de la homa vivo kaj rekonfirmi la eternan regon de "la flago de l' homa espero." Nek Bicknell nek Privat[14] aludas senpere al Esperanto, sed ambaŭ poemoj reverkas tiun esperantistan alegorion de la espero, al kiu mi pli frue aludis: tiaj poemoj difinas por la esperantista leganto lokon, kie stari, kaj manieron vivi en tiu ĉi mondo – ian etikon de esperado.

Inter tiuj ĉi fruaj pioniroj en la *Esperanta antologio* ni trovas ankaŭ la nomon de Fernando Redondo Ituarte, kies poemo *La misvojo* (EA: 53) estas rekta parodio de la Zamenhofa *La vojo*:

> Post densa mallumo ekzistas abismo,
>> Al kiu la lingvo rapidas;
> Ni semas malfidon per simpla sofismo,
>> Kaj certan disfalon ni vidas.
> Kaj nin ne konvinkos eĉ pruvoj po miloj,
> Aŭ klaraj rezonoj, aŭ bonaj konsiloj,
> Ĉar ĉiel malhelpi jam de la komenco
>> Ni celas kun firma intenco.

---

14 Privat studis la anglan literaturon, kaj la influo de la romantismaj poetoj, precipe Keats, estas klara en liaj versoj.

Komentario por la nuna epoko? Nu, tiaj abundas ankaŭ inter niaj pioniroj.

Se ni havus pli da spaco kaj pli da tempo ni povus elfosi amason da fruaj optimismaj poeziaj propagandaĵoj kies celo estis montri, ke Esperanto funkcias, eĉ se foje objektiva observanto povus ekdubi pri tiu aserto. La historio de la frua Esperanto-poezio estas plej bone studata ne en tiu kunteksto de naiva idealismo sed en la kunteksto de la lukto por stabiligi la Esperanto-verson, por elekti la poezian tradicion al kiu ĝi apartenu, por vastigi kaj normigi la vortprovizon – kaj por atendi la poezian talenton kiu portu adekvate la menciitan idealismon. Tiun "publikan" poezian rolon plenumis, tute speciale, Julio Baghy, kiu ekde la 1920-aj jaroj verkis brile inventeman poezion per simpla lingvaĵo kaj orela ekzakto. Ni kutimas, ne malprave, diferencigi inter la populara Baghy kaj la intelekta Kalocsay, sed ili ambaŭ maturigis la Esperanto-poezion ĝenerale kaj la pri-Esperantan poezion specife.

Fakte ne eblas en la daŭro de unu mallonga studo eĉ elskizi la plenan historion de la alegorio de espero en la Esperanto-poezio. Oftas la poemoj, kiuj revenas al la specifaj konceptoj de la Zamenhofa poemaro – Stanislaw Braun en *La sento* (EA: 81), ekzemple, aŭ Georgo Deŝkin en *Mi volus esti sola* (EA: 74), kiu resendas nin al *Mia penso.* Mihalski reformas la molan revolucion de Zamenhof kaj Grabowski en la ŝtalan revolucion sovetan en sia *Jam superfluas vortoj* (EA: 111), kaj Baghy kaj Kalocsay remuldas la nocion de poeto ignorata de la propra generacio por kongruigi ĝin kun la pure esperantista fenomeno de diaspora popolo kiu estas samtempe kohera sed malforta grupo insistanta, ke la nocio de izolitaj grupoj devus malaperi antaŭ la spirito de universalismo (vidu ekzemple de Baghy la poemon *Plendo de vagabondo* – EA: 130,[15]). Baghy kaj Kalocsay ja kapablis lerte stilumi siajn laŭokazajn movadaĵojn (vidu ekzemple la poemon *Kongresa runo* de Kalocsay, EA: 143) aŭ primoki la samideanojn (vidu *Estas mi esperantisto* de Baghy, EA: 137) – talento brile reprezentata ankaŭ de Raymond Schwartz.

La esplorado de la signifo de esperantisteco, kaj la tute aparta speco de seniluziiĝo kiu povus akompani ĝin – en ĉio ekde la pigro de esperantistoj ĝis la katastrofo de monda milito – ja estas multe pli

---

15 Pri la sinprezento de Baghy kiel vagabondo interese verkis Julian Modest (2000).

ol versado por montri, ke Esperanto funkcias. La epoko de verdstelaj versaĵoj grandparte pasis en la krudaj realoj de la Unua Mondmilito.

Ĝin anstataŭis nova, pli klarvida kritiko de Esperanto kaj ties ideologio, el la plumoj de pli talentaj (aŭ almenaŭ pli ankritaj) poetoj kiuj povis nun verki ene de firme establita poezia tradicio. Kalocsay, en sia poemo "Gruoj", jam aludita, estis do heredanto kaj pludonanto de tradicio jam kvindek jarojn longa. Lia poemo estas poemo pri skribado kaj legado: li *legas* la gruojn, sed la gruoj defias lian interpreton. Kiel ni notis, gruoj havas longan historion kiel literatura simbolo, precipe en la rusa literaturo, ofte elvokaj pri espero kaj pri kontinueco. Sed la enigmaj gruoj de la poemo de Kalocsay *rifuzas signifi* aŭ, pli precize, redonas alian mesaĝon. Ĉu signoj do de alvenanta printempo aŭ de proksimiĝanta vintro? Evidente ili ne venas sed foriras.... Kaj, iasence, ili forportas kun si la signifadon de Esperanto, la ligon inter signo kaj vorto kaj la ligon inter vorto kaj ago...

4. Postmilitaj evoluoj

La milito, kiun Kalocsay antaŭvidis, ŝanĝis la pejzaĝon de la Esperanto-poezio. Kvankam Baghy kaj Kalocsay daŭre verkis, pasis ilia glora periodo, kaj la surlokaj cirkonstancoj en kiuj la hungara reĝimo bremsis la Esperanto-laboron, malhelpis la internacian kontakton. Venis novaj talentoj, interalie la britoj William Auld kaj Marjorie Boulton, kaj, por ilin nutri sammaniere kiel la eldonejo Literatura Mondo nutris la poetojn de la intermilita periodo, venis la eldonejo Stafeto kaj ties gvidanto Juan Régulo Pérez. Se Kalocsay estis la ĉefa rolanto en la maturigo de la Esperanto-poezio, la poetoj de la periodo post la Dua Mondmilito povis iasence profiti el tiu starigita kulturo – eble ne kulturo en la senco, ke nacia kulturo kapablas envolvi komplete siajn anojn, sed kulturo de internacieco, kies valoroj kvazaŭ suplementas aŭ modifas la naciajn. Unu el la karakterizoj de nia moderna mondo kaj ĝia relativa libereco estas tio, ke ĝi ebligas al homoj preni sur sin pli ol unu identecon, kiel ja ofte okazas pro la migrado de homoj, kiuj naskiĝas en unu lando kaj transiras al alia.

La Esperanto-kulturo estas en tiu senco alternativa kulturo, firme aŭ loze ligita al la diverseco de naciaj kaj gentaj kulturoj.

Eĉ en la postmilita periodo de la pasintaj kvindek jaroj, kiam la Esperanto-poezio atingis plenan maturecon, la interesiĝo de niaj poetoj pri la esperantismo ne malaperis. Daŭras ekzemple la omaĝoj al kunlaborantoj inaŭguritaj de Kalocsay en *Rimportretoj* (1931): vidu ekzemple la poemon de Mauro Nervi *Al Kalocsay* (EA: 813). Daŭras, eĉ se nur malrekte, la esplorado de la rolo de la Esperanto-poeto, ekzemple en la soneto de Geraldo Mattos, *Poeto de la homaro* (EA: 472). En siaj ambiciaj *La infana raso* (1956) kaj *Homara epo-peo* (1970), William Auld kaj Sylla Chaves revenas al la ideoj de Zamenhof, kaj Chaves tute specife reuzas kaj komentarias konceptojn el tiu frua poemaro. Ŝtefo Urban pli koncize esprimas sin per eĥo de la Zamenhofa poemo *La vojo*:

> Eĉ guto malgranda
> konstante frapante
> progresas, ho Dio,
> tro lante! (EA: 481)

Kaj Carmel Mallia, titolante unu sian poemon *Mia penso*, ree esploras la lingvadon de la spirito kaj ties Zamenhofan teritorion (EA: 692). Eble la poemo ŝajnas unuarigarde ne tuŝi Esperanton, sed la titolo mem invitas komparojn. Efektive, verkante en Esperanto, poetoj vole-nevole devas preni en konsideron la apologian tradicion, kiun ni ĉi tie spuras, kaj eĉ poemoj ŝajne ne temantaj pri Esperanto kvazaŭ fluas en tiun semantikan spacon pro la ekzisto de la Zamenhofaj modeloj.

En tiun kulturan medion paŝis en la jaro 1955 la poeto Marjorie Boulton per volumo eldonita de Regulo kun la titolo *Kontralte*. Ĝi estis eksterordinara atingo: poeto apenaŭ tridekjara, kiu prezentas sur 270 paĝoj pli ol 200 poemojn, ĉiu fajne polurita, kun kompleta rego de la lingvo kaj mirinda poezia facileco. Evitante poezian obskuron, kaj funkciante senprobleme ene de vortprovizo kaj sintakso alirebla de ĉiu laika esperantisto lingve kompetenta, la poeto kreis poemojn de mirinda klareco. Unu tuta sekcio de la libro – la lasta – nomiĝis "El verda notlibro" kaj prezentis omaĝojn, laŭ la stilo de la rimportretoj de Kalocsay, al diversaj esperantistoj (inter ili, Kalocsay mem). Jen kaj jen, pliaj poemoj en la kolekto aludis rekte aŭ malrekte al Esperantaj temoj, kiuj do restis integra parto de la poemaro.

La libro estas intense persona, prezentante la poeton kiel personon kiu, sub la kulturita ekstero de profesoro en seminario por instruistinoj, kaŝas sentojn bolajn kaj komplikajn. Ja la titolo de la volumo aludas al la kontralta poeta voĉo; kaj la kolekto komenciĝas per prologa konfeso de la aŭtoro mem, *La triopa memo*:

> Mi estas tri. La digna lektorino
> Kun la krajon' kritika libron legas.
> En nigra robo, pri la origino
> De l' dramo primitiva ŝi prelegas.
> Dume, en koro, primitiva dramo
> Okazas, ĉiam freŝa kaj terura;
> Sub nigra robo brulas nun pro amo
> Virino simpla en dezir' tortura.
> La lektorino pensas. La virino
> Baraktas, krias, nur angoron sentas.
> Sed la Poet', per arta disciplino,
> Observas ilin ambaŭ, kaj komentas.

Se la poezio ebligas al Boulton tenon de la mensa ekvilibro, troviĝas indikoj dise en tiu ĉi volumo kaj la posta kolekto, *Eroj*, ke la lingvo Esperanto ludas similan rolon en ŝia vivo. En pluraj lokoj en ambaŭ kolektoj oni havas la impreson, ke la du kunfandiĝas aŭ intermiksiĝas.[16]

Konsideru en tiu rilato la poemon *Memnon*, eble la plej elstaran en la kolekto. En la volumo de 1955 ĝi sidas sen klarigo; sed en la unua eldono de *Esperanta antologio*, la notaro (bedaŭrinde forviŝita el la dua eldono) donas la jenan utilan informon:

Memnon: Memnono, laŭ helena legendo, filo de Titono kaj Aŭrora, venis helpi al la trojanoj; la helenoj donis lian nomon al unu el la kolosaj statuoj egiptaj de Amenof la Tria, ĉar ĝi sonis muzike ĉe la sunleviĝo – kion ili interpretis kiel saluton de Memnono al la patrino.

---

16 Al tiu ĉi temo mi revenos, en posta ĉapitro pri Boulton.

Jen la poemo:

> Statuo, ŝtono en dezerto,
> Sur brila sablo, brulsoifa,
> Mi staras morta, sensignifa;
> Ĉe la piedoj nur lacerto
> Estas kunulo kaj konsolo.
> En spaco sen videbla verdo
> Mi staras, monument' de perdo
> Granita, trista en izolo,
> Sen homa koro aŭ kapablo,
> Kaj ŝtoniĝinta per doloro.
> Mi staras sub kruela gloro
> De brula suno sur la sablo.
> Sed, ŝtono kiu vundojn sentas,
> Per mia propra sango ruĝa,
> En sabloŝtorm' turmenta, muĝa,
> Mi staras blinda. Mi silentas.
> Sed kiam ŝtormas ventaj vipoj,
> Tra mia korpo sen espero
> Dum sunleviĝo aŭ vespero
> Mi kantas tra la ŝtonaj lipoj.
> Ne mi, ne mi, sed senkompata
> Kaj stranga vento lipojn movas,
> La akra vento, kiu blovas
> El lando nigra, nekonata. (*EA* 514)

La poemo troviĝas meze de tiu sekcio de la libro kiu nomiĝas "Unu virina koro." La poemo tuj antaŭ ĝi portas la titolon *Metamorfozo* kaj priskribas la transformiĝon de la aŭtora "mi" kiu en someraj tagoj "promenis ... sub ore varmaj suno-sagoj, / En la volupto vasta, nobla" kvazaŭ leono. Nun venis la vintro, kaj tiu "mi" fariĝis "malestimata dom-pasero" kiu serĉas panerojn. Ne estas klare, ke la metamorfozo ripetiĝos en la posta printempo aŭ ĉu la nova kondiĉo estas konstanta. La tuj posta poemo nomiĝas *Vivciklo*, kaj priskribas serion da mortoj kaj reviviĝoj inter vintro kaj printempo "Ĝis ni el rado / Sen novaj fortoj, / Finmortas pro la ado / De tiuj mortoj." Se juĝi laŭ la loko de la poemo en la kolekto, ne eblas rigardi la poemon *Memnon* alie ol kiel tute personan. Jam ĉe la titolo oni haltas. La nomo *Memnon* ja ne estas Esperanto-nomo, sed almenaŭ dum momento ĝi ŝajnas esti. Ĉu Boulton estis logita al tiu ĉi temo parte pro tio, ke la nomo Memno memorigas pri Memo, kaj la ŝajne akuzativa formo emfazas la fakton, ke Memnon, la rolanto en la poemo, ne agas, sed la ĉirkaŭaĵo agas kontraŭ ĝi? Oni bezonas eĉ kelkajn sekundojn por orientiĝi entute en la komenco de la poemo. Ĉu oni rigardas statuon aŭ oni mem estas statuo, kaj ĉu oni trovas tie la *certon* aŭ ... *lacerton?* Eĉ la strofofino sen interpunkcio hezitigas la leganton. Kiam la situacio klariĝas, estas evidente, ke la parolanto de la poemo, la poeto mem, imagas sin ŝtona, trista en izolo, sen homa koro, ŝtoniĝinta per doloro. Ja tro ofte en la kolekto *Kontralte* oni ricevas la impreson, ke la poeto, aktiva en sia flamanta imagopovo, restas tamen senmova, dum aliaj moviĝas ĉirkaŭ ŝi: la leono de la imagopovo fariĝas la pasero de la realo.

Tamen, en iu senco tiu ŝtono vivas, kiel oni rimarkas en la dua duono de la poemo: ĝi havas sian "propran sangon ruĝan" kaj sian "korpon sen espero". En mateno kaj vespero ĝi "kantas tra la ŝtonaj lipoj." Tiu tragedia bildo de ŝtoniĝinta poeto, kiu tamen estas samtempe ŝtona kaj viva, samtempe granita kaj sangohava, prezentas unuavice la antikvan ideon de la bardo, kiu verkas ĉar la spirito spiras kaj inspiras lin, tiel ke la facila vento (ĉi tie ĝi fariĝas "stranga vento") kvazaŭ kontraŭvole tamen kreas harmonion – harmonion, kiu eventuale eĉ nur dolorigas tiun, per kiu ĝi esprimiĝas.

Sed la poemo de Boulton samtempe levas en niaj mensoj, post nia mallonga eskurso tra la Esperanto-poezio, du pliajn eblecojn. Unue, Boulton, poeto plene engaĝita de Esperanto dum granda parto de sia vivo sed konstante frustrita de la stumbla progreso de nia lingvo (kaj poeto kies karaktero, almenaŭ laŭ la propra juĝo, estas iom retiriĝema, malsekura), prezentas en tiu ĉi poemo eble ne nur bildon de "poeto malgraŭ si", sed ankaŭ de "esperantisto malgraŭ si". Dum al Schulhof la verda stelo venas por lin savi el despero, al Boulton la Esperanto-movado "lipojn movas" pli mistere, pli necerte, kaj apenaŭ esperige. Super la poemo ŝvebas mistero: ĉu tamen optimisma (eĉ ŝtonon la spirito kapablas vivigi), ĉu tamen pesimisma (la vivo iras; mi restas ŝtona)?

La poemo de Boulton ebligas al ni rekonsideri la Zamenhofan himnon *La espero*. Tiu facila vento, kiu portas la fortan vokon (kaj kion diras tiu voko, kion celas?), samtempe movas la lipojn de tiuj, sur kiujn ĝi blovas. Tiu facila vento ne nur parolas, sed paroligas: la Voko eligas respondon per la sama lingvo.

Eĉ se la revolucia fervoro de la fruaj tagoj iom dampiĝis, niaj poetoj ankoraŭ frontas la demandon kiel difini kaj kiel trakti la idealismon (temo ofta en la poezio de Mauro Nervi, ekzemple, kaj ankaŭ, malrekte, en tiu de Ragnarsson); ili poezias pri la fenomeno Esperanto kaj, ĉefe, poeziante per Esperanto ili daŭrigas tradicion, kiu komenciĝis en la Unua Libro.

Victor Sadler, fajna poeto de delikata ironio, sekvas alian vojon – kontinuo tamen de la vojo de Schulhof. En lia *Memkritiko* (1967), unu poemo prezentas figuron de posedanto de eta butiko en konversacio kun kliento – butiko, kies stoko elĉerpiĝas, ŝimas, perdas aktualecon, ĉiuokaze ĉiam plaĉis nur al iom specialaj gustoj. Ĉu kritiko de nia movado? Ĉu deziro kabeiĝi?

> Mi ne havas multon por proponi, sinjorino.
> La vitrino estas jam malaktuala.
>
> Ni ne plu vendas altajn idealojn.
> La stoko estas iom flaviĝinta,
> kaj ĉiuokaze temas nur pri imitaĵo.
>
> Pretaj politikaj solvoj?
> Nu . . . vere ne, nur kelkajn krudmaterialojn:
> iom da sobro, nepersvado, pacienco . . .
> Ni diru, dek dolarojn por la tuto? Ne?
>
> Vi pravas, kompreneble.
> Tio ne estas normale en nia oferto.
> Ni estis iom specialista firmo,
> vi komprenas: por iom apartaj gustoj.
>
> Mi ĉiam esperis, cetere, ke iun belan tagon
> mi vendos la tutan entreprenon, centprocente ĉion,
> se iu nur faros seriozan proponon.

Sed mi tro babilas – pardonu min.
Aŭskultu, se vi vere serĉas ion tiaspecan,
estas butiko en Zamenhofstrato ...
"Progreso" ĝi nomiĝas. (EA: 676)

Atinginte tiun ĉi punkton, ni povus eventuale deklari, ke la retoriko de Zamenhof tamen elĉerpiĝis, kiel elĉerpiĝis la stoko de tiu ĉi mistera Sadlera butiko. Sed tamen ne: niaj poetoj ankoraŭ frontas la demandon kiel difini kaj kiel trakti la idealismon (temo ofta en la poezio de Mauro Nervi, ekzemple); ili poezias pri la fenomeno Esperanto. Vidu ekzemple la poemojn de la afrikano Matabaro Minani Semutwa (1999), la poemon *La verda lingvo* (1998) de Timothy Brian Carr, kun ties memorinda verso pri nia lingvo "per poemriĉoj gaje malpraktika", aŭ kelkajn poemojn en la kolekto *Moskvaro* de 1998.

Unu poemo, el 2003, de Mikaelo Giŝpling, kontribuinto al *Moskvaro*, portas la titolon *La lingvo de espero*. Ĝi fermas delikate la fendon inter la pesimismo kaj la optimismo, transire al iu trankvila fataleco.[17]

> Por kio versas mi en lingvo, kiun konas
> Apenaŭ dudek mil stranguloj en la mond'?
> Kaj eĉ el tiu kvant' nur tre malvasta rond'
> La poezion ŝatas kaj bezonas.
> Verdire tio ĉi ne multe min afliktas.
> Mi skribas ne por mend', sed sole por mi mem:
> El maro de la viv' emerĝas nova tem'
> Kaj tekston de poem' en tiu lingvo diktas.
> Min logas tiu ĉi komuna idiomo –
> La lingvo de esper' de Majstro Zamenhof,
> Belsona, kiel flut', por poezia strof'
> Kaj kuniganta homon kun la homo.
> Kaj ne certigu min, ke l' celo estas mita,
> Ke en la lingvo mem forestas ĉia senc',
> Ke fakte estas ĝi nur revo, nur intenc',
> Per kiuj la Infer' jam estas pavimita.
> Ligiĝis mia vers' al lingvo Esperanto.
> Se ĝi ekzistos plu, do restos mia spur',
> Se iam mortos ĝi, do mortos mia kanto...
> Sed nun mi versu – juĝu la futur'.

---

17 Gudskov 2007: 84.

En *Koploj kaj filandroj* (2009), Jorge Camacho prezentas poemon kies titolo *En vespera horo* jam signalas meditadon de la speco de la Zamenhofa poemo *Mia penso* kaj ties momento "antaŭ nokto de somero". Ĝi komenciĝas, "Finiĝas la vespero kaj / somero" kaj kondukas tuj al resumo de la historio de la Esperanto-poezio –

> Sed sin prezentas la demando –
> kiom kunligas esperanto? Ĉu
> temas do pri branĉ' matura de la
> arbeg' literatura? Aŭ eble nur
> filandro plia, fragile freŝa, simpatia
> kontribuanto de la reto?
> Tutmonda literatureto, tamen
> pokhoma kaj plurkapa, diverskiale
> handikapa.

Camacho havas sian respondon – respondon, kiu reportas nin al la komenco de nia ekskurso. Redifinante la korokrion de Kalocsay, la poeto sen popolo, la poeto en izolo, en amara horo (kaj tion farante laŭ la retorika ritmo de *La infana raso* de Auld), li reintegrigas la Esperanto-poezion en la mondan kulturon: Esperanto estas ero, kaj ero ĉiam pli digna, en la homa poezia kolektivo:

> Poetoj sen popolo, ho animleva kredo,
> ke preter tempoj nin la poezi' kunligas
> sur ĉiaj regionoj kaj urboj de l' planedo;
> ke arto poezia nin fandas kaj fratigas
> kun la aŭtor' enigma de l' fama prapoemo
> pri Gilgameŝ, Enkidu kaj amikec' fascina;
> kun Homer', Odiseo, Penelop', Polifemo;
> kun antikvuloj, kiuj en la japana, ĉina,
> en fajnaj vortobildoj sur silko kaligrafis
> poemojn peniktuŝe; aŭ kun Ĥajam' la perso
> kaj, ok jarcentojn poste, kun Whitman aŭ Kavafis,
> kun Lorca kaj Pessoa, virtuozoj de l' verso
> ne truka kaj afekta, asepsa, malsincera,
> sed sonore preciza en univers' mistera.

Ambaŭ poetoj – Giŝpling kaj Camacho – certagrade forturniĝas de la aktiva esperantisteco. Iuj dirus, ke tiu estas signo de perdo de la komuna strebado al pli multnombra Esperanto-socio; aliaj dirus, ke en la matura movado ekzistas nun loko abunda por aktivuloj kaj por la ĝenerala amaso de konsumantaj esperantistoj, eĉ ke movado fariĝis kulturo. Sed la rimenoj de la ideologio ankoraŭ tiras: ankoraŭ necesas deklari sian pozicion rilate la movadon, eĉ se temas pri ironia normalo. "Revolucia normalo / brulas en mi ankoraŭ," deklaras Miyamoto Masao (1993: 270) en unu el siaj poemoj, *Iun tagon*, sed ĉio burĝe normalas ĉirkaŭ li:

> Al mia kapo pretervenas rememoro:
> "Stafeto eldonos mian poemaron."
> Tuj demandis Ŝia Edzina Moŝto:
> "Kiom da tantiemo?"
> Someras prema nubo ankaŭ ĉi-matene.

El du-tri ekzemploj mi ne volas ĝeneraligi konkludon, nur diri, ke la fajnajn kontribuojn de Giŝpling kaj Camacho ebligis iliaj antaŭuloj, ke la Esperantisma fadeno (aŭ filandro?) ankoraŭ trakuras la nuntempan Esperanto-poezion, kaj ke ni feliĉas havi tiel talentajn poetojn antaŭ kaj inter ni. Ĉu poetoj sen popolo aŭ popolo kun poetoj? Certagrade, tamen, feliĉe, ĉi-lasta.

Poeziante per Esperanto ili daŭrigas tradicion, kiu komenciĝis en la Unua Libro, aŭ eĉ antaŭe -- eble kiam tiuj lernejanoj, kamaradoj de la juna Zamenhof, kantis, "Malamikete de las nacjes / Kadó, kadó, jam temp' está."

CITITAJ VERKOJ

Auld, William. 1956. *La infana raso.* La Laguna: Stafeto.

Auld, William, red. 1984. *Esperanta antologio: Poemoj 1887-1981.* Roterdamo: Universala Esperanto-Asocio (mallongigita en la fontindikoj kiel: EA).

Auld, William, red. 1958. *Esperanta antologio: Poemoj 1887-1957.* La Laguna: Stafeto.

Boulton, Marjorie. 1955. *Kontralte.* La Laguna: Stafeto.

Boulton, Marjorie. 1960. L.L.Zamenhof – pionira poeto. En Ivo Lapenna, red. *Memorlibro pri la Zamenhof-jaro.* Rotterdam: Universala Esperanto-Asocio. 46-49.

Brita kaj Alilanda Biblia Societo. 1954. *La Sankta Biblio.* Londono.

Camacho, Jorge. 2009. *Koploj kaj filandroj.* Novjorko: Mondial.

Carr, Timothy Brian. 1998. *Sur Parnaso.* Antverpeno: Flandra Esperanto-Ligo.

Chaves, Sylla. 1970. *Por pli bona mondo.* Rio de Janeiro: Fondaĵo Getúlio Vargas.

Dietterle, J., red. 1929. *Originala verkaro,* de L.L. Zamenhof. Leipzig: Hirt.

Easton, Burton Scott. 2002. Hope. En *The International Standard Bible Encyclopedia.* Ĉe http://internationalstandardbible/H/hope.html (23 oktobro 2020).

Francis, John. 1960. Integro kaj latentoj en la verko de Zamenhof. En Ivo Lapenna, red. *Memorlibro pri la Zamenhof-jaro.* Rotterdam: Universala Esperanto-Asocio. 50-53.

Goodheir, Albert, red. 1987. *Angla antologio 2: 1800-1960.* London: Esperanto-Asocio de Britujo.

Gudskov, Nikolao, red. 2007. *Moskvaj sonoriloj: Antologio de verkoj de moskvaj poetoj-esperantistoj.* Moskvo: Impeto.

Hastings, Adrian. 1997. *The construction of nationhood.* Cambridge: Cambridge University Press.

Holzhaus, Adolf. 1969. *Doktoro kaj lingvo Esperanto.* Helsinki: Fondumo Esperanto.

Holzhaus, Adolf, red. 1982. *Provo de gramatiko de novjuda lingvo* kaj *Alvoko al la juda intelektularo,* de L. Zamenhof. Helsinki: Fondumo Esperanto.

Kalocsay, Kálmán. 1931. *Streĉita kordo.* Budapest: Literatura Mondo.

Kalocsay, Kálmán. 1931. *Rimportretoj.* Budapest: Literatura Mondo.

Kalocsay, Kálmán. 1977. *Izolo.* 2-a eldono. Rotterdam: Universala Esperanto-Asocio.

Kalocsay, Kálmán, Gaston Waringhien, k Roger Bernard. 1968. *Parnasa Gvidlibro.* Dua eldono. Varsovio: PEA kaj Heroldo de Esperanto

Kökeny, L., k V. Bleier. 1933. *Enciklopedio de Esperanto.* 2 vol. Budapeŝto: Literatura Mondo.

Lacan, Jacques-Marie Emile. 1966 k 1971. *Écrits.* 2 vol. Paris: Editions du Seuil.

Ludovikito, red. 1973. *Unuaj libroj por esperantistoj.* Iam kompletigota plena verkaro de L.L.Zamenhof, kajero 1. Kioto: Eldonejo Ludovikito.

Ludovikito, red. 1974. *Ni laboru kaj esperu!* Iam kompletigota plena verkaro de L.L.Zamenhof, kajero 2. Kioto: Eldonejo Ludovikito.

Ludovikito, red. 1984. *La neforgeseblaj kongresoj.* Iam kompletigota plena verkaro de L.L.Zamenhof, kajero 7-bis. Kioto: Eldonejo Ludovikito.

Ludovikito, red. 1986. *Post la iel-tiela kompletiĝo.* Iam kompletigota plena verkaro de L.L.Zamenhof, kromkajero 2-bis. Kioto: Eldonejo Ludovikito.

Ludovikito, red. 1988. *La franca periodo de Esperanto.* Iam kompletigota plena verkaro de L.L.Zamenhof, kajero 6-bis. Kioto: Eldonejo Ludovikito.

Maimon, N.Z. 1978. *La kaŝita vivo de Zamenhof.* Tokio: Japana Esperanto-Instituto.

Melnikov, Valentin, k aliaj. 1998. *Moskvaro: originalaj poemoj.* Moskvo: Impeto.

Miyamoto Masao. 1993. *Verkoj de Miyamoto Masao 3.* Tokio: Japana Esperanta Librokooperativo.

Modest, Julian. 2000. *Literaturaj konfesoj.* Pazarĝik, Bulgario: Esperanto-Societo "Radio".

Sadler, Victor. 1967. *Memkritiko.* Eldonejo Koko.

Schulhof, Stanislav. 1911. *Per espero al despero.* Pardubice, Bohemio.

Semutwa, Matabaro Minani. 1999. *Verdluma stelo.* Roterdamo: Universala Esperanto-Asocio.

Tonkin, Humphrey. 2000. The role of literary language in Esperanto. *Interface: Journal of Applied Linguistics,* 15/1: 11-35 (poste aperigita en libro sub redakto de Klaus Schubert, 2001).

Waringhien, Gaston. 1959. *Lingvo kaj vivo.* La Laguna: Stafeto (dua eldono Roterdamo: Universala Esperanto-Asocio, 1989).

Waringhien, Gaston. 1980. *1887 kaj la sekvo.* Antverpeno – La Laguna: Stafeto.

Waringhien, Gaston, red. 1992. *Fundamenta Krestomatio,* de L. Zamenhof. 18-a eld. Roterdamo: Universala Esperanto-Asocio.

Zamenhof, L.L. 1929. *Originala Verkaro,* red. J. Dietterle. Leipzig: Ferdinand Hirt & Sohn.

2. Pri tradukado en Esperanto[1]

1. Enkonduko

Tra la jaroj, mi multe tradukis. Dum longaj jaroj mi pretigis dokumentojn por UEA en la serio *Esperanto-Dokumentoj*, regule tradukante de la angla al Esperanto kaj inverse. En postaj jaroj mi ne malofte tradukis manuskriptojn, kiuj aperis en la revuo *Language Problems and Language Planning*, kies redaktoro mi estis. Ekzemple, plurajn artikolojn de Detlev Blanke, pri verkoj utilaj al la esploristo pri Esperantologio kaj interlingvistiko, mi tradukis el Esperanto en la anglan (kelkaj aperis, post lia forpaso, en la libro *International Planned Languages*). De tempo al tempo mi tradukis kaj tradukas beletrajn verkojn.

William Auld, unu el la Esperanto-verkistoj kiuj plej multe pensis pri la principoj de tradukado (kaj plej multe praktikis ilin),[2] rimarkigis, ke tradukantoj en kaj el Esperanto ĝuas specialan avantaĝon: ili tradukas en kaj el la propra lingvo. Kutime tradukantoj tradukas nur en la propran lingvon, el iu fremda lingvo; sed Esperanto-tradukanto povas traduki egale en Esperanton kaj en la propran lingvon sen sento de neadekvato.

Certe mi tradukas ambaŭdirekten sen tia sento – kvankam Esperanto prezentas siajn unikajn defiojn kiel traduka lingvo kaj mi ne pretendas al aparta verkista talento. Miaj ĉefaj tradukaj verkoj grupiĝas ĉirkaŭ kvin tute diversaj iniciatoj:

1. En 1972 mi aperis kiel redaktoro de anglalingva traduko de *Winnie-the-Pooh*.[3] Verdire, mi ne nur redaktis la tradukon, de Ivy Kellerman Reed kaj Ralph Lewin, sed retradukis grandajn partojn, inkluzive ĉiujn kantojn (aŭ "zumojn" – la preferata esprimo de Pu).

---

1   Modifita versio de prelego prezentita en la Universala Kongreso de Esperanto 2003, Göteborg, Svedio.

2   Vidu ekzemple lian resuman superrigardon "Prozaj tradukoj en Esperanto" en Auld 1997: 30-41; kaj lian eseon "Pri la tradukado de poezio" en Auld 1978: 21-32.

3   Tiun ĉi tradukan sperton mi rakontis en mia eseo "The semantics of invention: Translation into Esperanto" 2010.

2. En 1993 aperis *Esperanto: Language, Literature, and Community* de Pierre Janton (Albany: SUNY Press), kiun mi kaj du aliaj personoj tradukis el la franca.

3. En 2000 en Britio aperis mia traduko de *Maskerado ĉirkaŭ la morto* de Tivadar Soros kiel *Maskerado: Dancing Around Death in Nazi Hungary.* Temis pri traduko de nova eldono, sub mia redaktoreco, de tiu verko originale verkita en Esperanto.[4] En la posta jaro ĝi aperis en Novjorko kiel *Masquerade: Dancing around Death in Nazi-Occupied Hungary* (Arcade Publishing). Krome aperis pluraj tradukoj, ĉu de mia redaktita Esperanto-teksto (ekz. la hungara traduko), ĉu de mia tradukita angla-lingva teksto (ekz. la germana, turka, rusa, mongola).

4. En 2003 aperis mia traduko de la verko de Shakespeare *Henriko Kvina* kaj en 2006 tiu de *La vintra fabelo.*

5. En 2016 kaj 2017 aperis en du volumoj mia traduko de la verko de Ulrich Lins, *La danĝera lingvo.*

Mi do, tra la jaroj tradukis el la angla en Esperanton (laŭ du malsamaj versioj de la angla, unu el la dudeka jarcento, kaj unu el la deksesa jarcento), el Esperanto en la anglan, kaj el la franca en la anglan (sed pri Esperanto-temo). Ĉiuj tiuj tradukoj prezentis siajn apartajn defiojn.

2. Kio estas tradukado?

Ebbe Vilborg, en sia *Etimologia vortaro de Esperanto,* klarigas, ke la Esperanta vorto "traduki" fontas el la latina vorto "traducere" – "transporti" aŭ "transmeti" (kiel en la germana *übersetzen*). Ĝi do redonas la nocion, ke tradukanto *portas* ion de unu lingvo al alia, aŭ *metas* ĝin en novan lingvon. *Ducere* ankaŭ signifas "gvidi": oni povus aserti, ke la tradukanto kvazaŭ *gvidas* la signifon de unu medio en alian, de unu hejmo en alian.

Indas ĉi tie fari diferencigon inter *traduki* kaj *interpreti.* La unua normale rilatas al skribitaj tekstoj, la dua al buŝaj. Dum la buŝa

---

interpretisto celas liveri *interpreton* de la eldiro en nova lingvo (pensu pri la interpretado de sonĝoj: interpretante oni ne ree sonĝas, sed donas klarigon de la sonĝo), tradukanto celas transigi la sperton trans la lingva divido.

Interpreto, laŭ sia origino, rilatas al esploro de fenomeno por trovi ĝian valoron (*pretium* en la latina): lingva interpretisto prenas tion, kio estas valora el parolado en unu lingvo kaj ĝin re-prezentas (kaj reprezentas...) en dua lingvo. Kompreneble, ekzistas elemento de interpretado en ĉiu traduko kaj elemento de tradukado en ĉiu interpreto, sed temas pri du diversaj aktivecoj. Kvankam teoriistoj pri tradukado malkonsentas inter si pri tio, eblas aserti, ke interpretado neniam perdas nek kaŝas la ekziston de originalo, dum traduko almenaŭ iagrade anstataŭas kaj nuligas sian originalon (al tiu tikla temo mi revenos).

Oni povas distingi inter origina lingvo (aŭ fonta lingvo), kaj celita lingvo. Baze, oni povus diri, ke tradukanto celas krei en la celita lingvo semantikan ekvivalenton de la verko en la origina lingvo. Semantiko estas la scienco de signifado: la tradukanto do celas krei en la cel-lingvo la signifon de la teksto en la origina lingvo.

Sed tio estas tre komplika afero. Ĝi eĉ ne eblas en sia kompleteco: ne ekzistas kompleta ekvivalenteco inter lingvoj: oni ne povas simple vorton anstataŭigi per vorto, kiel oni povus fari se temus pri kodo. Krome, tradukado ne estas nur transporto de signifo *de lingvo al lingvo*, sed ofte ankaŭ (1) de kulturo al kulturo, (2) de epoko al epoko, (3) de ideologio al ideologio, (4) de kanono al kanono (kaj la vico ne finiĝas tie).[5]

3. Kulturo al kulturo

Kiam Miyamoto Masao faris en la 1960aj jaroj sian tradukon de *Kvin virinoj de amoro*, verko de la japana aŭtoro de la deksepa jarcento Ihara Saikaku, li frontis la grandan defion igi komprenebla la komplikajn internajn elementojn de la japana kulturo. Tiu defio estis lingva, sed ankaŭ forma, ĉar la ĝenro mem de tia verko ne troviĝas en la okcidenta literaturo, kie situas la sentoj de la plimulto de Esperanto-parolantoj. Tiu estas ekzemplo de tradukado kiu devis transponti malsamajn kulturojn.

5   Tiujn kategoriojn mi parte pruntis de Bassnett 1991.

Memevidente, ĝi ankaŭ transpontis tre malsamajn lingvojn. Estas granda diferenco inter tradukado inter parencaj lingvoj (kie ekzistas parte komunaj semantikaj sistemoj, kaj ankaŭ parte komunaj gramatikaj sistemoj, kiuj ebligas proksimajn paralelojn), kaj tradukado inter neparencaj, kiel la japana kaj Esperanto (malgraŭ la tamen interesaj paraleloj, kiujn Piron trovas en sia eseo pri la klasifikado de Esperanto inter lingvoj). Komparu nur la tradukon de Miyamoto kun tiuj de Fernando de Diego, kies Donkiĥoto, kvankam multrilate brila, estas verkita en kvazaŭa Interlingua de neologismoj el latinidaj radikoj, facile asimileblaj en Esperanton pro la semantika kaj leksika simileco inter la hispana kaj Esperanto. (Kaj tiu, kiu dubas pri la fundamenta eŭropeco de Esperanto nur konsideru tion, ke Zamenhof trovis en Eŭropo, kaj precipe en latinida okcidenta Eŭropo, esence komunan semantikon releksigitan en la diversajn eŭropajn lingvojn: Esperanto estas multrilate releksigo de komuna eŭropa semantika sistemo.)

Tiu manko de lingvaj ekvivalentoj inter la japana kaj Esperanto estas spegulaĵo de la manko de kulturaj ekvivalentoj. Waringhien iam skribis, ke Esperanto estus bona ilo por la fakulo pri kompara literaturo[6] (nesurprize, la studo de tradukado kaj la studo de kompara literaturo estas fakoj tre proksimaj inter si). Li pravis – sed la studado kaj teorio de kompara literaturo en nia posteŭropa epoko ankaŭ frontas krizon ĉar la iamaj kulturaj ekvivalentoj, facile troveblaj tra la eŭropaj literaturoj, estas pli malfacile troveblaj aŭ difineblaj je tutmonda skalo.[7]

Tradukante en Esperanton, Miyamoto frontis duoblan (aŭ eĉ pluroblan) problemon – ĉar neniel estas facile difini tion, kion ni nomas Esperanto-kulturo. Mi skribis pri tiu problemo plurfoje kaj diversloke, sed indas ripeti la bazan problemon. Ĉu tiu Esperanto-kulturo estas io kreita simple el la spertoj kaj tradicioj de la Esperanto-movado? Se jes, ĝi nepre estas tre eŭropocentra, ĉar la historio de Esperanto estas (aŭ estis) plejparte eŭropocentra (jes, preskaŭ dekomence ekzistis japana kaj ĉina Esperanto-movadoj, sed ili estis malgrandaj kaj relative izolitaj disde la eŭropa). Ĉu entute Esperanto-kulturo ekzistas, almenaŭ je grado registrebla kaj agnoskebla? Kalocsay,

6 "Esperanto kaj la kompara literaturo", en Waringhien 1987: 125-129.
7 Vidu Spivak 2003.

verkante en la 1930aj jaroj, plendis, kiel ni kelkfoje notis, ke li estas "poeto sen popolo". Ĉu oni povas difini Esperanto-popolon? Neeviteble tiu demando ŝvebas super ĉiu diskuto pri tradukado en Esperanton, ĉar se tradukado konsistigas komunikadon trans kulturoj, al kiu kulturo transportiĝas nacilingva originalo kiam ĝi fariĝas Esperanto-teksto, precipe kiam tiu originalo estas tiel firme fundamentita en la moroj, kutimoj kaj institucioj de la lando de la originalo? Kiamaniere tradukanto en Esperanton eĉ difinu sian publikon? Se oni studas tradukojn en Esperanto, oni vidas, ke diversaj tradukantoj difinas sian publikon tute diversmaniere.

Cetere, indas atentigi, ke la angla lingvo, pro sia ekstrema internacieco, iasence prezentas similajn problemojn: la kulturaj normoj de la anglalingva kulturo estas ege diversaj. Krome, duono de tiuj homoj en la mondo kiuj konas la anglan lingvon, konas ĝin kiel duan lingvon, ne kiel denaskan. La angla kovras plurajn kulturojn, kiuj postulas diversajn tradukajn alirojn. Ĉu traduko tajlita al la usona merkato same konvenas por la brita – por ne paroli pri, ni diru, la barata? Ĉe la alia flanko de la medalo, foje unu kulturo, aŭ almenaŭ kultura komunumo, kovras plurajn lingvojn: oni povas certagrade paroli pri komuna eŭropa kulturo, same kiel oni povas paroli pri komuna eŭropa lingvo, en la senco, ke kulturaj kaj lingvaj elementoj manifestiĝas tra pluraj kulturaj kaj lingvaj komunumoj. Kaj belga kulturo? Hispana kulturo? Itala kulturo? Multo dependas de la maniero laŭ kiu oni akceptas la nocion de inter-lingva kulturo, do de nacia kulturo en plurlingva kaj pluretna lando.

Nu, mi konfesas, ke mi ne restas sendorma tutajn noktojn plena je maltrankvilo pro tiuj problemoj, sed ili ja okupas konsiderindan parton de la dialogo inter literaturistoj, kaj, ektraduke, ĉiu tradukanto frontas ilin.

4. Epoko al epoko

La jam menciita traduko de Miyamoto kaj mia traduko de *Henriko Kvina* estas ekzemploj de tradukado trans epokoj. La diferencoj inter la brita kulturo de la deksesa jarcento kaj tiu de la dudekunua ne estas tiel facile kompreneblaj, por ne paroli pri la diferencoj inter tiu iama brita kulturo kaj la nuntempa internacia kulturo de Esperanto. Se mi tradukus ne en Esperanton sed en la francan, mi min demandus ĝis kiu grado uzi francismojn de simila epoko, do de la deksesa jarcento, en mia tradukita teksto. Iam tiu speco de lingva kongrueco estis pli celata ol nun: memoru nur pri historiaj romanoj (almenaŭ anglalingvaj tiaj) de la deknaŭa jarcento, kies rolantoj parolas per iu artefarita arkaika lingvaĵo kiu pretendas aŭtentikon. Sed ĉe Esperanto tio ja ne eblus: Esperanto ne ekzistis en tiu epoko, kaj estas tre malfacile *pere de la lingvo* signi en Esperanto malsamecon de epokoj (jes, ekzistas eĉ kelkaj klopodoj krei arkaismajn Esperantojn,[8] sed ilin oni ĝis nun ne uzis en la ĉefa fluo de la Esperanto-tradukado). Oni povus eble imiti la stilon de la plej frua epoko de Esperanto, do de la fino de la deknaŭa jarcento, aŭ de la pra-Esperantoj de la fruaj 1880aj jaroj, sed la meza Esperanto-leganto ne rekonus tiujn subtilajn aŭ drastajn diferencojn kiel signojn de arkaikeco – kaj, krome, kie estas la linio inter la stilo de la periodo kaj la eventuala lingva nekompetento de la koncernaj uzantoj?

5. Ideologio al ideologio

La problemo de tradukado de ideologio al ideologio leviĝas ekzemple kiam oni tradukas anglalingvan romanon de la denaŭa jarcento en iun afrikan lingvon. Ĝis kiu grado emfazi aŭ malemfazi rasismajn elementojn en tiu romano? Se oni simple reproduktas en la nova lingvo tiujn elementojn, ĉu oni detruas la kapablon de la leganto rigardi preter ili al aliaj malpli venenaj elementoj en la romano? Ĝis kiu grado la tradukisto devas aŭ rajtas interveni en tiu rilato? Mi frontis similajn problemojn ĉe *Henriko Kvina*, verko kies kontraŭfrancismo kaj naciismo estas palpeblaj, kaj eĉ esencaj en la verko – samkiel kerne centras en *Otelo* la demando pri nigreco.[9] Ĉu tia verko eĉ akcepteblas en la kunteksto de la Esperanto-ideologio? Se la respondo al tiu lasta demando estas "ne", kiel eviti akuzon pri iu misa "nuntempismo" kiu atribuas al antaŭaj epokoj la normojn de hodiaŭ?

---

8 Halvelik 1969; Kalocsay, "La mezepoka Esperanto" en Kalocsay 1931: 136-142.

9 Vidu ekzemple la enkondukon al Otelo en la traduko de Reto Rossetti (Rossetti 1960)

6. Kanono al kanono

Kaj se temas pri tradukado de kanono al kanono, la diversaj lingvoj kaj kulturoj atribuas pli da valoro al certaj specoj de verkoj ol al aliaj. La epopea stilo ĝuas apartan prestiĝon en certaj lingvoj, la lirika en aliaj.[10] Kiam tradukanto tradukas, ni diru, Virgilion, evidente ne eblas imiti en la angla la metrikon de la originalo (nu, foje oni klopodas, sed tiu metriko estas tiel fremda al nia tradicio, ke ĝi ŝajnas plene stranga). Krome, en kulturo tiel tempe kaj eĉ medie fremda al nia, estas tre malfacile difini la efektivan valenton aŭ etoson de difinita verko: George Chapman (1616) kaj Alexander Pope (1720) tradukis Homeron en la anglan en diversaj epokoj kaj kreis tute diversajn rezultojn – por ne paroli pri modernaj tradukoj kiel la lastatempa anglalingva versio de la *Odiseado* de Emily Wilson (2017).

Do, en moderna traduko de ekzemple Virgilio, kiun metrikon elekti? Iasence la problemo similas tiun de historia konservado: se domo estas enloĝata tra kvarcent jaroj, ĉu la konservanto celu rekrei ĝian originalan etoson, la etoson de ĝia plej prospera periodo – aŭ kion fari? Necesas elekti, kaj, elektante, rifuzi certajn nuancojn favore al aliaj. Kaj se temas pri tradukado, necesas trovi stilajn ekvivalentojn. Se difinita stila trajto ne ekzistas en la cellingvo, oni devas serĉi alian, konatan en la cellingvo, kiu funkciu anstataŭe.

Shakespeare verkis siajn dramojn per senrimaj versoj, tiel nomataj blankaj (neplenaj) versoj. La formo estis enkondukita en la anglan de la Grafo de Surrey, kiu meze de la deksesa jarcento tradukis la Eneidon de Virgilio. Uzante ĝin, li kvazaŭ dekretis, ke tiu versoformo estu iasence ekvivalento de la latina heksametro (do, ke la alta stilo de la romianoj estu redonata per tiu aparta formo de la angla). La formo estis poste uzata de dramverkistoj parte pro tio, ke ĝia formala stilo estis rememoriga pri la publika etoso de la romia epopeo – kaj de la klasikaj tragedioj de Seneko kaj aliaj. La kvinjamba formo de Shakespeare transiris en Esperanton (tre efike) en la traduko de *Hamleto* fare de Zamenhof en la 1890aj jaroj. Ĝi ankaŭ respegulis la versan formon adoptitan por Shakespeare de la germanaj ŝekspiraj tradukantoj Tieck kaj Schlegel kaj ŝekspiraj imitantoj. Dum la

---

10 Vidu ekzemple Bassnett, pĝ xvi.

heksametro ne saltis de la latina al la angla, sed anstataŭis ĝin la senrima verso, la senrima verso ja transsaltis de la angla al Esperanto. Sed uzante tiun formon en Esperanto, kion oni signalas per tio? Ĝi ne estas formo aparte ĉehejma en la Esperanto-poezio, sed uzata ĉefe por ŝekspiraj tradukoj.

Ĉi tie, en rilato al stilaj ekvivalentoj, leviĝas ankaŭ la demando pri aŭtora intenco. Kiam mi faris mian tradukon de *Maskerado,* mi frontis la problemon, ke Tivadar Soros (aŭ Teodoro Ŝvarc, por doni al li lian originan aŭtoran nomon) ne tre bone regis la nuancojn de Esperanto: al lia verko mankas certa stila vervo, sed ĝi evidente estis verkita en maniero, kiu celas difinitajn vervajn trajtojn. Ĝis kiu grado mi traduku ĝin en la lingvon, kiun Soros celis, sed ne nepre atingis? Ĉu mi verku stumble se la originalo sencele stumblas? Kaj ĉu mi elserĉu anglalingvajn frazeologiajn nuancojn, kiuj ne aperas en la Esperanta teksto simple ĉar ili ne ekzistas en Esperanto-medio? Redonante la spiriton de la originalo, oni arogas al si mem difini tiun spiriton – sed tuj oni kaptiĝas inter aŭtora intenco kaj aŭtora teksto (kaj inter aŭtora lingvorego kaj lingva celo).

7. Ekvivalenteco kaj netradukeblo

Pro ĉio ĉi, ne estas surprize, ke la problemo de *ekvivalenteco* estas centra demando en la traduka teorio. Se kompleta kongruo inter originalo kaj traduko ne eblas, aŭ ne estas dezirinda, kiel atingi ekvivalentecon kaj kiel juĝi ĝin? Parte tio dependas de la celo mem de la traduko. La tradukaj prioritatoj varios laŭ la karaktero de la tradukita verko, laŭ la celo de la traduko, laŭ la estetika juĝo de la tradukanto, kaj laŭ la celata publiko.

Simile grava problemo de la traduka teorio estas la problemo de *netradukeblo* – do renkonto de io – iu parolturno, vorto, eventuale kompleta teksto – kiu rezistas tradukiĝon pro manko de paralela nocio aŭ ideo en la cellingvo. Se oni povas difini tion, kio ne estas tradukebla, eble oni povas difini, kio estas tradukado. La alieco de la tradukita teksto neeviteble portas certan nivelon de netradukeblo (laŭ ekzemple Roman Jakobson[11]). Sekve, tradukado ne estas tiom

---

11 Jakobson 1959.

eltrovo de ekvivalentaj vortoj, kiom trovo de kiel eble plej ekvivalenta semantika kaj kultura spaco en la cellingvo: difinas tradukon ĝia kunteksto.[12] La germana teoriisto Walter Benjamin eĉ sugestis, ke tradukeblo kuŝas inter la linioj de la originalo. Kaj tria demando estas tiu de *signifo*. Kiel difini tiun nocion?

8. Pragmato kaj estetiko

David Crystal diferencigas[13] inter **pragmata traduko**, kies celo estas ĝusteco kaj klareco (instrukciaroj por funkciigo de maŝinoj, ekzemple), kaj **estetika traduko**, kies celo estas redoni la etoson de la originalo. Pragmata traduko celas eviti praktikajn miskomprenojn. Foje ĝi havas aliajn apartajn celojn: kiam tradukisto ĉe UN renkontas difinitan frazeologion (*weapons of mass destruction*, ekzemple; aŭ *sustainable development*), la tradukaj normoj de la organizaĵoj postulas, ke tiu tradukisto ĉiam uzu la interkonsentitan formulon por traduki la terminon.

Aliflanke, ĉe estetika traduko ekzistas granda gamo de eblecoj, depende parte de la celata publiko. Tradukanto de la Biblio, ekzemple, klopodos redoni la tekston en la celata lingvo per kulturaj normoj, kiuj estas facile kompreneblaj en la kulturo de tiu celata publiko: la tujan efikon de la Biblio oni plej bone kaptas se la koncerna afrika popolo (ekzemple) tuj rekonas en la verko spertojn, kiujn ĝi travivas.[14] Leono eble pli bone taŭgus en difinita parolturno ol lupo. Aliflanke, tia traduko eventuale levas grandajn teologiajn demandojn, ĉar ja ne temas pri reprodukto de la originalo en alia lingvo, sed re-formado de la enhavo por produkti similan efikon ĉe la leganto. Temas do pri klara rekono, ke Leganto 1 (leganto de la originalo) kaj Leganto 2 (leganto de la traduko) portas al la spertiĝo de la verko malsimilajn antaŭsupozojn. Ne havas multan sencon priskribi Jesuon

---

12 "Tradukado el unu lingvo en alian anstataŭigas mesaĝojn en unu lingvo ne per apartaj kod-unuoj sed per kompletaj mesaĝoj en iu alia lingvo. Tia traduko estas raportita lingvaĵo; la tradukanto rekodigas kaj transsendas mesaĝon ricevitan de alia fonto. Tiel, tradukado koncernas du ekvivalentajn mesaĝojn en du malsamaj kodoj" (Jakobson 1959: 233).

13 En *The Cambridge Encyclopedia of Language* (Crystal 1997): 347.

14 Pri tiaj problemoj vidu Nida 1945.

kiel ŝafiston en socio, kiu ne konas ŝafojn. Iasence la tradukanto do celu krei novan originalon, ekvivalentan al la malnova, sed malsaman. Albrecht Neubert iam atentigis, ke kiam Shakespeare demandas "Shall I compare thee to a summer's day" (Ĉu mi komparu vin al tago de somero?) tio malmulte diras en lando kie somero estas humida kaj malplaĉa dum vintro estas milda kaj plaĉa.[15] Kaj kiel instrui la poemon de Wordsworth pri asfodeloj al studentoj, kiuj neniam vidis tiun floron, kiel iam demandis la poeto kaj kritikisto D.J. Enright pri siaj singapuraj studentoj?

El tiuj ĉiu dilemoj leviĝis lastatempe la koncepto de "transkreado" – esprimo kiu enradikiĝis ĉefe en la traduka industrio por priskribi la procedon per kiu oni celas krei saman efikon en la nova lingvo kiel kreiĝis en la originalo. Se mi, kiu fabrikas varojn en Lando 1, volas vendi miajn produktojn en Lando 2, ne gravas, ke la reklama mesaĝo estu fidela traduko de la originala reklama mesaĝo. Eĉ tio malhelpus se la celkulturo estus signife alia ol la originala kulturo. Necesus do *rekrei* la mesaĝon en la nova lingvo, eventuale en nova lingva formo kaj ankaŭ kun novaj bildoj, prezentmanieroj, k.s.

9. Traduko kiel nova originalo?

Teoriistoj pri tradukado emas negative reagi al la koncepto de trans-kreado, kiu tro odoras je merkatumado kaj komerco. Tamen, la nocio, ke per tradukado oni kreas novan originalon havas siajn adep-tojn. La franca teoriisto Jacques Derrida, en sia kontribuo al la tra-duka teorio, sugestas, ke oni ja kreas per la traduka procedo novan originalon, kvazaŭ perfortante la originan tekston. Eble mia traduko de *Maskerado* estas ekzemplo de tiu procedo. Aliaj teoriistoj simile parolas pri la kanibalismo de la tradukanto, kiu, vorante la originalon, rekonsistigas ĝin en tradukon. Ni ĉiuj konas la faman italan komparon *traduttore traditore*: tradukanto perfidanto.

Se pluraj teoriistoj sugestas, ke tradukisto kreas novan originalon, kiu forigas kaj nuligas la unuan originalon, aliaj teoriistoj argumentas tute male. Ĉe alia ekstremo troviĝas tiuj, kiuj argumentas, ke traduko

---

15 Bassnett 1991: 23.

restas traduko: ĝi alportas en la novan lingvon sentojn, ideojn, odorojn (por tiel diri) de la originala lingvo. Povus esti, ke oni eĉ ne celu fari el traduko kvazaŭ novan originalon. En tiuj kazoj, oni libere agnosku, ke malantaŭ la traduko tamen kuŝas originalo, kaj ke foje necesas aktive pridemandi tiun originalon por trovi sian kulturan spacon. Skribas la teoria lingvisto Levy, "traduko ne estas monolita verko, sed interpenetriĝo kaj kunmiksiĝo de du strukturoj; ĉe unu flanko estas la semantika enhavo kaj la formala konturo de la originalo, kaj aliflanke la tuta sistemo de estetikaj elementoj ligitaj al la traduklingvo."[16] Iuj literaturaj tradukistoj praktikas "fremdigon" – en kiu ili intence uzas lingvaĵojn, parolturnojn nekutimajn en la cellingvo sed troveblajn en la fonta lingvo. Imagu fluan parolanton de la cellingvo kiel dua lingvo, kiu tamen estas denaska parolanto de la originala lingvo.

Varianton de tio spertis tutaj generacioj de anglalingvaj legantoj, kiuj kvazaŭ ensorbis la grandajn rusajn romanojn de Tolstoj kaj Dostojevski en la tradukoj de Constance Garnett (1862-1946), kiu, kvankam neruso, tamen prezentis tiujn tekstojn en lingvaĵo signife alia ol la norma. Ni kiuj legis ilin (nur en lastaj jaroj venis pli modernaj tradukoj) sentis, ke ni estas en kontakto kun kulturo kaj vivostilo signife alia ol niaj normoj. Ĝis hodiaŭ mi ne scias kiel fidela al la sento de la rusaj originaloj estis tiu stilo, sed ĝi estis nepre alia ol la anglalingva normo.

Preskaŭ mistika estas la teorio de la germano Walter Benjamin. Laŭ li, la tradukanto kvazaŭ liberigas la lingvon el la originala verko kaj ĝin rekonsistigas per novaj lingvaĵoj. En tiu procedo, la originalo trovas novan vivon, do estas alia ol, sed samtempe memstara de, la originalo. Malantaŭ la ideoj de Benjamin kuŝas nocio de la mito de Babelo: en sia eseo "La tasko de la tradukisto" li aprobe citas Mallarmé, kiu deklaris, "la diverseco de idiomoj sur la tero malhelpas ĉiun eldiri la vortojn, kiuj, alikaze, per unu bato, montriĝus kiel vero."[17] Ene de la literatura verko, do, troviĝas ia kombinaĵo de la perfekta lingvo (en la senco de Umberto Eco), esprimata en la tamen limigitaj esprimpovoj de la lingvo de la originalo: potenciale la tradukisto liberigas tiun perfektan lingvon kaj rekonsistigas ĝin en

---

16　Citita de Bassnett 1991: 5-6.

17　Benjamin 1968: 77. Vidu ankaŭ la diskuton de la "perfekta lingvo" malantaŭ tradukado, en Eco 1994: 285-290.

la (tamen limigita) cellingvo. En tiu senco li/ŝi ĵetas novan lumon sur la originalon: la tradukanto do ne nur transmetas la verkon en novan lingvon sed *interpretas* la originalon kaj iasence riĉigas ĝin. "Vera traduko," skribas Benjamin (pĝ. 79), "estas travidebla; ĝi ne kovras la originalon, ne baras ĝian lumon, sed permesas, ke la pura lingvo, kvazaŭ refortigita de la propra medio, brilu sur la originalon despli plene." Malantaŭ la teorio de Benjamin do kuŝas la nocio de *interlingvo* – sed perfekta tia interlingvo, kiu kvazaŭ entenas ĉiujn formojn kaj ideojn el ĉiuj lingvoj. La tradukanto, sentante, eĉ se defore, tiun perfektan lingvon, trempas la originalon en lian/ŝian senton de la perfekta lingvo, kaj eltiras ĝin en la novan lingvon. Tiel, la teksto transformiĝas, eĉ riĉiĝas, en tiu procedo.

10. Laŭvorta tradukado kaj laŭsignifa tradukado

Popoviĉ distingas kvar specojn de ekvivalentoj: lingva (*dog* estas *hundo*, kiel ajn oni priskribas la aferon[18]), gramatika (similaj gramatikaj strukturoj – grava retorika elemento en la tradukado de ekzemple Shakespeare), stila, kaj sintagma (konturoj, sinsekvoj en la verko). Nida distingas inter forma kaj dinamika ekvivalento. La unuan (la forman) li nomas glosa tradukado (oni klopodas reprodukti samajn formojn ktp.). La dua celas ekvivalentan efikon.[19]

Evidente ekzistas komplika kontinueco inter la du. Tradukante *Henriko* kaj *Vintra fabelo*, mi en certaj rilatoj celis glosan tradukon. Mi ekzemple tradukis prozon per prozo, versojn per versoj. Mi ankaŭ decidis, ke, malgraŭ tio ke Esperanto estas pli multsilaba lingvo ol la angla (*dog* fariĝas *hund-o*; *they love* fariĝas kvarsilabe *i-li am-as*), mi strikte restos ĉe la sama nombro de versoj kiel en la originalo. Tiun iom artefaritan decidon mi adoptis ĉar mi interesiĝis pri la ludeblo de la verko. Kaj, siavice, farante tion, mi envicigis min ĉe tiuj

---

18 Tamen indas emfazi, ke eĉ tiu plene komparebla kvarpieda besto havas diversajn kulturajn kaj semantikajn vivojn depende de la mondoparto kaj medio: esti hundo en lando, kie oni manĝas hundojn, estas tamen alia ol esti hundo en lando, kie oni dorlotas ilin.

19 Pri Popoviĉ vidu Bassnett 1991: 25; Nida: 1964.

ŝekspirologoj, kiuj insistas, ke ŝekspira dramo ne estas unuavice teksto, sed ludaĵo, ne konstanta formo sed reproduktebla okazintaĵo: maksimume la teksto estas instrukciaro por prezenti fikcian eventon.

11. Tradukaj celoj

Oni povas vidi la diferencon inter tiuj du celoj, la forma kaj la glosa, tre facile per komparo de la du tradukoj de *Hamleto* en Esperanton, de Zamenhof (1892) kaj Newell (1964). Newell celas la figuran riĉecon de la originalo, sed pretas cedi la fluecon al tio; Zamenhof transplugas la komplikaĵojn, neniigante ilin favore al flua konversacia stilo. Tro simple dirite, Newell interesiĝas pri la lingvo, Zamenhof pri la moviĝo de la rakonto. Auld konfesas, ke li tamen preferas la tradukon de Newell, kaj mi ja samopinias, ke ĝi estas pli fidela – sed fideli al la lingvo estas samtempe perfidi la ludeblon. Ni prave admiras Shakespeare pro la riĉeco de lia lingvado, sed resti strikte fidela al la teksto signifas formoviĝi de la teatra efiko. Generacioj de studantoj kvazaŭ fetiĉigis la ŝekspiran tekston, kiu sekve iasence sendependiĝis disde la teatra sperto kiun origine ĝi celis artikulacii.

Malantaŭ tiuj tradukoj de Zamenhof kaj Newell sidas malsamaj celoj kaj sekve malsamaj rezultoj. Zamenhof volis pruvi, ke Esperanto funkcias, ke ĝi kapablas redoni grandajn literaturajn verkojn. Kiel neparolanto, aŭ limigita scipovanto, de la angla, li ne fiksiĝis al la precizecoj de la teksto, kiuj tiel komplete penetris la cerbojn de anglalingvanoj, ke malfacilas devojiĝi. Kaj lia tradukado ĉiam havis duan celon: ne nur traduki efike, sed ankaŭ pruvi la efikecon de Esperanto kaj streĉi la lingvon al novaj defioj. Li volis malfermi la lingvon al spertoj, okazintaĵoj, kiujn ĝis tiam la esperantistoj ne povis travivi en sia nova lingvo kaj sekve ne lernis esprimi en Esperanto: li volis vastigi la lingvon al novaj uzoj kaj bezonoj, kaj li volis iasence hejmigi tiun ĉi eŭropan ĉefverkon en la kadron de la nova lingvo. Lia celo similis tiujn de la romianoj, kiuj tradukis verkojn el la greka por pliriĉigi la propran lingvon kaj kulturon. En tiu senco, Zamenhof esperantigis *Hamleton* ne por redoni la tekston en Esperanto, sed igi la tekston Esperanta, do parto de la kultura heredaĵo de Esperanto.

Lia celo ne estis fideleco, sed alproprigo. En tiu senco ne malhelpis, ke li ĉefe uzis la germanan tradukon de Schlegel, ne la originalan anglan tekston (oni ankoraŭ diskutas ĉu li uzis la anglan tekston entute).

Newell, aliflanke, tradukis en epoko post la grandaj plivastigoj de la literatura teritorio de Esperanto kaj eĉ de la vortprovizo de tiu lingvo fare de Kalocsay kaj aliaj poetoj de la Budapeŝta Skolo en la 1920aj kaj 1930aj jaroj, kaj post la jama atingo de Zamenhof kiel tradukanto de la verko. *Hamleto,* jam antaŭ Newell, estis fariĝinta parto de la Esperanta kanono. Newell celis atentigi la esperantistojn pri la riĉeco de la originalo. Ne temis tiom pri kreo de aŭtonoma Esperanta verko, kiom pri perata enrigardo en la anglalingvan originalon: dum Zamenhof forkaptas *Hamleton* kaj igas tiun verkon posedaĵo de la nova lingvo, Newell resendas nin al la originalo kaj klopodas produkti komplikan kaj "fidelan" tradukon, kiu respondas al la bezonoj de la modernismo kaj la klera ekzakto de lia epoko. "La Zamenhofa traduko de *Hamleto,*" li skribas, "estas, kaj ĉiam restos, unu el la plej belaj kaj valoraj artaĵoj de nia literaturo; sed la maltrankvila homa animo hodiaŭ bezonas pli fidelan version, verkitan laŭ la hodiaŭa esprimmaniero."[20] Newell do tradukis Ŝekspiron eĉ ne senpere, sed *en rilato kun* la Zamenhofa traduko.

12. Du tradukaj tradicioj en Esperanto

En mia *Henriko Kvina* kaj mia *Vintra fabelo* mi volis rezisti la iom sekan impulson de Newell kaj rekrei en la nova lingvo verkon, kiu estu esence aŭtonoma – sed kiu tamen samtempe donu enrigardon al la angla literaturo. Mi do klopodis transponti la du tradiciojn de tradukado en Esperanto – la unuan, en kiu tradukantoj celas esperantigi kaj alproprigi alilingvajn verkojn (la Zamenhofa *Hamleto,* la *Infero* de Kalocsay), kaj la duan, en kiu tradukantoj celas doni enrigardon al alilingvaj literaturoj pere de Esperanto. Al ĉi-lastaj apartenas la longa tradicio de naciaj antologioj en Esperanto, la *Dia komedio* en la traduko de Peterlongo, k.s. Eĉ se ĉi-lastaj foje havas aŭ havis sian influon ĉe la originala verkado en Esperanto, ili ekzistas precipe por

---

20 Newell, en Shakespeare 1964: 36.

klerigi la esperantistojn pri la diversnacia literaturo – kaj preterpase konvinki la neesperantistojn, ke eblas literaturi en Esperanto.

Samtempe, farante mian tradukon, mi ne povis ignori la jam longan tradicion de Ŝekspiraj tradukoj en Esperanton – preskaŭ duono de la kvardeko da dramoj jam ekzistas en Esperantaj tradukoj, plus kompreneble la Sonetoj.[21] La sceneja tradicio estas bedaŭrinde malpli fekunda. *Kiel plaĉas al vi* estis prezentita en parko en Vaŝintono dum la Universala Kongreso en 1910; *Hamleto* havis plurajn surscenigojn, notinde en Antverpeno en la UK en 1928; *La komedio de eraroj* estis prezentita (tre efike) de la Bulgara Esperanto-Teatro en Sofio en 1963; antaŭ kelkaj jaroj partoj (aŭ eble la tuto?) de la traduko de *Reĝo Lear* farita de Kalocsay estis prezentita de vjetnama trupo en Hoĉiminurbo. Sed mia espero estis ne nur fari tradukon, kiun oni *povus* ludi, sed ankaŭ kontribui al ia tutmonda kulturo de Shakespeare: tiu kulturo jam iasence forlasis siajn radikojn en Anglio kaj eĉ la anglan lingvon kaj fariĝis plene internacia (rigardu ekzemple la pozicion de Shakespeare en Rusio aŭ Germanio aŭ eĉ Japanio, aŭ la filman kulturon) – sed tio estas temo por alia okazo. Se la historio de Esperanto estas historio de daŭra internaciiĝo – de Varsovio kaj la Rusa Imperio en la komenco ĝis Afriko kaj Azio nuntempe – ankaŭ la fenomeno de Shakespeare estas internacia fenomeno. Kiam internaciiĝinta lingvo renkontas internaciiĝintan dramverkiston, temas pri unika kultura kombinaĵo.

Tiu unikeco iasence kovras la tutan rolon de literatura tradukado en Esperanto. Certe eblas rigardi Esperanto-literaturon kiel ĉiun alian literaturon, en kiu (se mi rajtas al tamen pridemandebla ĝeneraligo) ekzistas rekonebla rivero de originalaĵoj, al kiu estas aldonataj riĉigaj fluoj per tradukoj el aliaj lingvoj. Sed tiu rivero de originalaĵoj estas en Esperanto iasence traduko en si mem: la verkisto en Esperanto havas deirpunkton en la literaturo aŭ literaturoj kiujn li/ŝi konas, kaj tiun li/ŝi fandas kun la perceptita sed mallonga tradicio de originala literaturo en Esperanto. Esperantistaj verkistoj estas ne nur dulingvaj sed eĉ denaske alilingvaj inter si. Sekve, la rilato inter originalo kaj traduko en Esperanto-literaturo estas iom alia ol ĝi estas en aliaj lingvoj. Eĉ hodiaŭ, grandaj verkoj en Esperanto (*La infana raso, Utnoa* k.a.) estas parte demonstro ke *tio entute eblas en Esperanto* – do tio

---

21 Superrigardon donas Marjorie Boulton: Boulton 1987.

kion oni faras en mia literaturo estas farebla ankaŭ en la Esperanto-literaturo – eĉ se ili estas ankaŭ multe pli.

Se la rilato inter originalo kaj traduko estas en Esperanto iom alia ol ĝi estas en aliaj literaturoj, kio estas tiu rilato en la Esperanto-literaturo. Respondon al tiu demando ni klopodos trovi en la venonta ĉapitro.

CITITAJ VERKOJ

Auld, William. 1978. *Pri lingvo kaj aliaj artoj.* Antverpeno / La Laguna: TK / Stafeto.

Auld, William. 1997. *Pajleroj kaj stoploj.* Rotterdam: UEA.

Bassnett, Susan. 1991. *Translation Studies.* Dua eld. London: Routledge.

Benjamin, Walter. 1968. *Illuminations,* red. Hannah Arendt, trad. Harry Zohn. New York: Harcourt Brace Jovanovich.

Blanke, Detlev. 2018. *International Planned Languages,* red. Sabine Fiedler k Humphrey Tonkin. New York: Mondial

Boulton, Marjorie. 1987. La evoluado de Esperanto observita tra tradukoj de ŝekspiraj dramoj. En Geraldo Mattos, red., *100-jara Esperanto.* Chapecó, Brazilo: Fonto. 39-62.

Crystal, David. 1997. *The Cambridge Encyclopedia of Language.* Dua eld. Cambridge: Cambridge University Press.

Eco, Umberto. 1994. *La serĉado de la perfekta lingvo,* trad. Daniele Mistretta. Pisa: Edistudio.

Eugene Nida. 1945. Linguistics and ethnology in translation-problems. *Word* 1: 194-208.

Halvelik, Manuel. 1969. *Arkaika Esperanto.* Borgerhout, Nederlando: La aŭtoro.

Ihara Saikaku. 1989. *Kvin virinoj de amoro,* trad. Miyamoto Masao. Dua eld. Tokio: Libroteko Tokio.

Jakobson, Roman. 1959. On linguistic aspects of translation. En Reuben A. Brower, red. *On Translation.* Cambridge, Mass.: Harvard University Press. 232-239.

Kalocsay, Kálmán. 1931. *Lingvo stilo formo.* Budapest: Literatura Mondo.

Lins, Ulrich. 2016. *Dangerous Language: Esperanto under Hitler and Stalin,* trad. Humphrey Tonkin. London: Palgrave Macmillan.

Lins, Ulrich. 2016. *La danĝera lingvo: Studo pri la persekutoj kontraŭ Esperanto.* Reviziita eldono. Rotterdam: Universala Esperanto-Asocio.

Lins, Ulrich. 2017. *Dangerous Language: Esperanto and the Decline of Stalinism*, trad. Humphrey Tonkin. London: Palgrave Macmillan.

Milne, A.A. 1972. *Winnie-la-Pu*, trad. Ivy Kellerman Reed k Ralph A. Lewin, red. Humphrey Tonkin. New York: E.P.Dutton.

Nida, Eugene. 1945. Linguistics and ethnology in translation-problems, *Word* 1: 194-208.

Nida, Eugene. 1964. *Toward a Science of Translating*. Leiden: E.J.Brill.

Rossetti, Reto. 1960. Enkonduko. En William Shakespeare, *Otelo*. La Laguna: Stafeto.

Shakespeare, William. 1964. *Hamleto, Princo de Danujo*, trad. L.N.M.Newell. La Laguna: Régulo.

Shakespeare, William. 2003. *La vivo de Henriko Kvina*, trad. Humphrey Tonkin. Rotterdam: UEA.

Shakespeare, William. 2006. *La vintra fabelo*, trad. Humphrey Tonkin. Rotterdam: UEA.

Soros, Tivadar. 2000. *Maskerado: Dancing Around Death in Nazi Hungary*, trad. Humphrey Tonkin. Edinburgh: Canongate.

Soros, Tivadar. 2001. *Maskarad: Igra v pryatki so smert'yu v natsistskoi Vengrii*. Moskvo: Rudomino. Soros, Tivadar. 2002. *Álarcban. Nácivilág Magyarországon*. Budapest: Trezor.

Soros, Tivadar. 2001. *Maskerado ĉirkaŭ la morto*. Dua eld., red. Humphrey Tonkin. Rotterdam: UEA

Soros, Tivadar. 2001. *Maskerado: Nazi Rejimi Altinda Ölümle*. Istanbul: AçikDeniz.

Soros, Tivadar. 2003. *Maskerade. Die Memoiren eines Überlebenskünstlers*. Stuttgart: Deutsche Verlags-Anstalt.

Spivak, Gayatri Chakravorty. 2003. *Death of a Discipline*. New York: Columbia University Press.

Tonkin, Humphrey. 2010. The semantics of invention: Translation into Esperanto. En Humphrey Tonkin k Maria Esposito Frank, red. *The Translator as Mediator of Cultures*. Amsterdam: Benjamins. 169-190.

Waringhien, Gaston. 1987. *Beletro, sed ne el katedro*. Antverpeno: Flandra Esperanto-Ligo.

3. Traduko kaj originalo en la Esperanto-literaturo[1]

Antaŭ kelkaj jaroj mi aperigis etan libron, esence kritikon de la centraj organoj de la Esperanto-movado, sub la titolo *Lingvo kaj popolo*.[2] Pluraj homoj atentigis min, ke la titolo estas erariga: Esperanto, ili asertis, ne estas lingvo de unu popolo, sed potenciale de la tuta mondo; esperantistoj estas anoj de plej diversaj popoloj, kiuj simple dividas inter si la kapablon paroli Esperanton: ili ne konsistigas apartan popolon. Kiam mi aludis, en tiu libreto kaj aliloke, al la Esperanto-kulturo, pli ol unu homo sugestis, ke Esperanto ne havas propran kulturon, ĉar ĝi estas simple lingvo kvazaŭ vizitata de homoj, kiuj trempiĝis en la propraj naciaj aŭ regionaj kulturoj por transdoni selekton de kulturaj eroj al la metakulturo de Esperanto.[3] Iuj menciis la famajn malesperajn versojn de Kalocsay, en sia poemo "En amara horo", kiujn mi ofte citas (ekzemple fine de mia *Lingvo kaj popolo* de 2006 – kaj aliloke en la nuna volumo):

> Poeto sen popolo, ho animprema scio,
> Ke surdas la oreloj por ĉiu mia voko...
> Forsonos senresone la plora melodio,
> Kiel ŝirita kordo en forlasita loko.[4]

Mi jam atentigis, ke la eldiro de nia hungara poeto pruvas la propran malpravon. La oreloj ne surdis, en la senco, ke ni ankoraŭ hodiaŭ legas tiun strofon, utiligante nian komunan lingvon por tion fari. Kalocsay, sidante tie en Hungario en la jaroj antaŭ la Dua Mondmilito, celis tion, ke la Esperanto-publiko estas ne nur malgranda kaj minoritata, sed tiel dise distribuita, ke ĝia voĉo ne estas aŭskultata en la konkurenco inter la ŝtatoj. Verkante por esperantistoj, oni apenaŭ movas la publikan opinion en la diversaj regnoj. Tio, kion Kalocsay celis, estis

1 *Beletra Almanako 17*, junio 2013, 75-83.

2 Tonkin 2006.

3 Jorge Camacho plej konvinke kritikis mian uzon de la terminoj "popolo" kaj "kulturo" rilate Esperanton en sia artikolo "La esperanta malpopolo" – Camacho 2010.

4 La poeziaj citaĵoj cititaj en tiu ĉi eseo estas el Auld, red., *Esperanta antologio: poemoj 1887-1981* (Auld 1984).

ĝuste tiu malgrandeco de la Esperanto-komunumo kaj la fakto, ke ĉiu popolano de Esperanto estas samtempe ano de alia popolo, kiu, en la tempo de la verkiĝo de la poemo, samtempe pretigas sin por milito kaj estas movata de la politika sistemo de la propra lando. Eĉ en la duonoptimisma fino de la poemo (pene optimisma, oni povus diri), Esperanto fariĝas nur "mia bela *mensogo* sorĉebrila."

Similan senton ni aliloke rimarkis en la frua poemo de Zamenhof, *Al la fratoj*, kie la diseco de unuopaj adeptoj de Esperanto kaj ilia ligiteco al la propraj lokaj medioj diluas ilian efikon:

> Tre malproksime ĉiuj ni staras
> La unu de la alia...
> Kie vi estas, kion vi faras,
> Ho, karaj fratoj vi miaj?

> Vi en la urbo, vi en urbeto,
> En la malgranda vilaĝo,
> Ĉu ne forflugis kiel bloveto
> La tuta via kuraĝo?

Kiam mi vojaĝas, mi portas du pasportojn – britan kaj usonan. Mi estas inter kreskanta multo da homoj, kiuj en la daŭro de sia vivo ŝanĝas sian civitanecon aŭ aldonas duan al la origina. Ĉu mi estas ano de la brita popolo aŭ ano de la usona? Siatempe, antaŭ epokoj, oni devis decidi al kiu princo oni omaĝas; apenaŭ eblis ke oni omaĝu al pli ol unu. Hodiaŭ, tamen, en epoko de konstanta moviĝo de la homoj, kiuj migras inter la landoj, intermiksiĝas en la urboj, rifuĝas pro militoj kaj naturaj katastrofoj, la koncepto de apartaj popoloj, ĉiu kun sia geografia kaj kultura niĉo, fariĝas (malgraŭ ĉiuj politikaj kaj ksenofobiaj asertoj) apenaŭ defendebla. Rusoj loĝas ne en Rusujo sed en centoj da landoj tra la mondo; en Rusujo loĝas ne nur rusoj, sed amaso da aliaj homoj. La Zamenhofa koncepto de aro da geografiaj ujoj estis, jam en la tempo de la kreo de Esperanto, esence eksmoda.[5] Hodiaŭ ĝi apenaŭ havas sencon. Krome, la proporcio de esperantistoj, kiuj loĝas ne en la lando kie ili naskiĝis, estas – mi kuraĝas konjekti – multe pli alta ol inter la cetera homaro. Al kiu popolo apartenas

---

5   Malan opinion esprimas Anna Löwenstein kaj aliaj en Löwenstein 2007.

la esperantistoj? Ne nepre nur al unu – kaj ne nepre nur al tiuj, kiuj havas oficialan rekonon kiel ŝtatoj.

Nomi esperantistojn popolo eble ofendas tiujn, kiuj opinias Esperanton ligilo, kiu superas popolan identecon, kiu kunigas homojn en egaleco kaj neŭtraleco sendepende de iliaj landoj de origino. Tiu estis la filozofio de Lanti kaj restas tiu de SAT. Ĝi estas bela revo (tiel bela, ke belus ĝin kredi); sed la senpardona historio montras ion alian. La fundamenta problemo estas tiu de kulturo. Ĉiu lingvo, se oni entute parolas kaj uzas ĝin (kaj lingvo, kiun oni nek uzas nek iam uzis, eble ne meritas la nomon lingvo), estas influata de siaj parolantoj, kiuj alportas semantikon, elektas leksikon, organizas sintakse siajn pensojn. Tiu procedo estas esence procedo de kultura akumuliĝo. Se lingvo estas iasence malplena ĉambro, la loĝantoj de tiu ĉambro insistas mebli ĝin laŭ unu maniero kaj ne alia. Novaj alvenantoj trovas la lingvajn meblojn jam en sia loko. Ili eventuale povus konvinki la loĝantojn forigi sofon aŭ rearanĝi la seĝojn, kaj ili eble povus influi la elekton de pliaj mebloj; sed esence, ĉe parolata lingvo, same kiel ĉe jam meblita ĉambro, oni devas akcepti tion, kion oni trovas. Tiuj lingvaj mebloj enhavas ne nur la bazajn sofojn kaj tablojn lingvajn, sed ankaŭ parolturnojn, frazeologiojn, proverbojn, aludojn, spritaĵojn.

Nature ekestas en tiaj kazoj certa streĉiteco, inter tiuj, kiuj trovas en tiuj unikaĵoj lingvaj grandan plezuron kaj grandan kapablon je precizeco, kaj tiuj kiuj deziras igi la lingvon pli pura, malpli ligita al la akumuliĝo de ĝiaj eventuale misiraj tradicioj. En la Esperanto-mondo, unuflanke staras Andreo Cseh, kiu deziris limigi la lingvon al tiu minimumo, kiu estas facile akirebla kun maksimuma rapideco; aliflanke staras la jam menciita Kalocsay, kiu deziris riĉigi la lingvon por fari ĝin maksimume esprimkapabla. En la nuna epoko, unuflanke staras KADOJA Hidenori, kiu insistas pri regulismo kaj evito de parolturnoj k.s. Aliancanoj liaj estas tiuj kiuj aprobas la Bonan Lingvon, simplan, travideblan, akireblan, egaligan. Aliflanke staras tiuj, kiuj vidas en la frazeologio de Esperanto ateston pri ĝia vivanteco – homoj kiel Aleksandro Melnikov kaj Sabine Fiedler, kiuj celas montri la kompletecon kaj subtilon de la lingvo.[6]

Ne nomi tiun akumuliĝon de simboloj kaj signoj, tiun starigon de semantikaj valoroj, kulturo estas nei la koheron de Esperanto. En nia

---

6   Vidu, respektive, Kadoja Hidenori 2011, Melnikov 2007, Fiedler 2002.

moderna mondo, multaj homoj sidas facile en pluraj kulturoj, kaj navigas senprobleme inter ili. Homo, kiu forlasas (ni diru) Peruon por veni labori en Usono kaj restas en Usono, ne nepre forlasas entute sian landon de naskiĝo. Tiu homo parolas telefone kun siaj familianoj en Lima, skajpas kun ili, tekstas kun ili – eĉ aviadas ĉiusomere por pasigi sian libertempon tie; aliflanke, tiu sama homo trempas sin en la usonan kulturon, ĝis tiu nivelo, ke, reirante al sia naskiĝloko, tiu homo ŝajnas laŭ la lokuloj tute usona. Iam oni parolis pri tiaj personoj kiel homoj perditaj inter kulturoj; nun oni pli ofte deklaras, ke ili estas dukulturaj, ke ili eĉ havas certan avantaĝon super la unukulturaj. Paco kaj manko de reguligo ebligas al la homoj elekti sian kulturan spacon; tiun elekton forigas nur la interveno de aŭtoritatoj, kaj ĉefe la alveno de militoj, kiuj devigas homojn elekti sian flankon. Plurkulturismo estas beno; unukulturismo estas en la moderna mondo drasta limigo kaj danĝera sinteno.

Se lingvo kaj kulturo estas nedisigeblaj, la dilemo, kiun ni frontas en Esperanto, estas ĉu kulturi tiun kulturon, por tiel diri, aŭ ĝin rezisti. Se ni rezistas ĝin, ni riskas ne evoluigi la esprimkapablon de Esperanto. Tia neevoluanta lingvo estas maksimume helplingvo, utila por bazaj interŝanĝoj sed eventuale senutila por pli profunda dialogado. Se ni kulturas ĝin, ni riskas igi nin nekompreneblaj al aliaj, kaj limigitaj al unu monda regiono aŭ unu lingva tradicio. En la menciita libro *La bona lingvo* (Piron 1997) kaj aliloke en siaj verkoj, Claude Piron estis la plej forta kritikanto de la emo de Esperanto retrokongrui al siaj jamaj uzantoj, do adopti eŭropecan stilon kaj stilajn unikaĵojn, precipe el la latinidaj lingvoj kaj ties kultura historio kaj tradicio. Elektante tiun vojon, ni igas la lingvon ĉiam malpli alirebla de homoj el aliaj lingvaj kaj kulturaj tradicioj. La kritikantoj de Piron asertas, ke Esperanto estas tamen fleksebla, kaj, se la baza demokrateco de lingvouzo tion diktas, ĝi facile povas flui laŭ novaj direktoj – kunportante kun si sian tutan ĉombon[7] (por uzi vorton importitan de Tibor Sekelj el la svahila al Esperantujo, sur kies kultura strando ĝi tamen kviete pereis). Sed, kiel mi diris antaŭe, estas malfacile forigi la meblaron el jam okupata ĉambro.

Unuflanke, do, ni riskas limigi nian lingvon al banalaĵoj; aliflanke, ni riskas malaperi en la litomiŝlan tombaron, kie Piĉ parolas nur al

---

7	"La tuto de ĉiuj moveblaj havaĵoj de persono." Vidu Tibor Sekelj 1983: 177.

si mem. Unuflanke, ni enkapigas la lingvon per "tute eta funelo," kiel Kalocsay kritikis Cseh; aliflanke, ni strebas al tro alta piĉo, kiel siatempe Baupierre plursence satiris.[8] Mia celo ĉi tie ne estas elekti unu flankon aŭ alian en tiu ĉi intelekta batalo. La demando estas grava, sed fine ĝi ne estas leĝe juĝebla: ĝi dependas de la etiko de la meza esperantisto, kiu celu igi sin komprenebla al la propra aŭskultantaro, kaj kiu prefere apogu sin sur la konstaton, ke la celo de nia Internacia Lingvo estas kompreno, ne mistifiko. Simplaj ideoj postulas simplan lingvon; malsimplaj postulas kombinon de simplo kaj subtilo.

Sed mi ripetas: lingvo ne eblas sen akumuliĝo de kulturo; akumuliĝo de kulturo neeviteble limigas la aliron al tiu lingvo el ekstere.

Ĉu Zamenhof plene komprenis tiun dilemon kiam li kreis la lingvon kaj komencis konstrui la komunumon, kiu uzos ĝin? Certagrade jes: li ja celis krei simplan, facile lerneblan lingvon. Aliflanke, kaj eble pli emfaze, jam de la komenco la celo de Zamenhof estis daŭre svingi la brakojn por atentigi la eliton, ke Esperanto ekzistas kaj funkcias. Tiel (kiel ni jam rimarkis), *de la komenco*, li tradukis en ĝin la ĉefajn verkojn de la intelekta mondo al li konata, nome la intelekta mondo de la okcidento. La traduko de *Hamleto* estis ne ia buŝamuzaĵo (por uzi apenaŭ internacian esprimon...) sed serioza klopodo montri la flekseblon kaj esprimpovon de la nova lingvo: celo, kiun li triumfe plenumis. Tiu traduko lokis Esperanton inter la (prestiĝajn) okcidentajn lingvojn, difinis ĝian semantikan tradicion, kaj montris al aliaj aspirantoj al verkado la vojon irendan.

Aliaj aspirantoj ja sekvis. Zamenhof verkis ankaŭ originale, kaj ne sentalente; liaj originalaj verkoj neeviteble dependigis sian sencon je antaŭaj modeloj, en aliaj lingvoj – ĉar vortoj ne subite signifas: ili signifas ĉar ili jam estis uzataj kun difinita signifo. Vortoj estas kulturaj signifiloj. Sed Zamenhof bone komprenis, ke li ne estas Shakespeare, aŭ Schiller, aŭ la profetoj de la Malnova Testamento: per tradukoj Esperanto pruvos en pli mallonga tempo sian kapablon. Tradukoj streĉas la lingvon – kaj fikciaĵoj kvazaŭ enhejmigas al difinita lingvo cirkonstancojn neniam okazintajn per tiu lingvo. Mi citas la anglan poeton de la deksesa jarcento Philip Sidney: "Naturo neniam prezentis al la mondo tiel riĉan tapiŝon kiel faris diversaj poetoj." Unu el la

---

8   Baupierre 1962.

celoj de Zamenhof estis alporti en la lingvon tiujn riĉaĵojn el ekstere.
Grabowski sekvis similan vojon: *El parnaso de popoloj* (Grabowski
1913) prezentis al la esperantistoj tradukojn el diversaj literaturoj
– verkojn multe pli talentajn kaj buntajn (ne surprize) ol Grabowski
kapablis prezenti per sia tamen interesa originala verkado. Similan
vojon sekvis ankaŭ Kalocsay en sia *Eterna bukedo* (1931).

La tradukoj de Zamenhof ne nur montris al ekstero, ke Esperanto
estas kompleta en sia esprimkapablo, sed similan mesaĝon ĝi liveris
al la parolantoj de la nova lingvo. Se ĉio ĉi eblas, la esperantistoj
havu la kuraĝon ĉion esprimi. Neniu mencio ĉi tie de tute eta funelo
(kiel diris Kalocsay pri Cseh); neniu mencio de intenca limigo de
esprimkapablo. Grabowski, en siaj tradukoj, precipe en *Sinjoro
Tadeo* (1918), trovis en Esperanto kapablojn, kiujn eĉ Zamenhof ne
ekspluatis, kaj tiel fondis tradicion ne nur de alporto de kulturaj valo-
roj el ekstere sed ankaŭ de serĉo de esprimkapabloj en la gramatikaj
kaj morfologiaj intersticoj de la zamenhofa lingvo. Ni (kaj nia litera-
turo) estas heredantoj de tiu kvazaŭ organika ekspansio de la kapa-
bloj de la lingvo.

La fakto, ke ĉiu parolanto de Esperanto apartenas al pli ol unu kul-
turo kaj parolas pli ol unu lingvon kvazaŭ garantias, ke oni alportos
kulturajn brikojn el ekstere por konstrui la kulturon de Esperanto.
Por ke kulturo meritu la nomon "kulturo", ne necesas, ke ĝi estu la sola
aŭ eĉ ĉefa kulturo posedaĵo de unuopa homo, sed ke multaj homoj
kontribuu al ĝia konstruo, tiel ke ĝi fariĝu posedaĵo de kolektivo.
Difinas la ekziston de kulturo ne ĝia ekskluzivo por unuopa homo sed
ĝia unika kombino de elementoj por la homoj, kiuj partoprenas ĝin.

La alportado de kulturaj brikoj faciligas al homoj el la dominaj
kulturoj aliron al Esperanto (precipe, do, parolantoj de eŭropaj
lingvoj), sed ĝi obstaklas la aliron por aliaj. Sen ajna dubo, la kulturaj
fortoj de Esperanto kondukis la lingvon al eŭropeco, jam ĉe Zamenhof
(kiu certe preferis loki sian lingvon ien, ol lasi ĝin senradika kaj flosa),
certe ĉe Grabowski, kaj grandskale ĉe Kalocsay kaj lia skolo. Kalocsay
ne nur mem tradukis – fakte moviĝis senpere kaj oscile inter originala
kaj traduka verkado – sed ankaŭ per la eldonejo Literatura Mondo
helpis daŭrigi la tradicion de tradukitaj antologioj de nacilingvaj
(fakte ekskluzive eŭropaj) literaturoj. Liaj fifamaj "korektoj" de la
verkoj de aliaj celis konformigi ilin al lia koncepto de la literatura

tradicio de Esperanto. Tiun tradicion li parte eltrovis, parte kreis dekomence, en la verko *Parnasa Gvidlibro*, kiun li kunaŭtoris kun Gaston Waringhien kaj aperigis ĉe Literatura Mondo en 1932.

Tiu verko meritas detalan trastudon, ne nur kiel modelo sed ankaŭ kiel ekzemplo de la insista eŭropismo, aŭ, pli precize, grandtradiciismo, de Kalocsay (Karolo Piĉ siatempe rimarkis, ke ĝi estis eksmoda jam je sia apero). Ĝiaj radikoj (kaj titolo...) troviĝas en la klasikaj lingvoj, sed, pli precize, la klasikaj lingvoj tiaj, kiaj ili estis interpretataj en la eŭropa Renesanca tradicio. Kalocsay eĉ metis en la volumon longan poemon sian, *La arto poetika*, kiu rekte aludis al la *Ars Poetica* de la latina poeto Horacio, kiu, same kiel Kalocsay kaj Waringhien, klopodis fiksi kaj normigi la tradicion de la latina poezio, kaj kies influo etendiĝis al la grandaj renesancaj kritikistoj italaj kaj francaj. Kvankam la pseŭdonimo estis tuj travidebla, Kalocsay atribuis la poemon al iu C. E. R. Bumy, kiun ni jam renkontis en la verko de la antaŭa jaro *Lingvo stilo formo* (alia kontribuo al la sama demando de starigo de tradicio). C. E. R. Bumy (kies nomon Kalocsay eble formulis imite al la ja ekzistanta brita verkisto K. R. C. Sturmer) estis en tiu verko praktikanto de ia mezepoka Esperanto. Sekve, *La arto poetika* venis al la esperantistoj jam kun duonŝerca odoro de antikveco kaj aŭtoritateco.

Mi aldonu, ke en sia soneto "La celoj ĉie dronis", Kalocsay aludas al sia romia modelo en eksplicite konservativa kunteksto:

Mi vidas jam ĉen-rompi ĉie dise
La mondo-skuan Stulton ĉiopovan,
Kaj dume, delikate, zorge ĉize
Fabrikas tiun ĉi soneton novan.

– Kiam anoncis ploro kaj vekrio
Kaj en la noktoj horizonta ruĝo:
"La gotaj hordoj en la Imperio!"

En Romo iu staris, sen rifuĝo,
Pensante reve pri l' Aŭgusta paco,
Kaj flustris kelkajn versojn el Horaco.

En unu fundamenta punkto, tamen, Kalocsay ne sekvis la klasikan modelon: li emfazis la akcentan karakteron de Esperanto. Elektante verkon de Shakespeare, tradukon el la angla, por sia unua serioza traduko poezia, Zamenhof firme metis la metrikon de Esperanto inter la akcentajn poeziojn, ne la kvantajn (kvankam poste Brendon Clark, en *Kien la poezio?* [1957] klopodis puŝi Esperanton alidirekten). En tiu senco, la *Parnasa Gvidlibro* elektis la anglan kaj germanan vojon pli ol la francan kaj italan – aŭ, pli precize, ĝin registris, ĉar la tradicio estis jam firme establita.

Tiun enporton de la angla kaj germana tradicioj en Esperanton klare montras la fruaj Esperantaj poetoj eĉ en siaj originaloj. Waringhien profesie lekciis interalie en la Brita Instituto en Parizo kaj konis la anglan literaturon tre bone; Kalocsay estis granda admiranto de tiu literaturo kaj tradukis el ĝi abunde (kulmine en sia traduko de *Reĝo Lear* de Ŝekspiro); Edmond Privat, unu el la plej talentaj fruaj originaj poetoj en Esperanto, diplomiĝis pri la angla literaturo ĉe la Universitato de Ĝenevo. La melankolia fantomo de John Keats hantas liajn versojn, ekzemple en la poemo "Lasta Kiso," kiu deproksime imitas la moviĝon de "La belle dame sans merci" de Keats.

Vi kien flugas, papilio,
    tremante kaj rapide?
Jam mortis rozo kaj lilio,
    kaj venas frost' perfide.

Flugiloj viaj kvazaŭ lampo
    briletas en nebulo:
vi kion serĉas tra la kampo,
    perdita somerulo?

Dezertaj estas la ĝardenoj,
    kaj vana l' amo via.
Skeletoj ŝajnas la verbenoj
    sub laŭbo senfolia.

Vi kial flugas en malvarmo
    tra flora la tombejo?

Sur ĉiu loko pluva larmo
nun restas en herbejo.

Silentas ĉiuj en la nestoj
kaj svenis bonodoroj;
plu ne batalos vi kun vespoj
pri la floretaj koroj.

Jen restas nur en kampo vasta
velkinta krizantemo,
sur kiu kiso via lasta
mortigos vin en tremo.

Similajn spurojn oni trovas en la verkoj de la brito Clarence Bicknell, precipe en "Aŭtuno," kiu pruntas siajn figurojn el la koncerna odo de Keats.

Oni rajtus sin demandi ĉu ekzistas fundamenta diferenco inter, unuflanke, tradukoj prezentitaj kiel tiaj, kaj, aliflanke, originalaj verkoj, kiuj sekvas deproksime modelojn el la naciaj literaturoj. Privat kaj Bicknell estis talentaj homoj, kiuj elektis poezii en Esperanto parte por montri, ke tio entute eblas, parte ankaŭ (kaze de Bicknell) por amuziĝi. Esence ili tradukis sen traduki – transportis en Esperanton ideojn kaj figurojn el la naciaj lingvoj.

Kaj tion faras ĉiuj niaj poetoj, ĉar ĉiuj niaj poetoj estas dukulturaj aŭ plurkulturaj: en Esperanto ni trovas ian kulturan krucvojon, kie ideoj kaj formoj alportitaj el aliaj kulturoj kunfandiĝas por formi novan kulturon.

Problema tamen estas tio, ke tiuj enportoj venas neeviteble el la grandaj literaturoj, parte ĉar tiuj literaturoj laŭdifine pezas en la internacia kulturo, parte ĉar tiu pezo igas iliajn formojn rekoneblaj en la Esperanto-literaturo. Kalocsay verŝajne estis konscia pri tio kiam li strebis dividi kun la esperantistoj la belecojn de, ni diru, la estona literaturo.

El ĉiuj literaturoj, la influo de la angla restas aparte forta en Esperanto. La apero de la skota skolo tion plifortigis en la postmilita periodo, kiam Auld verkis sian epokfaran *La infana raso* (1956), malantaŭ kiu spektras la verkoj de Ezra Pound, T.S. Eliot kaj Hugh

MacDiarmid. La poezio de Marjorie Boulton, eksterordinare flua kaj ŝajne senpena, stile reiras al la poezio de la deksesa kaj deksepa jarcentoj anglaj. Eĉ Baldur Ragnarsson studis en Britio kaj diplomiĝis pri la angla literaturo; kaj, por iri al alia parto de la mondo, se oni serĉas la originon de la flua eŭropeca stilo de *El Popola Ĉinio* dum ties glora epoko, ĝia origino troviĝas en la anglalingva eduko de kelkaj ĝiaj redaktoroj.

Se lingvo sufiĉe longe akumulas kulturajn elementojn, ĝi tamen atingas certan nivelon de memsufiĉo. Kiam mi aludis pli frue al la litomiŝla tombejo de Piĉ, mi tion faris en la kadro de la Esperanto-kulturo, sen rilato al aliaj kulturoj; kaj mia duoncito el Baupierre estis ne nur pure Esperanta aludo, sed aludo eĉ al kolekto de parodioj, kiuj same trovis sian forton ene de la Esperanto-kulturo, sen ekstera rilato. Same kiel Grabowski trovis novajn lingvajn riĉaĵojn ene de la lingvo Esperanto, nia kulturo sin reproduktas kaj riĉiĝas. Se ĉiuj alportoj al la lingvo estas iasence tradukoj el aliaj lingvoj, ĉu tamen nun troviĝas en Esperanto propra kultura tradicio? Iasence jes – sed ĝi estas ankoraŭ malforta.

Kaj kial la malforto? Pro du simplaj kialoj. Unue, Esperanto estas por la esperantistoj lingvo, kiun ili vizitas de tempo al tempo; malmultaj homoj vere *vivas* ĝin, vere alproprigis ĝin kiel la sian. Sekve, ili pli malfacile kaptas literaturajn aŭ sociajn aludojn ol en la propra, ĉiutaga lingvo.

Due, la esperantistoj nesufiĉe legas la propran literaturon. Ni povas nin konsoli pro tio, ke la alveno de interreto igis Esperanto-poezion multe pli facile trovebla ol antaŭe, kaj ke Vikipedio kaj similaj fontoj de informoj libere faciligas la akiron de scio pri la poetoj kaj aliaj verkistoj.

Tamen, ni troviĝas en iu kriza stato, en kiu la verkoj nun produktataj eĉ de talentaj verkistoj estas legataj de kelkaj dekoj, aŭ, en plej bona okazo, kelkcentoj, da homoj. Kaj ĉar tiuj homoj estas nur vizitantoj al la lingvo, malofte ili interparolas pri tiuj verkoj, malofte interŝanĝas ideojn pri ili, malofte instruas al aliaj pri iliaj kvalitoj. Recenzoj, ĉiam malfortaj en Esperantujo, hodiaŭ apenaŭ ekzistas. Eĉ se oni opinias, ke la kulturaj specifaĵoj de Esperanto estas barilo al novaj adeptoj, estus bedaŭrinde se ili perdiĝus nur pro neglekto. Se ni volas, ke la mebloj en nia lingva salono tamen utilu, necesas de tempo al tempo uzi ilin – sidiĝi sur tiujn seĝojn kaj legi librojn kaj verkojn en Esperanto, paroli kun aliaj pri ili, instrui, diskuti, malkonsenti. Alikaze, niaj poetoj ja restos sen popolo kaj la streĉita kordo de ilia talento fariĝos "ŝirita kordo en forlasita loko." Tion ni nepre evitu.

CITITAJ VERKOJ

Auld, William, red. 1984. *Esperanta antologio: poemoj 1887-1981.* Rotterdam: UEA.

Auld, William. 1956. *La infana raso.* La Laguna: Régulo.

Baupierre, Henri (ps. de Henri Vatré). 1962. *Specimene.* La Laguna: Stafeto.

Camacho, Jorge. 2010. La esperanta malpopolo. En Detlev Blanke k Ulrich Lins, red. *La arto labori kune.* Rotterdam: UEA, 521-528.

Clark, Brendon. 1957. *Kien la poezio?* Rickmansworth: Esperanto Publishing Company.

Fiedler, Sabine. 2002. *Esperanta frazeologio.* Rotterdam: UEA.

Grabowski, Anton. 1913. *El parnaso de popoloj.* Varsovio: Pola Esperantisto.

Kadoja Hidenori. 2011. La strukturo de Esperanto kiel faktoro por certigi ĝian funkcion rilate al lingvaj rajtoj: Ĉefe pri la koncepto de lingvolernado kaj pri konscio de lingva normo. *Esperantologio: Esperanto Studies* 5: 7-27.

Kalocsay, Kálmán. 1931. *Eterna bukedo.* Budapest: Literatura Mondo.

Löwenstein, Anna, red. 2007. *Rusoj loĝas en Rusujo: landonomoj en Esperanto.* Milano: Federazione Esperantista Italiana.

Melnikov, Aleksandro S. 2007. *Esperanto kaj kulturo – sociaj kaj lingvaj aspektoj.* Poznan, Moskvo k Rostov na Donu: Eŭropa Jura Universitato Justo.

Mickiewicz, Adam. 1918. *Sinjoro Tadeo,* trad. Antoni Grabowski. Varsovio: La tradukinto.

Piron, Claude. 1997. *La bona lingvo.* Vieno: Internacia Esperanto-Muzeo.

Privat, Edmond. 1912. *Tra l' silento.* Ĝenevo: UEA.

Sekelj, Tibor. 1983. *Elpafu la sagon.* Rotterdam: UEA.

Shakespeare, William. 1966. *Reĝo Lear,* trad. Kálmán Kalocsay. Rotterdam: UEA.

Tonkin, Humphrey. 2006. *Lingvo kaj popolo.* Rotterdam: UEA.

4. *Hamleto* en Esperanto[1]

En la somero de 1887, malgranda, kvardekpaĝa broŝuro estis eldonita en Varsovio kun titolo (en la rusa lingvo) *Internacia / Lingvo / Antaŭparolo / kaj / Plena Lernolibro.* La broŝuron presis la firmao Kelter ĉe Novolipje-strato 11 kaj la kostojn pagis ĝia aŭtoro, juna oftalmologo Lazar Ludwik Zamenhof, kiu verkis sub la pseŭdonomo Doktoro Esperanto. "Esperanto" signifis "Iu Kiu Esperas" en la nova lingvo de Zamenhof. Baldaŭ "La lingvo de d-ro Esperanto" fariĝis "La lingvo de Esperanto," kaj tiumaniere la alprenita nomo de la aŭtoro eliziiĝis kun la nomo de la lingvo.[2]

Zamenhof bazis sian lingvon sur la vortprovizo kaj semantiko de la eŭropaj lingvoj, sed utiligis gramatikajn principojn similajn al tiuj de la t.n. izolantaj lingvoj, en kiuj senŝanĝaj leksikaj elementoj estas uzataj por konstrui frazojn. En sia broŝuro li iom zorge emfazas, ke li prezentis la gramatikon de la nova lingvo per esprimoj facile kompreneblaj de tiuj, kiuj konas la gramatikajn terminojn kaj kategoriojn uzatajn por priskribi la lingvojn de ili konatajn, precipe la latinan, sed ke ĝi efektive funkcias laŭ iom aliaj principoj, per "vortoj" kombineblaj laŭ pli-malpli senfina serio de kombinaĵoj (vidu Janton 1993: 44-45):

> Mi aranĝis plenan dismembrigon de la ideoj en memstarajn vortojn, tiel ke la tuta lingvo, anstataŭ vortoj en diversaj gramatikaj formoj, konsistas sole nur el senŝanĝaj vortoj.... La diversaj formoj gramatikaj, la reciprokaj rilatoj inter la vortoj k.t.p. estas esprimataj per la kunigo de senŝanĝaj vortoj. Sed ĉar simila konstruo de lingvo estas tute fremda por la Eŭropaj popoloj kaj alkutimiĝi al ĝi estus por ili afero malfacila, tial

1   La unua versio de tiu ĉi teksto estis prezentita en Konferenco "Vojo de interlingvistiko: de Bruno Migliorini al la nuna tempo" organizita de Accademia della Crusca kaj la Akademio de Esperanto en la Universitato de Florenco, Italio, 28 julio 2006. Poste ĝi aperis en la revuo *Multilinguismo e Società* 1 (2008):45-55 kaj fine en mallongigita formo en *Literatura Foiro* 49 (294: aŭgusto 2018): 196-204. Partoj de la teksto aperis ankaŭ en mia postparolo al la eldono ĉe UEA de la Zamenhofa *Hamleto* (2006).

2   Vidu la diskuton de Zamenhof mem pri la temo en artikolo en *La Esperantisto* 33 (1890) -- Dietterle 1929: 86.

mi tute alkonformigis tiun ĉi dismembriĝon de la lingvo al la
spirito de la lingvoj Eŭropaj, tiel ke se iu lernas mian lingvon
laŭ lernolibro ... li eĉ ne supozos, ke la konstruo de tiu ĉi lingvo
per io diferencas de la konstruo de lia patra lingvo. (Zamenhof
1973:16)

Zamenhof silentas pri la specifaj detaloj de sia semantiko, sed estas
abunde evidente el lia diskutado pri la derivado de vortoj, ke li
prenas kiel bazon tion, kion oni povus nomi la komuna semantika
bazo de la eŭropaj lingvoj – la pralingvo, aŭ retrolingvo, kiu kuŝas
sub ĝiaj manifestiĝoj en la specifa vortprovizo de specifaj eŭropaj
lingvoj. Se, post ekzamenado de la ĉefaj eŭropaj lingvoj, li trovis
neniun fonologian komunecon ĉirkaŭ difinita termino, li turnis sin
al la latina "kiel lingvo duone-internacia" (21). Sciencistoj ja povas,
priskribante la strukturon kaj konceptan bazon de Esperanto, difini
ĝian karakteron kiel jen revolucia jen nura simpligo de la latina.

En la daŭro de 1887, Zamenhof aperigis sian broŝuron en kvar
eldonoj – rusa, pola, franca kaj germana; sekvis la hebrea en 1888.
Angla eldono presita en 1888 estis tiel malbone tradukita, ke li devis
ĝin retiri. Ĝi fine aperis en 1889 en nova traduko de "R. H. Geoghegan,
Kolegio Balliol, Oksfordo,"[3] kaj en la sama jaro la broŝuro aperis
en sveda kaj jida eldonoj. Ĉiuj tiuj eldonoj enhavis esence saman
materialon (1) ampleksan antaŭparolon, kiu priskribas la principojn
kaj genezon de la lingvo, (2) ses "specimenojn de internacia parolo,"
(3) sekcion en kiu Zamenhof prezentas planon de subskribeblaj
promesoj lerni la lingvon tiam kiam difinita nombro de aliaj samon
faris, (4) tion, kion Zamenhof nomas "Plena gramatiko de Esperanto"
sur ses paĝoj, kaj (5) mallongan vortaron, en la Internacia Lingvo kaj
la cellingvo, de iom malpli ol mil radikoj, kiu, se oni uzas ĝin kunlige
kun la gramatiko, permesos al la leganto kompreni simplan tekston
en la Internacia Lingvo.

La ses "specimenoj de internacia parolo" konsistas el (1) la Patro-

---

3 Richard Henry Geoghegan (1866-1943) estis fakulo pri la irlanda lingvo kaj de aziaj
lingvoj. Leginte artikolon pri la nove eldonita lingvo, li skribis al Zamenhof en la
latina lingvo en la aŭtuno de 1887. Zamenhof sendis al li germanan tradukon de
la Unua Libro, el kiu Geoghegan komencis lerni la lingvon. Kiam Zamenhof poste
sendis al li la anglan tradukon, li atentigis Zamenhof pri ĝia neadekvato kaj anoncis
sian pretecon mem traduki ĝin. En 1893 Geoghegan elmigris el Britio al Usono, kie
en 1905 li fariĝis la unua prezidanto de la Amerika Esperanto-Asocio.

Nia, (2) mallonga ĉerpaĵo el la biblia Genezo, (3) letero en la nova lingvo ("Kara amiko! Mi prezentas al mi kian vizaĝon vi faros post la ricevo de mia letero..."), (4) originala poemo *Mia penso*, (5) traduko de mallonga poemo de Heine (*Mir träumte von einem Königskind: En sonĝo princinon mi vidis*) kaj (6) dua, originala poemo *Ho, mia kor'*.

En 1888 post la unua libro pri Esperanto venis dua, verkita nun en la lingvo mem: *Dua Libro / de l' lingvo / internacia*, denove presita de Kelter kaj pagita de la aŭtoro. Tie, Zamenhof plie prikomentas sian projekton, respondante al ricevitaj kritikoj, kaj donante rimarkojn pri la plano kolekti promesojn. Li suplementas sian enkondukan sekcion per dek ses unu-alineaj legaĵoj, tiel ke lernantoj de la lingvo "povu ripeti praktike la regulojn de l' gramatiko internacia kaj kompreni bone la signifon kaj la uzon de l' sufiksoj kaj prefiksoj." Sekvas kompleta traduko de *La ombro*, fabelo de Hans Christian Andersen retradukita el la germana, kaj mallonga kolekto de dekkvin proverboj (*Kia patrino, tia filino; En sia urbeto neniu estas profeto*, kaj tiel plu). Kompletigas la broŝuron du poemoj – la studenta kanto *Gaudeamus Igitur* en traduko de "Hemza" (probable Zamenhof mem) kaj alia, iom lama traduko de poemo de Heine (*Lieb Liebchen, leg's Händchen aufs Herze mein*), ĉi-foje kun la komencliteroj K.D. sed verŝajne farita de Leo Belmont (Leopold Blumenthal), kiu aĉetis la Unuan Libron jam en aŭgusto 1887 kaj tuj komencis lerni la lingvon.

Belmont ja ne estis la sola lernanto. Dum la promesoj vaste subtrafis la tro ambiciajn atendojn de Zamenhof, multaj homoj ignoris la implican sugeston, ke ili atendu ĝis aliaj decidis lerni, kaj tuj ekstudis. Zamenhof el tio gajnis kuraĝon. Li intencis aperigi serion de tiaj broŝuroj, de kiuj la *Dua libro* estu la komenco, sed li ŝanĝis siajn planojn kiam li aŭdis, ke la Amerika Filozofia Societo, en Filadelfio, intencas kunvoki konferencon por konsideri la demandon de planita internacia lingvo. Liaj fruaj kontaktoj kun la sekretario de tiu American Philosophical Society, kaj nerekte kun la komitato, kiun la Societo jam starigis tiucele, estis iom favoraj, kaj li do decidis atendi pliajn paŝojn pri la konferenco kaj aperigis nur suplementon al la *Dua libro* respondan al pliaj kritikantoj kaj klarigantan lian intencon. Tamen, la konferenco neniam kunvokiĝis, kaj la interesoj de la Societo iris aliajn direktojn (Waringhien 1989:52).

La broŝuro de 1887 portis sur sia titolpaĝo iom kuriozan epigrafon:

Por ke lingvo estu tutmonda, ne sufiĉas nomi ĝin tia. Zamenhof ŝajne volas diri, ke projektoj de internacia lingvo ne maloftas, sed nura projekto ne estas lingvo: se internacia lingvo estu internacia, la homoj devas unue ĝin lerni. La suplemento al la Dua Libro, ankaŭ eldonita en 1888, finiĝas per egale signifa deklaro:

> Tiu ĉi libreto estas la lasta vorto, kiun mi elparolas en rolo de aŭtoro. De tiu ĉi tago la estonteco de l' lingvo internacia ne estas jam pli multe en miaj manoj, ol en la manoj de ĉia alia amiko de la sankta ideo. Ni devas nun ĉiuj egale labori, ĉiu laŭ sia forto.... Mi faris por la afero ĉion, kion mi povis, kaj se ĉiu efektiva amiko de l' lingvo internacia alportos al ĝi eĉ la centan parton de l' moralaj kaj materialaj oferoj, kiujn mi al ĝi alportis tra dekdu jaroj ĝis hodiaŭ, tiam la afero iros bonege kaj venos al la celo post la plej mallonga tempo. Ni laboru kaj esperu! (Zamenhof 1973:103)

Ni laboru kaj esperu! La uzo de la unua persono plurala kaj la insisto de Zamenhof, ke lia lingvo apartenas al ĉiuj siaj parolantoj, estas elmontro de baza vero, kiun li pasie kredis: lingvo estas posedaĵo de komunumo, ne aro de gramatikaj reguloj en iu libro. Lia pli aĝa samtempulo, la lingvisto Jan Baudouin de Courtenay, kies akravidaj konstatoj pri strukturismo kaj kies distingo inter la nocio de *lingvo* (abstrakta sistemo) kaj *parolo* (la apliko de tiu sistemo fare de ĝiaj parolantoj) anticipis la laboron de Ferdinand de Saussure, emfazis la dezirindon studi lingvojn sinkrone, surbaze de efektiva uziĝo, anstataŭ diakrone, laŭ ilia historio – la scienca aliro pli favorata tiutempe. Tiu ligo inter teorio (lingvoj kiel logike analizeblaj laŭ la propraj internaj kondiĉoj, kvazaŭ apartigitaj de la uziĝo), kaj praktiko (lingvoj kiel formoj de la homa esprimiĝo) trovis pretan reeĥon en Zamenhof, kiu klare vidis la komunumon de uzantoj kiel pli gravan ol la gramatikaj detaloj de la Internacia Lingvo.[4] Kompreneble, se li konfidis Esperanton al ĝiaj adeptoj, li riskis perdi regon – kaj la

---

4 Baudouin de Courtenay, kiu deĵoradis ĉe la Universitato de Yuryev (nun Tartu, Estonio) dum la tempo de la publikigo de Esperanto, estis frua konvertito al Esperanto kaj poste fariĝis prezidanto de Pola Esperanto-Asocio. Saussure ankaŭ havis ligon al Esperanto: lia pli juna frato René estis konvinkita esperantisto kaj kontribuis al pritrakto de la lingvistiko de Esperanto en pluraj ampleksaj eseoj. Verdire, Esperanto portas multajn sigelojn de strukturisma pensado, kiel estas evidente el la Zamenhofa prezento de la morfologio de la lingvo en la Unua Libro (1887).

bataloj pri reformoj, kiuj makulis la fruajn jarojn de la lingvo, okazis parte pro tio, ke la esperantistoj spertis senton de posedo kaj rajtigo. Aliflanke, teni la lingvon en la propraj manoj riskus neniam krei tiun komunumon, kiun oni bezonas, por ke lingvo plene vivu.

Kiel ni jam notis, la ĉeesto de literaturaj tradukoj, kaj eĉ originala poezio, en la unuaj du Esperanto-libretoj montras al grava kaj insista zorgo Zamenhofa. Tiu ambicia sed libroama junulo (li estis nun 27-jara, komence de kuracista kariero kaj de propra familio) konceptis Esperanton ne kiel kodon, nek kiel simplan helplingvon permesantan nur bazan komunikadon, sed kiel kompletan lingvon. Literaturo formis parton de tiu lingvo de la komenco.

La interesiĝo de Zamenhof pri la rilato inter literaturo kaj socio antaŭas la tielnomatan Unuan Libron de 1887. Kiel ni rimarkis en pli frua ĉapitro, ek de tre frua aĝo li verkis poemojn en la rusa (Boulton 1962: 23). Kiam, kelkajn jarojn poste, ligite al la Cionista movado, li kompilis jidan gramatikon, li enmetis kelkajn poemojn en tiu lingvo por ilustri la poetikon de la jida. Antaŭ sia publikigo de la fina versio de Esperanto, Zamenhof eksperimentis, tra periodo de preskaŭ dek jaroj, per aliaj versioj. Fragmentoj de tiuj tielnomataj praesperantoj travivis en la 1930ajn jarojn en kelkaj kajeroj, kiujn Waringhien ekzamenis dum tiu periodo (1989:19-54) sed kiuj poste detruiĝis en la Dua Mondmilito. Unu el la notlibroj, en versio de Esperanto de 1882-83, enhavas du verkojn, kiuj reaperas en 1887 – tradukon de la poemo de Heine *Mir träumte von einem Königskind* kaj pli fruan version de *Mia penso.*

Ni do ne surpriziĝu pro la centreco de literaturaj interesoj en 1887 kaj poste. Ĉe Zamenhof, literatura kaj lingva verkado estis proksimaj unu al la alia. La unua aparta eldono en Esperanto de iu alia ol Zamenhof, Antoni Grabowski, estis traduko de la novelo de Puŝkin *Neĝa blovado.* En 1891 Zamenhof publikigis sian tradukon de la verko de Charles Dickens *La batalo de l' vivo (The Battle of Life),* entreprenitan, kiel li diris en posta antaŭparolo, surbaze de speco de defio:

> En la unuaj jaroj de la ekzistado de Esperanto unu sinjoro mon-
> tris al mi germanan libron (tradukon de verko de Dickens) kaj
> diris: ĉi tion oni certe ne povus traduki en Esperanton. Por kon-

vinki tiun sinjoron, ke li eraras, mi prenis la libron kaj tradukis ĝin. (Ludovikito 1991:2377)

La traduko de Dickens estis do iasence hazardo de la historio – signifa sed ne aparte grava verko, kiun Zamenhof trovis sub la mano. Sed la Zamenhofa aperigo de *Hamleto*, eldonita en 1894, kiam la lingvo estis nur sepjara, estis tute alia afero. En artikolo en la revuo *La Esperantisto* nelonge poste (represita en Dietterle 1929:202-207), Zamenhof malkonsentas kun unu el siaj korespondantoj, kiu argumentas, ke la Esperanto-movado dediĉu ĉiujn siajn rimedojn al la produktado de lernolibroj: la tradukado de literaturaj verkoj en Esperanton, laŭ la korespondanto, estas tempoperdo ĉar la homoj povas ĉiam legi la verkojn en originalo. Kontraŭe, skribas Zamenhof, ekzistas malmultaj aferoj pli konvinkaj ol ĉefa literatura verko bone tradukita.

Lernolibroj, anoncado, k.t.p. estas necesaj, sed literaturo estas ankaŭ necesa, ne malpli, sed eĉ multe pli. Kiu legas la motivojn, kiujn la indiferenta mondo, precipe la instruituloj-teoriuloj, elmetas kontraŭ nia afero, tiu rimarkis, ke la plej ofta kaj eĉ preskaŭ la sola peza batalilo, per kiu oni volas nin neniigi en la okuloj de la mondo, estas la opinio, ke nia lingvo estas ia nenatura kreitaĵo, malriĉa kaj nefleksebla, kiu "taŭgas nur por esprimi apartajn mallongajn pensojn, por rilatoj poŝta-telegrafaj, por iama rimedo en alilandaj hoteloj k.t.p., sed neniam povas servi kiel lingvo por libera esprimado de ĉiuj geniaj verkoj de la homa literaturo." (Dietterle 1929:205-206)

Zamenhof aldonis, ke pluraj amikoj sugestis, ke la aperigo de *Hamleto* estis unu el la ĉefaj kaŭzoj de la harmonia finiĝo de la disputoj kaj konfuzoj de la antaŭa jaro, kaj ke ĝi generis tiom da energio.

Hamleto estis la unua en serio de tradukoj, kiujn Zamenhof produktis en la postaj jaroj, inter ili *La revizoro* de Gogol (1907), *Georgo Dandin* de Molière (1908), *Ifigenio en Taŭrido* de Goethe (1908), *La rabistoj* de Schiller (1908), kaj la kompleta Malnova Testamento, komence per *La predikanto* (1907) kaj *La psalmaro* (1908). En 1910 sekvis eldono de lia traduko de la feminista romano de Eliza Orzeszkowa, *Marta*. Tiu romano iel vojis al Orienta Azio, kie ĝi estis retradukita en la ĉinan kaj japanan kaj stimulis naskiĝantan movadon por la emancipiĝo de virinoj en tiuj landoj (Boulton 1962:207). Post lia morto (1917) la kompleta fabelaro de Hans Christian Andersen aperis, kaj ankaŭ *La rabeno de Baĥaraĥ* de Heine kaj *La gimnazio* de Sholem Aleichem. Ĝis la eldontempo de la plejparto de tiuj tradukoj, la tradukarto en Esperanto estis firme establita: aldone al amaso da mallongaj verkoj, la traduko de *Iliado* fare de Kofman datiĝas de 1895-97, *La ventego* de Shakespeare tradukita de Motteau aperis en 1904, *Eneido* de Valienne sekvis en 1906, kaj la vasta romano *La faraono*, de Bolesław Prus en traduko de Kazimierz Bein, aperis en 1907.

Kial tiu emfazo je literaturo? Parte pro tio, ke, kiel li rimarkigas, Zamenhof deziras, ke la publiko komprenu, ke Esperanto estas *kompleta* lingvo, aŭ havas tian potencialon – same kiel la Plejado tion celis en Francio en la mezo de la deksesa jarcento rilate la francan, aŭ Edmund Spenser tion celis en la angla per eldono de *La Ŝafista Kalendaro* en 1579: la franca kaj la angla lingvoj estas, diris tiuj aŭtoroj, same kompletaj kaj same respektindaj kiel la verkoj en la klasikaj lingvoj. Sed Zamenhof ankaŭ havis modelojn pli proksimajn, ĉar la Romantika movado, kiu traŝturmis Eŭropon cent jarojn pli frue, kaj la sendependistaj movadoj, kiuj sekvis, faris similajn tiajn pretendojn pri dua generacio de literaturaj lingvoj – unue la germana, kaj poste la pola, hungara, finna, estona, litova, kaj aliaj lingvoj de la nove estalitaj kaj aperantaj nacioj, kiuj iom post iom liberigis sin de la antikve establitaj eŭropaj imperioj.

Teorioj pri la ligo inter lingvo kaj nacieco subtenis la naciistajn movadojn de la dekoka kaj deknaŭa jarcentoj. Johann Gottlieb Fichte, en siaj *Alparoloj al la Germana Nacio* (1808), prezentis teorion de nacia identeco kaj nacia klerigo kies radikoj kuŝis en la nocio de komuna lingvo. Johann Gottfried Herder vidis en la germana popola poezio la veran esprimiĝon de la germana popolo, tiel retrorigardante preter la vastiĝanta industriigo de la epoko al la vera spirito de Germanio – same kiel Elias Lönnrot tion faris ĉe la finna spirito en la kolekto de popola poezio, kiun li teksis en la kontinuan "epopeon" *Kalevala* (1835, plivastigita 1849), kaj, je pli limigita skalo, faris Friedrich Reinhold Kreutzwald per la estona *Kalevipoeg* (1862). En ĉiuj tiuj kazoj, la apologiantoj de nacieco inventis, aŭ eltrovis, historion de siaj popoloj, esprimitan en la lingvo de la popolo – kio, laŭ ia manifesta destino, pravigis la ekziston de la nacio.

Oni povus argumenti, ke Esperanto estis vere antitezo de tia serĉado de naciaj radikoj kaj konstruado de naciaj historioj – sed ne tute. Kiel atentigas Eric Hobsbawm en sia fonta eseo pri la temo, inventitaj tradicioj "estas respondoj al novaj situacioj, kiuj alprenas la formon de aludoj al malnovaj situacioj, aŭ kiuj establas la propran pasintecon per kvazaŭdeviga ripetado" (1983:2). Li aldonas, "La kontrasto inter konstantaj ŝanĝiĝo kaj novigo en la moderna mondo unuflanke kaj la klopodo strukturi almenaŭ partojn de ties socia vivo kiel neŝanĝiĝantaj kaj senvariaj – tiu kontrasto igas 'la inventadon de tradicio' tiel interesa al historiistoj." Tiaj tradicioj estas rimedo por la "eltrovo" de komuna historio – la sava arkeologio de nacieco. La eltrovado, kaj precipe la mitografio, kiu ĝin akompanas, estas inkluziviga procedo. Tio kio rezultas, estas, laŭ Benedict Anderson (1991:7) "imagita kiel *komunumo,* ĉar, senkonsidere pri la efektivaj malegaleco kaj espluatado, kiuj eventuale regas tie, la nacio estas ĉiam konceptita kiel profunda, horizonta kamaradeco."

Dum oni ja povus argumenti, ke sociaj movadoj liveras pli bonan modelon por ekspliki Esperanton ol naciistaj movadoj, sociaj movadoj malofte havas la lingvon kiel impulsan forton. Zamenhof, post iniciato de lingva revolucio (lia lingvo, li insistas, estas alia ol aliaj lingvoj kvankam oni povas prezenti ĝin kiel similan), ekkreis akompanan movadon, kiu aparte emfazis la enkolektadon de ĉiuj uzantoj de la lingvo: la lingvo, kiel li ripete emfazis, apartenis ne al li sed al la komunumo, kaj al ĉiuj ties adeptoj je egala bazo – tiu "profunda, horizonta kamaradeco," kiun Benedict Anderson trovas en naciistaj movadoj. Iusence, la lingvo de Zamenhof ja estis revolucia kaj, almenaŭ en kelkaj siaj poemoj kaj publikaj elpaŝoj, li emfazis la rompon for de la pasinteco. Sed en aliaj aspektoj li sekvis programon de lingva arkeologio similan al tiu sekvata de naciismo – kaj, mi aldonu, ĝia proksima kuzo la Cionismo. En tiu arkeologia iniciato, li trovis la radikojn de la lingvo (en ĉiu senco de la vorto "radiko") en la komuna eŭropa leksiko kaj semantiko el kiuj li konstruis sian lingvon.

Sub la sangotrempita tero de Eŭropo, li ŝajne sugestis, li trovis lingvon de paco samtempe novan kaj nemezureble antikvan, freŝan sed konatan. Tiu rekunmetita pasinteco estis pasinteco eltrovebla de la uzantoj de la lingvo, kvankam ĝi iasence antaŭekzistis *kaj* ilian akcepton de la lingvo *kaj* la kreiĝon de la lingvo mem. Tiel, Zamenhof kreis novan specon de naciista movado, ian naciismon de ĉiuj kredantoj – nacion malferman al ĉiuj saĝe pensantaj homoj tra la tuta mondo. Hodiaŭ ni eble nomus ĝin virtuala nacio. Dum Zamenhof mem ne iniciatis tiujn ĉi aferojn, ni jam notis, ke ene de kelkaj jaroj tiu internacia/nacia movado ekhavis sian propran himnon (poemon de Zamenhof, publikigita en 1890), sian propran flagon, kaj mondan sistemon de Esperanto-konsuloj.

Kaj indis, ke ĝi havu propran literaturon – eble post iom da tempo originalan literaturon, sed en la komenco precipe literaturon kiu ligu la lingvon al la grandaj literaturaj verkoj de tiuj, kiujn la malfrua deknaŭa jarcento ankoraŭ konsideris "civilizitaj" nacioj. En tiu kunteksto, *Hamleto* estis evidente bona elekto. En la literaturaj tradicioj, kiujn Zamenhof plej bone konis – la germana kaj la rusa – Ŝekspiro okupis dominan lokon, tiel ke, laŭ iuj observantoj, la germanoj konsideris lin la "tria germana klasikulo," apud Goethe kaj Schiller – kaj tiuj du aŭtoroj estis mem grandaj admirantoj de la arto de Ŝekspiro. Se temas pri la rusoj, Puŝkin aludis al Ŝekspiro kiel la "patro" de Rusio, kaj Turgenev, pli poste en la jarcento, sugestis, ke Ŝekspiro estas "greftita" en la rusan karnon kaj sangon.

Indas noti, ke en la jaroj 1875-77 aperis la trivoluma kompleta dramaro de Ŝekspiro en pola traduko, redaktita de Józef Ignacy Kraszewski (1812-87) (Trepiński 1965). Józef Paszkowski faris dektri el la tradukoj, interalie de *Hamleto*. Kvankam ne ekzistas trovitaj pruvoj, Zamenhof tute bone povus spekti polajn prezentojn de *Hamleto* en Varsovio: la fama aktoro Bolesław Ładnowski unue ludis la rolon en 1872 kaj laste en 1900. Fine, ni menciu, ke la figuro de Ŝekspiro kaj la tradukado de liaj dramoj ludis apartan rolon en la naciaj reviviĝoj de la malfrua dekoka kaj deknaŭa jarcentoj: ĉe kelkaj lingvoj de meza Eŭropo, tradukoj de liaj dramoj markis ilian aperon kiel plene akredititaj literaturaj lingvoj – *Makbeto* en la ĉeĥa (1786), *Hamleto* en la hungara (1790), ekzemple.

El inter ĉiuj dramoj de Ŝekspiro, *Hamleto* estis plej ofte menciata kaj plej ofte laŭdata en la koncerna epoko, kaj la melankolia figuro de Hamleto mem fariĝis simbolo de la postromantika psiko. En fama eseo, Turgenev nomas Hamleton malhela kaj enigma figuro, kiu tamen "militas senhalte" kontraŭ la malbono kaj estas "neharmoniigeble malamika al malvero" kaj "per tiu sama kvalito fariĝas unu el la ĉefaj ĉampionoj de vero, kiun li mem ne kapablas plene kredi." Ĉe Dostojevski, kies verkaro estas trempita de lia legado de Ŝekspiro, *Hamleto* dominas; same estas ĉe Ĉeĥov (Stříbrný 2000).

Tiel, Zamenhof elektas por sia unua granda traduko verkiston eble plej universale rigardatan kiel supernature granda, amanton de libereco kaj amatan de la praktikantoj de nacia revivigo. Kaj li elektas el inter la verkoj de Ŝekspiro tiun teatraĵon plej universala konatan, interalie pro sia centra, konfliktoplena rolulo.

La semoj de tiu interesiĝo pri Hamleto kuŝas en la poemo *Mia Penso,* tiu poemo de Zamenhof plej identigebla kun la genezo de Esperanto kaj la internaj personaj konfliktoj de Zamenhof de la fruaj jaroj. Miaopinie, ĝi estas ankaŭ lia plej talenta poemo, frontanta la streĉon inter juneco kaj devo per kanto pri la espero kantata de amikino dum vespero. Mi analizis la poemon iom detale aliloke, kaj ĉi tie mi aldonos nur la rimarkon, ke la tensioj montrataj de la juna homo, kiu estas la parolanto de la poemo, estas la tensioj, kiujn la generacio de Zamenhof trovis en la figuro de Hamleto.

"Bone faritaj tradukoj estas la plej rapida kaj fidinda metodo por riĉigi lingvojn," skribis Jean le Rond d'Alembert (1717-83) en siaj *Rimarkigoj pri la Arto de Tradukado* (Ragnarsson 2006). Zamenhof esprimis similan opinion, instigante siajn esperantistajn kolegojn fronti la "malfacilajn taskojn" de tradukado ĉar "nur tiamaniere nia lingvo plene ellaboriĝos" (Kalocsay 1984: 58). Tradukoj devigas al la parolantoj de difinita lingvo solvojn al problemoj, kiujn ili ankoraŭ ne renkontis en la vera vivo, kaj teatraĵoj pleje proksimiĝas al transsalto de la fendo inter skriba lingvo kaj parola lingvo, finfine je riĉigo de ambaŭ. Kvankam ni povus supozi, ke versa dramo estas iom for de la ĉiutaga parolo, ĝi ludas alian rolon, iom kiel la jidaj poemoj de Zamenhof – ĝi malfermas la lingvon al solvoj de prozodio. Unu el la plej rimarkindaj karakterizoj de tiu ĉi traduko de *Hamleto* en novan lingvon estas la ŝajne facila Zamenhofa mastrado de la kvinjamba verso.

"Jam en 1894 Zamenhof eldonis tradukon de la tuta dramo *Hamleto,*" skribas William Auld en la revuo *Monda Kulturo.* "Ĝi estis lia unua ampleksa literatura traduko, kaj ĝi interalie servis por nekontesteble pruvi la esprimkapablon kaj elastecon de la nur sep jarojn aĝa nova lingvo. Ĝi radikigis la senrimajn kvinjambojn firme en Esperanto, kaj starigis kriteriojn, laŭ kiuj oni povis mezuri kaj juĝi la sukceson kaj poeziecon de ĉiuj postaj tradukoj." Atentigante, ke Zamenhof komencis sian tradukon kiam Esperanto havis maksimume nur ses jarojn, ĉar jam en artikolo de 1893 li citis el la tria akto de la dramo, Rossetti en 1987 deklaras, "La traduko *Hamleto* de Zamenhof estis ne nur armilo kontraŭ la klama agitado pri reformoj dum 1893/4, nek sole demonstro de la kulturaj ebloj de Esperanto, sed ĝi estis ankaŭ la aplomba aserto de juna genio prenanta, por ekzemplo, ne ian glate venkeblan klasikan tekston, sed eĉ unu el la plej timindaj ĉefverkoj de la monda literaturo."

Multaj esperantologoj (i.a. Boulton 1987) emfazis tra la jaroj la ŝlosilan pozicion de tiu ĉi verko en la evoluo de la lingvo, notante ankaŭ la relative malgrandan vortprovizon per kiu Zamenhof elturniĝis, kaj la fakton, ke li uzis plejparte vortojn, kiuj jam troviĝis en la vortaroj.[5] Sed rolas ĉi tie pli ol nura lingva evoluo. Ni ofte koncentras nian atenton al la procedo, per kiu la vortprovizo de Esperanto iom post iom konstruiĝis, sed ni emas forgesi la akompanaĵon de tiu vortprovizo, nome la semantikan terenon, kiu kuŝas malantaŭ la vortprovizo: Zamenhof ne nur kreis esprimojn en Esperanto, sed li enportis en la lingvon per kaj por tiuj esprimoj ankaŭ la semantikajn valorojn, kiuj fiksis ilian signifon.

Tiu komuna semantiko, kiu tiumaniere kreiĝis en la fruaj jaroj de la lingvo, estis ĉerpita el la komuna semantika heredaĵo de la eŭropaj lingvoj. Estas tute klare, ke la traduko de *Hamleto* estis ne nur persona defio al la juna Zamenhof, sed ankaŭ konscia klopodo fari per literaturo tion, kion li celis fari per la lingvo kaj la semantiko, nome preni en Esperanton, do kvazaŭ en la komunan kulturan heredaĵon de la nova lingvo, tiun ĉi ĉefverkon de la eŭropa kaj monda literaturo.

---

5   En 1907, la britoj John Ellis, Edward Millidge, Alfred Wackrill kaj Louisa Schafer, nome de la Lingva Komitato, notis 95 vortojn uzatajn en la Hamleta traduko, kiuj ne aperis en la *Universala Vortaro* de 1894 (Wackrill k.a. 1907, Lingva Komitato 1907). En posta noto en la sama jaro, Parisot aldonis pliajn sep, do entute 102. Setälä en 1951 trovis nur naŭ en la unua akto, sed Albault 1963 prave atentigis, ke plejparte tiuj vortoj aperis jam en la *Vortaro Rusa-Internacia* de 1889. Uzante la tabelon de Ludovikito (1989), mi komparis la liston de Ellis kaj liaj kolegoj kaj tiun de Parisot kun la radikoj aperintaj en la vortaro de 1889 kaj trovis entute 39 radikojn, kiuj aperas nek en 1889 nek en 1894 (kvankam en kelkaj kazoj jes en la franca vortaro de Beaufront de 1892).

La Esperanto-movado certe ne konsistigis nacion, sed Zamenhof prave komprenis, ke por igi ĝin vivi necesas krei por ĝi heredaĵon. Liaj tradukaj projektoj konsistigis parton de tiu programo. Alia parto de la programo estis krei kvazaŭ tujan folkloron. Tra pluraj jaroj, la patro de Zamenhof, mem lingvisto kaj poligloto, kolektadis proverbojn en diversaj lingvoj, komparante ilin kaj trovante abundajn paralelojn. Ankaŭ la filo interesiĝis pri proverboj: kiel ni vidis, en la Duan Libron de 1888 li metis mallongan liston en Esperanto. Marko Zamenhof publikigis tri kolektojn en 1905 kaj 1906, kaj Zamenhof filo produktis similan volumon plejparte el la samaj proverboj, sed nun en Esperanto. La *Proverbaro* de 1910 estis plia ekzemplo de la klopodo konstrui komunan pasintecon. Per sia traduko de *Hamleto* Zamenhof celis fari en literaturo tion kion li jam faris lingve kaj baldaŭ faros folklore.

Kiel mi klarigis aliloke ĉi-volume, Zamenhof esperantigis *Hamleton* ne nur por redoni la tekston en Esperanto, sed igi la tekston esperanta. Lia celo ne estis fideleco, sed alproprigo. La rezulto estis teksto, kiu ne ĉiam sekvis detale la komplikan signifon de la ŝekspiraj vortoj, kaj ne klopodis redoni la kompaktan denson de la originalo, sed kiu liveris per fluaj poeziaj versoj la esencon de tiu ĉi teatraĵo. Kiam, multajn jarojn pli poste, L. N. M. Newell decidis denove traduki la verkon, li aplikis tute aliajn principojn, emfazante fidelecon al la originalo kontraste al la nura redono de la spirito de la verko. Kvankam Rossetti helpis lin per kontrolo de la unuaj du aktoj, poste la du homoj kverelis. Giorgio Silfer (2004) citas el letero de Newell de 1966: "Rossetti insistas, ke oni povus verki la tradukon, kiel Shakespeare estus verkinta originale en Esperanto, se li estus hodiaŭa Esperantisto; mi kontraŭe insistas, ke tio estas absurdaĵo, kaj ke ni devas redoni kun la maksimuma fideleco tion, kion Shakespeare efektive diris..." Enkalkulante eventualan troigon ĉe Newell, oni klare vidas (kiel estas ankaŭ evidente en polemiko inter la du en *Heroldo de Esperanto* en la antaŭa jaro) du tute diversajn alirojn al la arto traduki – alirojn facile spureblajn en la traduka teorio.

La traduko de Newell havas siajn meritojn (vidu ekzemple la pritakson de Boulton), kaj same lia detala enkonduko al la traduko, sed la rezulto estas pli interesa kiel ŝlosilo al la angla teksto ol kiel signifa kontribuo al la tradukarto de Esperanto: Kiel mi jam rimarkis,

Newell estas por legi, Zamenhof ankaŭ por ludi. Rossetti eĥas tiujn teoriistojn, kiuj sugestas, ke teksto havas kvazaŭ sendependan nefizikan ekziston apartigeblan de sia manifestiĝo en difinita lingvo: el la virtualeco de la teksto aperas lingvaj versioj de tiu teksto. La Zamenhofa traduko estas tia manifestiĝo en Esperanto. Oni povas nur bedaŭri ke Zamenhof ne vivis sufiĉe longe por refari sian tradukon kun la scioj de Newell.[6]

Pri la limigoj de la Zamenhofa traduko pluraj aŭtoroj atestas. Waringhien, dum li laŭdas ĝenerale la tradukon, atentigas ekzemple pri la nekapablo de Zamenhof bone redoni la vortludojn kaj parolturnojn de la originalo (eĥas tiun kritikon ekzemple de Jong 1985, Rossetti 1987 kaj Pesce 1995). Tamen, aliaj, tute konsekvence, notas, ke Zamenhof ŝajne uzis germanan tradukon kaj eventuale eĉ ne rigardis la originalon.[7] Certe estas, ke la Zamenhofa scio de la angla lingvo estis tre neperfekta.[8] Sed restas la fakto, ke ĝuste tiun ĉi tekston Zamenhof elektis por elprovi kaj elpruvi sian lingvon. Pli ol ĉiuj aliaj indikoj, tiu elekto montras la ambicion kaj la altajn celojn de la juna iniciatoro de nia lingvo, kaj samtempe ĵetas interesan lumon sur lian psikan senton. Se Hamleto fariĝis parto de la heredaĵo de Esperanto, ĝi ankaŭ fariĝis parto de la animo de la iniciatoro.

Tion pruvas eksterordinara fakto. En la Vivo de Zamenhof de Privat, la aŭtoro citas el "kvarpaĝa papero", kiun oni trovis nefinita sur la skribotablo de Zamenhof post lia morto. En tiu papero, Zamenhof

---

6　La oka eldono de la traduko de Zamenhof aperis en la sama jaro kiel tiu de Newell – feliĉa koincido, kiu ebligis al la legantoj kompari la du tekstojn. Tiu oka eldono, sub redakto de D. B. Gregor, faris gravan servon, ĉar ĝi reiris al la teksto de la unua eldono, do la teksto de Zamenhof. Kiel Waringhien klarigas en sia "kritika aparato" de 1959, la dua eldono de 1902, eldonita ĉe Hachette, "estas multe malpli korekta ol tiu de 1894" ĉar ĝi enhavas diversajn ŝanĝojn enportitajn de Beaufront kaj eventuale ne aprobitajn de Zamenhof. La tria ĝis sepa eldonoj estis fakte represoj de la dua. La unua eldono efektive aperis felietone en naŭ partoj, ek de junio 1894, kiel parto de la per ĝi lanĉita Biblioteko de la Lingvo Internacia Esperanto. Vidu la notojn de Ludovikito en Zamenhof 1984:439 kaj Ludovikito 1998:123-124

7　Gregor (Zamenhof 1964) tion opinias, kvankam Rossetti sugestas, ke Zamenhof uzis anglan tekston kun helpo de germana. Banham, en cetere interesa analizo de la Zamenhofa traduko, rakontas, ke Stephen Andrew post detala pristudo de la Zamenhofa teksto konkludis, ke Zamenhof ne uzis Schlegel, sed pli malbonajn tradukojn. La demando ankoraŭ ne estas definitive solvita.

8　Vidu la ampleksan kolekton de materialo de Holzhaus pri tiu ĉi temo kaj la analizojn de Banham 1933, Plehn 1933, kaj Waringhien 1933.

rakontas interalie pri la perdo de sia religia kredo kaj la deprimiĝo,
kiu kaptis lin ĉirkaŭ la dekkvina kaj deksesa jaroj de lia vivo:

La tuta vivo perdis en miaj okuloj ĉian sencon kaj valoron. Kun
malestimo mi rigardis min mem kaj la aliajn homojn, vidante
en mi kaj en ili nur sensencan pecon de viando, kiu kreiĝis, oni
ne scias pro kio kaj oni ne scias por kio... Por kio mi vivas, por
kio mi lernas, por kio mi laboras, por kio mi amas? Ĉar estas ja
tiel sensenca, senvalora, tiel ridinda.

"Ho, kiel bestaj kaj abomenindaj / Aperas ĉiuj agoj de la mondo!"
deklaras Hamleto. "De mallonga tempo mi perdis," li diras al Rosen-
kranz kaj Guldenstern en la dua akto, "mian tutan gajecon, mi forĵetis
ĉiujn miajn ordinarajn okupojn, kaj mia humoro estas efektive tiel
nigra, ke la tero, tiu ĉi bonega konstruo, ŝajnas al mi nur nuda pinto."
Ĉu ĉe Zamenhof la frua renkontiĝo kun la ŝekspira Hamleto restis
tutan vivon? Eble jes.

Ĉe la fino de la paĝo troviĝis notoj por la sekvo, kiun Zamenhof
neniam kompletigis: ke en la deksepa jaro "Mi eksentis, ke eble morto
ne estas malapero...; ke ekzistas iaj leĝoj en la naturo...; ke io min
gardas al alta celo..." Por citi Hamleton: la resto do – silento.

CITITAJ VERKOJ

Albault, André. 1963. La Zamenhofa Hamlet-traduko. *Esperanto* 56:136.
Anderson, Benedict. 1991. *Imagined Communities.* Reviziita eldono.
London: Verso.
Auld, William. 1997. La enigmo pri Hamleto. En Auld, *Pajleroj kaj stoploj.*
Roterdamo: Universala Esperanto-Asocio. 235-249. (Represita el
Monda Kulturo 13, 1965)
Banham, Frank R. 1958. Recenza relativeco. *Nica Literatura Revuo.*
3/4:152-159, 3/5:188-192.
Banham, [Frank] R. 1933. Pri la lingvoscio de Zamenhof. *Literatura
Mondo.* Dua periodo. 3/2-3:42.
Boulton, Marjorie. 1960. *Zamenhof, Creator of Esperanto.* London:
Routledge and Kegan Paul.

Boulton, Marjorie. 1962. *Zamenhof, aŭtoro de Esperanto.* La Laguna: Régulo.

Boulton, Marjorie. 1987. La evoluado de Esperanto observita tra tradukoj de ŝekspiraj dramoj. En Geraldo Mattos, red. *Centjara Esperanto.* Chapecó, Brazilo: Fonto. 39-62.

de Jong, Rejna. 1985. Studo pri la transdono de kelkaj ŝekspiraj vortludoj. *Fonto* 5/59:35-37.

Hobsbawm, Eric k Terence Ranger, red. 1983. *The Invention of Tradition.* Cambridge: Cambridge University Press.

Holzhaus, Adolf. 1970. Lingvoscio de L.L. Zamenhof. En Holzhaus, *Doktoro kaj lingvo Esperanto.* Helsinki: Fondumo Esperanto. 19-204.

Janton, Pierre. 1975. *Enkonduko al Ŝekspiro.* Liège: Someraj Universitataj Kursoj.

Kalocsay, Kálmán. 1985. *Dek prelegoj.* Budapest: Hungara Esperanto-Asocio.

Le Joyant, R. 1907. Hamleto. *Lingvo Internacia* 386-99. (Plejparte traduko el *Les Deux Masques* de Paul de Saint-Victor)

[Lingva Komitato]. 1907. Vortoj ĉerpitaj el *Hamleto. Lingvo Internacia* 12/7:315-316.

Ludovikito. 1989. Promenado tra la komenctempaj vortaretoj. En Ludovikito, *Unua etapo de esperanto.* Iom reviziita plena verkaro de L. L. Zamenhof, originalaro 1. Kioto: Eldonejo Ludovikito. 767-895.

Ludovikito. 1998. *Historieto de Esperanto.* Tokio: Libroteko Tokio.

Ludovikito, red. 1986. *Post la iel-tiela kompletigo.* Iam kompletigota plena verkaro de L. L. Zamenhof, kromkajero 2-bis. Kioto: Eldonejo Ludovikito.

Ludovikito, red. 1991. *Destino de ludovika dinastio 1907-1917.* Iom reviziita plena verkaro de L. L. Zamenhof, originalaro 3. Kioto: Eldonejo Ludovikito.

Mijake Ŝihej, red. 1935. *El tragedioj de Shakespeare.* Tokyo: Japana Esperanto-Instituto.

Newell, L.N.M. 1964. Enkonduko. En William Shakespeare, *Hamleto Princo de Danujo,* trad. Newell. La Laguna: Régulo. 9-41.

Newell, L.N.M. 1965. *Hamleto* – fidelismo aŭ artismo. *Heroldo de Esperanto* 41/8:2. (Respondo al la recenzo de *Hamleto* de Reto Rossetti)

Parisot, Jean. 1907. Pri la vortoj ĉerpitaj el *Hamleto. Lingvo Internacia* 395-396.

Pesce, Daniele. 1995. Kelkaj rimarkoj pri la Zamenhofa Hamleto. *Heroldo de Esperanto* 71/7:3

Plehn, Hans Joachim. 1933. Iom pri la lingvoscioj de Zamenhof. *Literatura Mondo.* Dua periodo. 3/6:81-83.

Privat, Edmond. 1957. *Vivo de Zamenhof.* Kvara eld. Rickmansworth: Esperanto Publishing Co.

Ragnarsson, Baldur. 2006. Ŝekspiraj tradukoj: Kelkaj konsideroj. *Esperanto* 99:196-197 k 204.

Rossetti, Reto. 1965. Superi Zamenhof? *Heroldo de Esperanto* 41/6-7:6. (Recenzo de la traduko de Newell)

Rossetti, Reto. 1987. Esti aŭ ne esti ... vortluda? *Literatura Foiro* 18/101:12-14.

Setälä, Vilho. 1951. La Zamenhofa Hamlet-traduko. *Esperantologio* 1:201-204.

Silfer, Giorgio. 2004. Kabe, Kalocsay, Newell. *Literatura Foiro* 35/208:79-80.

Stříbrný, Zdeněk. 2000. *Shakespeare in Eastern Europe.* Oxford: Oxford University Press.

Thorsen, Poul. 1949. La originala historio de Hamleto (Amled). *Literatura Mondo.* 3-a periodo. 3:113-117.

[Thorsen, Poul?]. 1964. Hamlet kaj la 'norda peko'. *Norda Prismo* 10/2:52-54.

Tonkin, Humphrey. 1966. *Shakespeare in Esperanto: A Bibliography / Shakespeare en Esperanto: Bibliografio 1894-1965.* London: CED.

Tonkin, Humphrey. 2002. The Role of Literary Language in Esperanto. In Klaus Schubert, ed. *Planned Languages: From Concept to Reality.* Brussels: Hogeschool voor Wetenschap en Kunst.

Tonkin, Humphrey. 2002. *La Espero*: Esperanto-poetoj pri Esperanto. In Roy McCoy, ed., *Internacia Kongresa Universitato, Fortalezo, Brazilo 3-10 aŭgusto 2002.* Rotterdam: Universala Esperanto-Asocio. 46-67.

Tonkin, Humphrey. 2004. Pri tradukado en Esperanto. *Literatura Foiro* 35/208:71-80.

Trepínski, Antoni. 1965. The Kraszewski edition of Shakespeare's works. In Stanisław Helsztyński, ed. *Poland's Homage to Shakespeare.* Warsaw: PWN – Polish Scientific Publishers. 55-67.

Wackrill, Alfred E. et al. 1907. Vortoj ĉerpitaj el *Hamleto. Esperantista Dokumentaro: Lingva Komitato.* Dokumento 1.

Waringhien, Gaston. 1959. *Lingvo kaj Vivo.* La Laguna: Régulo.

Waringhien, Gaston. 1933. Pri la lingvaj scioj de Zamenhof. *Literatura Mondo.* Dua periodo. 3/9:142.

Waringhien, Gaston. 1956. Hamleto: Princo-detektivo aŭ princo de l' detektivoj. En Waringhien, *Eseoj 1: Beletro.* La Laguna: Régulo. 21-32. (Represita en Waringhien, *Beletro, Sed Ne el Katedro,* Antverpeno: Flandra Esperanto-Ligo, 1987:20-31)

Waringhien, Gaston. 1987. Hamleto kaŝas en si Purgatorion. *Literatura Foiro* 18/105:18-19.

Zamenhof, L., trad. 1894. *Hamleto / Reĝido de Danujo / Tragedio en Kvin Aktoj de V. Ŝekspir.* Nurnbergo: W. Tümmel.

Zamenhof, L., trad. 1902. *W. Shakespeare / Hamleto / Reĝido de Danujo / Tragedio en Kvin Aktoj.* Nova [2-a] eldono. Paris: Librairie Hachette.

Zamenhof, L., trad. 1964. *Hamleto, Reĝido de Danujo.* Red. D.B. Gregor. Oka eldono. Marmande: Editions Françaises d'Espéranto.

Zamenhof, L. L. 1973. *Unuaj libroj por esperantistoj.* Red. Ludovikito. Iam kompletigota verkaro de L. L. Zamenhof, kajero 1. Kioto: Eldonejo Ludovikito.

Zamenhof, L. L. 1984. *De Patronia al Ŝekspir.* Red. Ludovikito. Iam kompletigota verkaro de L. L. Zamenhof, parto 2, vol. 1. Kioto: Eldonejo Ludovikito. (La libro enhavas fotorepreson de la unua eldono de *Hamleto* kun historiaj notoj.)

Zamenhof, L. L. 1992 (1903). *Fundamenta krestomatio de la lingvo Esperanto.* 18-a eld. Prinotita de G. Waringhien. Roterdamo: Universala Esperanto-Asocio. (La libro enhavas la unuan akton de *Hamleto* laŭ la unua eldono)

5. Sándor Szathmári kaj *Kazohinio*

Iujn verkistojn de romanoj motivas la deziro komponi, aliajn motivas ilia interesiĝo pri ideoj. La hungara verkisto Sándor Szathmári (1897-1974) apartenas al la dua kategorio. Laŭprofesie inĝeniero, Szathmári malfrue turniĝis al serioza verkado, lanĉante siajn talentojn en la fruaj 1930-aj jaroj al trilogio de romanoj, unu situita en la pasinteco, dua en la nuntempo, kaj unu en estonteco. Li nomis ilin *Hiába* – Vane. "Laŭ mia konvinko esenca manko estas en la homa naturo mem," li skribis. Ĉiu socia reformo siavice kondukas al nova degenero: "El la sango de la profetoj ĉiam elkreskos nova tiranismo." Okaze de ĉiu revolucio, la homoj supozas, ke oni atingis definitivan pliboniĝon, sed temas nur pri antaŭludo al nova renverso, subfosita de la homa egoismo kaj krueleco.[1]

Szathmári estis aparte influata de du verkistoj – la britirlanda Jonathan Swift, kiu en la kvara parto de *La vojaĝoj de Gulivero* priskribas la viziton de Gulivero al la ĉevalsimilaj raciistoj la Henhenoj (Houyhnhnms) kaj iliaj sklavoj la degeneraj homsimilaj Jahuoj (Yahoos); kaj la hungara Imre Madách, kies monumenta drama poemo en dekkvin "bildoj", *La tragedio de l' homo* (1860), priskribas kiel, tra la historio, la homoj daŭre strebas al pli bona estonteco, alterne inter kolektivismo kaj individuismo, sed daŭre kaj ripete perdas siajn esperojn – subfositajn de la homa naturo. En la dekdua Bildo, la protagonisto, la daŭre optimisma Adamo kaj la realisto Lucifero (Goethe kaj Milton kvazaŭ apudas la rakonton), vizitas falansteron, t.e. socialistan utopian komunumon dediĉitan al la scienco (la terminon kreis la franca utopia socia reformisto Charles Fourier). Tie ili vidas ĉiujn bestojn, mutaciintaj por plenumi homajn bezonojn, kaj ili ekscias, ke la homoj mem forĵetis tiujn partojn de la homa naturo kiuj produktas konkurencon kaj la dominadon de homa pasio. Ilia gvidanto, la Scienculo, kiu promenigas ilin tra la muzeo de la komunumo, deklaras:

---

1   Resumo el Tófalvi 1995.

Nu, jen la lasta rozo, kiu floris
Sur nia Tero. Senutila flor'.
La lokojn plej fekundajn ĝi milope
Okupis kaj forprenis de la spikoj.
Ludil' ŝatata de infanoj grandaj!
Mirinde, vere, kiel oni ĵetis
Avide sin post tiaj ludiletoj.
Kaj florojn ĝermis ankaŭ la spirito:
Revaĵojn de la poezi' kaj kredo.
Ĝin lulis brakoj de trompemaj sonĝoj,
Plej bonajn fortojn ĝi malŝparis kaj
Vivcelon sian lasis senkultura.
Du tiajn verkojn, kiel maloftaĵojn,
Konservis ni. La unu, jen, poemo.
Verkinton ĝian – tiutempe, kiam
Ankoraŭ la individu' deziris
Sin valorigi kun sinfido kulpa –
Homeros oni nomis.

(tr. Kalocsay, p. 192)

Tria influulo estis Frigyes Karinthy (1887-1938), kies eksterodinaraj
kaj nesufiĉe konataj romanetoj *Faremido* (1916) and *Kapilario* (1921)
priskribas, respektive, mondon de estaĵoj konsistanta el neorgana
materio kiuj tamen eltrovis la sekretojn de la naturo, kaj submaran
matriarkan mondon de potencaj virinoj kaj obeemaj viroj. La
enloĝantoj de Faremido (kies nomo estas derivita el la solfeĝa gamo,
kiu formas la bazon de ilia [kantata] lingvo) estas efektive *robotoj*,
nomo inventita nur kelkajn jarojn pli frue de la ĉeĥa dramverkisto
Karel Čapek en ties teatraĵo *RUR* (1921).

Flankenmetante sian neeldonitan sed plejparte kompletigitan
trilogion, en 1935 Szathmári turnis sin al nova projekto, *Vojaĝo al
Kazohinio*, kies bazo estis la dua romano de la trilogio. Karinthy jam
verkis siajn du romanetojn kvazaŭ la kvina kaj sesa partoj de la (kvar-
parta) *Vojaĝoj de Gulivero*. En *Kazohinia* Szathmári uzas similan tru-
kon, kvankam la insulo nomata Kazohinio estas multrilate fasonita
laŭ la kvara vojaĝo de Gulivero. La lokon de la Henhenoj nun prenas

la Hinoj, komplete racia popolo, kiuj jungis la teknologion por servi iliajn bezonojn kaj kiuj posedas ĉion komune; la lokon de la Jahuoj estas okupata de la Behinoj, malpura, malbela aro da stultuloj kaj frenezuloj, emaj al perforto kaj tute neracia konduto. La Behinoj loĝas en rezervejoj, tute for de la Hinoj, de kiuj ili estas plene dependaj. Dum la Henhenoj de Swift notindas pro sia amikeco kaj bonkoreco (kiel Gulivero ripete atentigas), al la Hinoj tute mankas homaj emocioj kaj iliajn rilatojn fiksas pure konveno kaj neceso. Ili ne parolas se ili havas nenion por diri kaj, havante neniujn malvirtojn, ili ankaŭ ne havas ligojn de virto. Mallonge dirite, ili estas produktoj, kvazaŭ la logika konkludo, de perfekta kolektivismo, same kiel la Behinoj estas manifestiĝoj de mania individuismo.

La historio de la romano *Kazohinio* estas preskaŭ tiel eksterordinara kiel ĝia enhavo. Same kiel Karinthy, kies apliko de solfeĝo en *Faremido* estis prenita el Solresol, la planita internacia lingvo de la franca lingvisto Sudre (lingvo kiun oni povis egale kanti aŭ paroli – tiel ligante melodion kaj lingvon),[2] Szathmári kiel junulo ekinteresiĝis pri Esperanto, planlingvo de tute alia speco kiu jam havis milojn da adeptoj tra la mondo. Ne estas klare ĉu li verkis *Kazohinia* originale en Esperanto aŭ en la hungara (iuj diras hungara, sed Szathmári mem implicas ke temas pri Esperanto).[3]

Tio kion ni ja scias estas, ke liaj unuaj klopodoj publikigi la verkon estis Esperantaj: li sendis la manuskripton de la romano al la eldonejo Literatura Mondo, en Budapeŝto; oni akceptis ĝin por publikigo, sed la malboniĝanta ekonomia kaj politika situacio kondukis al fermiĝo de Literatura Mondo antaŭ ol povis aperi la romano. Li je tiu stadio (laŭŝajne) tradukis la Esperanto-tekston en la hungaran kaj sukcesis trovi eldonejon, kiu publikigis ĝin, en malongigita formo pro la damaĝoj de la milita cenzuro, en 1941. Postmilite, dua eldono, en kiuj la tranĉoj estis reenmetitaj, aperis en 1946, kaj tria en 1957. En 1975 angla traduko de Inez Kemenes aperis en Budapeŝto ĉe Corvina Press. Tiun tradukon oni reeldonis en Usono en 2012 ĉe New Europe Books.

---

2   Albani k Buonarroti 1994: 382-383.

3   Vilmos Benczik, "Postparolo" al *Perfekta Civitano* (1988). Szathmári, "Mia vivo kaj verkado," epilogo al *Maŝinmondo* (1964), p. 179.

Nur en 1958 la romano aperis en Esperanto, kun antaŭparolo de Kálmán Kalocsay. En 1962 sekvis *Maŝinmondo,* kolekto de noveloj, kies laŭtitola rakonto (en kiu rolas la brita verkisto kaj futuristo H. G. Wells) priskribas mondon en kiu la homoj, kiuj transdonis al maŝinoj la bonfarton de sia lando, iom post iom trovas sin anstataŭataj de tiuj maŝinoj, kies raciista interpreto de la nocio de "bonfarto" igas la homojn ribeli kaj la maŝinojn neniigi ilin. Se tiu rakonto retrorigardas al *RUR* de Čapek, ĝi samtempe anticipas la hodiaŭan debaton pri la rolo de artefarita inteligento kaj ties kapablo enkalkuli aŭ ignori etikajn konsiderojn.

De la 1930aj jaroj ĝis sia morto en 1974, Szathmári restis aktiva en la Esperanto-movado, precipe kiel verkisto.[4] Havante kontinuan tradicion de parolantoj kaj literatura produktado, tra multaj jaroj, la Esperanto-movado liveris al li malgrandan sed fidelan legantaron, liberan el la limigoj de publikigo en la hungara lingvo, sub subprema kaj sintruda reĝimo. *Kazohinio* fariĝis signifa mejloŝtono en la historio de la romano en Esperanto, interalie ĉar ĝiaj originoj ĝuste troviĝis ekster la fluo de la pure Esperanta literatura tradicio. Ĝi kondukis, rekte aŭ nerekte, al florado de sciencfikcia verkado en Esperanto (la konata usona sciencfikcia aŭtoro Harry Harrison estis esperantisto), kaj al signifa kresko en la produkto de romanoj en Esperanto ĝenerale (multe pli ol duono de la romanoj en Esperanto aperis ene de la pasintaj 40-50 jaroj). En la fruaj 1990aj jaroj, dank' al la streboj de la konata esperantistino Éva Tófalvi, la manuskripto de *Hiába* estis retrovita, kaj la tria parto de la trilogio *Vane: La estonto* aperis en la hungara (1991). *Perfekta civitano,* kompleto de la noveloj de Szathmári, elfosita el diversaj Esperanto-periodaĵoj, estis publikigita jam en 1988.

Multa polemiko ĉirkaŭas la interpretadon de *Kazohinio.*[5] Iuj konsideras ĝin utopia modelo – vizio, pere de la mondo de la Hinoj, de perfekta kolektivismo. Ili montras al la absurdo de la argumentoj de Gulivero fronte al tiuj de la Hinoj – ne rekonante, ke tia absurdo estas esenca la la satira klingo: la nomo mem de Gulivero en la angla implicas kredemon, naivecon (angle *gullibility* eĉ se la nomo finiĝas per la latina radiko *ver*). Postskribe al la anglalingva traduko de 1975, Dezső

4   Sutton 2008: 305-311.

5   Vidu, ekzemple, Dumain 2013

Keresztury eĉ sugestas, ke la romano prezentas "profetan imagon de la perfekta vivo kiun Szathmári prezentas kiel ekzemplon al la sana homaro." La celo de la vizio de la Behinoj, aldonas Keresztury, estas "atribui aldonan emfazon al la beleco kaj vero de la vivmaniero de la Hinoj". Indas aldoni, ke Keresztury tamen rekonas la satiran karakteron de la romano, sed oni malfacile povas eviti la konstaton, ke li mislegas la tonon de Szathmári – eble pro mislokita insisto loki la aŭtoron en Marksistan tradicion (la postparolo de Vilmos Benczik por la novelaro *Perfekta civitano* nomas la verkon Kazohinio "kontraŭkapitalista satiro"). En sia enkonduko al *Maŝinmondo* (1964) William Auld laŭdas la romanon elstara satira verko, aldonante, ke la ĝenro satiro esprimiĝas per ironia rilato al la realo: satiristo malpli celas prezenti koheran fikcian vidpunkton al la mondo, ol kapti oportunajn okazojn por mallaŭdi kaj bagateligi normalajn morojn. Sufiĉas rekoni la propran aserton de Szathmári pri sia ŝuldo al Madách kaj pri sia strikta edukiĝo kiel Protestanto en plejparte katolika lando por ekkonstati lian konscion de la neforviŝeblo de la Originala Peko. Kiel la angla poeto Milton kaj ties prezento de la doktrino de la Feliĉa Falo, Szathmári estis fascinata de la ŝancela oscilado de la homaro inter Bono kaj Malbono.

En lia verkaro la satira tono konstante evidentas. En informoplena artikolo "Klarigoj al *Vojaĝo al* Kazohinio" aperigita en *Sennacieca Revuo* en 1960, du jarojn post publikigo de la Esperanto-versio, Szathmári skribis:

[En] la hodiaŭa civilizacio, la teknika ekipaĵo ebligus al la homaro la abundan, trankvilan vivon sen timoj, kaj tamen la mondo vivas en mizero. Ju pli leviĝas la produktkapablo, des pli grandan procenton de la socia laboro konsumas la preparo al milito. La hodiaŭaj militoj donas profiton nek al la venkanto, nek al la venkito. La milito donas nur suferojn kaj malgajnon al ĉiu. Materia gajno povas estiĝi nur el paco kaj laboro. Kial tamen la mondo militas, aŭ minimume militas nun, kiam la milito delonge perdis sian materian celon?

La kaŭzo estas, ke la homo ankaŭ hodiaŭ havas la samajn instinktojn, kiujn li havis en la praepoko; kiam mankis la produktado, la homo manĝis nur tion, kion donis la naturo mem kaj kion li devis akiri per lukto kaj batalo kontraŭ la naturo kaj unu kontraŭ la alia.

Nuntempe la homojn incitas unu kontraŭ la alian sole niaj atavismaj instinktoj, kiuj jam estas superfluaj, eĉ malutilaj, sed kiujn ni ne povas forigi el nia naturo. Amo, malamo, etiketo, modo, vetludo, arto, kolektivaj pasioj (ekz. filatelio), partioj, religiaj antagonismoj, ĉiuj funkcias nur por satigi nian batalinstinkton: superi la alian homon. Eĉ la klasa aŭ nacia subpremo havas nenian materian celon: ĝi celas nur la subpremon mem.

Estas malfacile, eĉ absurde, akcepti tiujn asertojn trankvile kaj senkritike: Szathmári ĉi tie celas prezenti tezon, argumentan komencopunkton, pli ol vizion de la estonteco. Nur satiristo povus kompari filatelion kun Eterna Perdiĝo... nur miopulo povus akcepti laŭvorte tiun propozicion.

La koncerna propozicio de Szathmári estas esence grava. Ĝi reportas nin al la etiko de maŝinoj: dum ni fariĝas ĉiam pli kapablaj fasoni nian ĉirkaŭaĵon, aŭ igi maŝinojn tion fari, kian mondon ni deziras konstrui, kaj, konsiderante la obstaklojn, kiel komenci la konstruadon? Szathmári ne proponas respondojn, same kiel Swift tion ne faras. La Gulivero de Swift, reveninte al Anglujo, pasigis "almenaŭ kvar horojn tage" konversaciante kun siaj ĉevaloj; la Gulivero de Szathmári obsediĝas pri repago de sia vivasekuro al la asekura kompanio. Ĉu eble ni povos, uzante la proprajn lertojn, iom pli bone elturniĝi?

CITITAJ VERKOJ

Albani, Paolo, k Berlinghiero Buonarotti. 1994. *Aga Magéra Difúra: Dizionario delle lingue immaginarie.* Bologna: Zanichelli.

Dumain, Ralph. 2013. Reflections on the Kazohinia Seminar. http://utopianseminar.commons.gc.cuny.edu/2013/03/20/

Karinthy, Frigyes. 1980. *Vojaĝo al Faremido / Kapilario.* Budapest: Hungara Esperanto-Asocio.

Madách, Imre. 1924. *La tragedio de l' homo,* trad. K. Kalocsay. Budapest: Hungara Esperanto-Instituto.

Sutton, Geoffrey. 2008. *Concise Encyclopedia of the Original Literature of Esperanto.* New York: Mondial.

Szathmári, Sándor. 1958. *Vojaĝo al Kazohinio.* Paris: Sennacieca Asocio Tutmonda.

Szathmári, Sándor. 1964. *Maŝinmondo.* La Laguna (Spain): Régulo.

Szathmári, Sándor. 1960. Klarigoj al *Vojaĝo al Kazohinio. Sennacieca Revuo* 88: 47-53.

Szathmári, Sándor. 1988. *Perfekta Civitano.* Budapest: Hungara Esperanto-Asocio.

Tófalvi, Éva. 1995. La du testamentoj de Sándor Szathmári. *Fonto* 178 (okt. 1995): 25-30.

6. En la valo de mirindaĵoj:

Clarence Bicknell, poeto, pionira esperantisto, sciencisto[1]

Enkonduke

Clarence Bicknell (1842-1918) estis inter la unuaj britoj kiuj lernis Esperanton. Ano de prospera industriista familio, kiu estis samtempe patrono de la artoj, li studis matematikon en la Kembriĝa Universitato kaj poste, altirate de aferoj de la spirito, fariĝis anglikana pastro servanta anglan komunumon ĉe la nord-itala marbordo. Tie li ankaŭ aktivis por Esperanto, estante unu el la fondantoj de la itala Esperanto-movado. La limigoj de organizita religio pli kaj pli deprimis lin kaj li forlasis la eklezion ne tiom pro manko de fido kiom pro vastiĝo de tiu fido al la larĝa esplorado de la naturo kaj la homoj. Li studis botanikon intense, kaj poste esploris la prahistoriajn homfaritajn gravuraĵojn kiujn li trovis sur la alpaj rokoj de la apuda montaro. Iasence, la tuta mondo fariĝis lia preĝejo – kaj la unueco de la homaro en la spirito de Esperanto estis elemento en tiu kredo. Li verkis poemojn kaj prozaĵojn en Esperanto, abunde tradukis, kaj vojaĝis al la fruaj Esperanto-kongresoj. La nuna eseo esploros la post-Darvinan mondkoncepton tra la pensoj kaj agadoj de tiu esperantista pioniro.

La Biblioteko Bicknell

Antaŭ kelkaj jaroj la Itala Esperanto-Federacio invitis min prelegi en la Muzeo kaj Biblioteko Bicknell, en Bordighera, urbo ĉe la liguria marbordo inter Sanremo kaj la franca landlimo. Tiu angulo de Italio, kie la montoj descende tuŝas la maron, estas loko de iamaj etaj fiŝkaptistaj vilaĝoj dismetitaj laŭ la roka bordo, fekundaj apudmaraj valetoj, urbetoj konstruitaj sur montetojn antaŭ jarcentoj por ŝirmi

1 Aperis unue en 2017 en Amri Wandel, ed. *Internacia Kongresa Universitato: 70-a Sesio, Seulo, Suda Koreio, 22-29 julio 2017.* Rotterdam: Universala Esperanto-Asocio, 109-125.

sin kontraŭ nordafrikaj piratoj, riĉa botanika diverseco, kaj, sekve, grandiozaj ĝardenoj. Malantaŭ la vilaĝoj kaj la maraj somerdomoj leviĝas la sudaj ekstremoj de la Italaj Alpoj, kie la tereno rapide nudiĝas kaj fariĝas rokoplena dum oni grimpas montaren, sed kie tranĉas la montojn profundaj kaj riĉaj valoj kies krutaj flankoj plonĝigas ilin en ombrojn. La malfacila tereno rezultigis malfruan alvenon de la fervojo kaj ebligis evoluigon de nur mallarĝa rubando de tero tuj apud la maro, tiel ke, spite la novajn banlokojn, la regiono ankoraŭ retenas ioman etoson de antikvo kaj kontinuo. La altaj deklivoj garantias mildan klimaton kaj la abunda pluvo kontribuas al la riĉeco de la vegetaĵoj.

La Federacio taskigis min trakti la vivon kaj atingojn de Clarence Bicknell, anglo kiu en 1888 konstruis la Bibliotekon Bicknell, nun sidejo de la Internacia Instituto pri Liguriaj Studoj, fako de la Ĝenova Universitato. Bicknell, kiel ni notis, estis frua adepto de Esperanto kaj frua Esperanto-poeto. Li estis ankaŭ amatora botanikisto kaj arkeologo de konsiderinda talento.

Bicknell konstruis sian bibliotekon por servi la anglan komunumon de Bordighera. Anglan interesiĝon pri la liguria marbordo stimulis la publikigo en 1855 de populara romano, *Doctor Antonio,* kies scenejo estis tiu regiono kaj kiun verkis itala rifuĝinto en Anglio, Giovanni Ruffini.[2] En 1857, loka kuracisto en Sanremo, iu d-ro Panizzi, aperigis artikolon en la ĉefa londona ĵurnalo *The Times* en kiu li laŭdis la medicinajn avantaĝojn de la milda klimato de la regiono kaj instigis al vizitoj. La Hotelo Londra (Londono) estis konstruita en Sanremo en 1860; baldaŭ sekvis la Hotelo Royal. Jam en la 1870aj jaroj la bona reputacio de la marbordo inter Ventimiglia ĉe la okcidento, tra

---

2 La eldonisto de lastatempa eldono de la libro priskribas ĝin jene: "Haltigitaj pro kaleŝa akcidento en malgranda gastejo ĉe la Itala Riviero, Sir John Davenne kaj lia bela, delikata filino Lucy sin alkutimigas al tiu ĉi stranga lando, ĝia popolo kaj iliaj kutimoj. Sub gvido de la mistera Doktoro Antonio ili iom post iom enamiĝas al la lando kaj ĝia popolo, eĉ kiam ĝi disŝiriĝas pro la lukto por unuiĝo. Atingante eksplodan klimakson antaŭ la kulisoj de la leviĝo de 1848, tiu ĉi rakonto de amo kaj perdo ĉe la Riviero prezentas riĉan tapiŝon de la liguria vivo kaj angla socio de la meza deknaŭa jarcento. Verkante en ekzilo en Anglio, Ruffini kombinis klaran rigardon al la strangaĵoj kaj moroj de la angla aristokrataro kun la sopirado al sia hejmlando fare de ekzilito. Li skizas ambaŭ fenomenojn lerte kaj ame, kaj li aldonas aktualan komentarion pri la multaj maljustaĵoj de la epoko. Hodiaŭ, la rakonto donas fenestron en la pasintecon kaj mirinde ekzemplas klasikan verkadon dum la ora epoko de viktoriana fikcio."

Bordighera, al Sanremo oriente estis firme starigita inter monhavaj britoj, kiuj pasigis la vintrajn monatojn tie, revenante al Britio dum la varmaj someraj monatoj. La malfermo de la fervojo liganta Nicon en Francio kun Ĝenovo en la fruaj 1870aj jaroj igis tiujn italajn urbojn facile atingeblaj el norda Eŭropo, eĉ se la trakojn de tempo al tempo detruis rokofaloj kaj kolapsoj pro la malfacile trapasebla tereno.

La ekapero de brita turismo en la liguria regiono estis nur plia manifestiĝo de la brita interesiĝo pri Italio. La urbo Livorno, pli sude kaj oriente, jam delonge havis siajn britajn vizitantojn. La poeto Percy Bysshe Shelley estis kremaciita sur la strando de Livorno post sia droniĝo dum vizito al la poetoj Byron kaj Leigh Hunt. John Keats konsideris la urbon Livorno antaŭ sia decido tamen iri al Romo por kuraci malsukcese sian tuberkulozon. Ankaŭ en Ĝenovo ekzistis brita komunumo. Nun, post la Tria Sendependiĝa Milito en 1866, kiu esence unuigis la italan regnon, la britoj komencis alvenadi eĉ pli multnombre.

Inter ili estis la pejzaĝa pentristo kaj akvarelisto Edward Lear, fama ankaŭ pro siaj tielnomataj "sensencaj" rimaĵoj – parodioj kaj infanaj poemetoj kiuj delikate mokis la iom pezan viktorianan poezian stilon de la epoko. Dumviva fraŭlo, Lear travagis Eŭropon, Mez-orienton kaj Hindion serĉante temojn por siaj pentraĵoj, sed fine decidis instali sin en Sanremo, kie li konstruigis al si domon en 1870. Li daŭrigis sian vagadon, sed inter tiuj vojaĝoj kreis fekundan ĝardenon al kiu li dediĉis ĉiam pli da tempo dum sia interesiĝo pri botaniko kreskis. Post kelkaj jaroj, la konstruo de nova hotelo sur apuda parcelo necesigis translokiĝon al alia novkonstruita domo kun eĉ pli riĉa ĝardeno.

Ĉe la alia fino de tiu ĉi angla marbordo, apud Ventimiglia, en 1867, la londonano Sir Thomas Hanbury kaj lia frato, botanikisto Daniel Hanbury, komencis starigi vastan botanikan ĝardenon ĉe la vilaĝo La Mortola. La reĝino Victoria vizitis ĝin en 1882 – kaj Mussolini renkontiĝis tie kun la hispana diktatoro Francisco Franco en 1939. Hodiaŭ la Universitato de Ĝenovo prizorgas la ĝardenon. La familio Hanbury kontaktiĝis diversmaniere kun kaj Edward Lear kaj Clarence Bicknell.

Se temas pri Bordighera, baldaŭ ĝi fariĝis unu el la plej popularaj mediteraneaj lokoj por anglaj suferantoj je tuberkulozo, pro la aparta pureco de sia aero. Ili tie pasigis la vintron kaj, se ili havis sufiĉajn financajn rimedojn, pasigis la someron en sanatorioj en la svisaj alpoj. La milda klimato de Bordighera allogis anglajn loĝantojn kaj vizitantojn en konsiderindaj kvantoj – sanajn same kiel malsanajn. Kutime, eĉ se ili posedis domojn en la ĉirkaŭaĵo, tiuj loĝantoj preferis nur vintrumi en Italio, reirante al sia hejmlando dum somero. Kaj temis ne nur pri angloj sed ankaŭ pri germanoj, rusoj kaj aliaj.

Baldaŭ la angla kaj alilanda vintra loĝantaro pligrandis eĉ ol la loka itala. Vendejoj kaj bankoj malfermiĝis por priservi ilin, malgranda angla preĝejo estis konstruita sur grundo apartenanta al s-ino Rosa Fanshawe Walker, apud ŝia Villa Rosa.[3] La preĝejo rapide fariĝis tro malgranda por kontentigi la bezonojn de la anglaj vizitantoj, kaj en 1884 oni pligrandigis ĝin. Aperis ĉiusemajna gazeto, kiu notis la alvenojn kaj forirojn de konataj anglaj familioj. Ekestis modesta biblioteko kiu cirkuligis anglalingvajn librojn. Baldaŭ aldoniĝis la biblioteko kaj muzeo Bicknell.

La biblioteka domo restas relative netuŝita depost sia konstruiĝo. La terpeco kie oni konstruis ĝin situas apud la Via Romana, proksime al pluraj el la plej imponaj vilaoj de tiu epoko. Tiun terenon antaŭe okupis parto de la larĝa kaj legenda ĝardeno de la fruktokomerca magnato Francesco Moreno, kiu bankrotis en la mezaj 1880aj jaroj. Tuj antaŭ tiu katastrofo, la franca pentristo Claude Monet pasigis la fruajn monatojn de 1884 en Bordighera, pentrante en la ĝardenoj de Moreno. Alia loka grandulo estis la arkitekto de la Pariza Operejo, Charles Garnier, kiu konstruigis sian propran vilaon en Bordighera kaj arkitektis plurajn aliajn domojn en la urbo.

La bibliotekon Bicknell oni atingas laŭ mallarĝa vojeto. La tordita trunko de enorma kaj antikva banjano, *Ficus Magnolioides,* donas ombron al la enireja barilo; fakte ĝi jam flankenpuŝis ĝin. Tiu arbo (posteulo, plantita de Clarence, de la unua specimeno portita al Italio el Aŭstralio antaŭ duo da jarcentoj),[4] kune kun la impona visterio kiu nun supervualas la fasadon kaj grandan parton de la cetero de la konstruaĵo, impresas kvazaŭ la biblioteko sin retiras en la naturon.

3   Inter la diversaj fondaĵoj anglaj estis tenisa klubo, la unua en Italio. Kelkajn jarojn poste, Bicknell aĉetis la vilaon de s-ino Fanshawe kaj ĝi fariĝis lia ĉefa loĝejo por la cetero de la vivo.

4   Ĝia perimetro estas nun 8,6 metroj kaj ĝi altas pli ol 20 metrojn (https://www. indiegogo.com/projects/museo-bicknell-bordighera#/)

Enirante, oni trovas sin en preĝejeca spaco, kunvenejo kiu enhavas librojn kaj manuskriptojn pri la regiono, el kiuj multaj iam apartenis al Bicknell – kune kun lia kolekto de papilioj, geologiaj specimenoj, kaj la diversaj akompanaĵoj kaj personaj objektoj de viktoriana amatora sciencisto kaj botanikisto.

La fruaj jaroj

Dank' al la diligento de nun vivantaj membroj de lia familio ni scias relative multon pri Clarence Bicknell. La rakonto komenciĝas jam antaŭ 175 jaroj, nome la 27-an de oktobro, 1842. Je tiu dato, Clarence Bicknell naskiĝis en granda kaj prospera familio en Herne Hill, apud Londono. La avo, William Bicknell (1749-1825), estis esence memedukita kaj memkreita komercisto pri ŝtofo kun pasio pri ideoj, precipe matematiko. Responde al tiu pasio, li vendis sian sukcesan entreprenon por fondi lernejon por knaboj – laŭ unitarianaj principoj, dum epoko kiam tiu raciista kulto establiĝis en Britio (la unua unitariana kongregacio estis establita en Londono en 1774 kaj la unua unitariana societo estis fondita en 1791).

Inter la fruaj konatoj de William Bicknell estis la fratoj Charles, John kaj Samuel Wesley. John, la fondinto de la Metodistoj, regule tranoktis en la domo Bicknell kiam li predikis apud Londono – gasto ne tute sendanĝera, ĉar tiu estis periodo de kontraŭmetodistaj tumultoj instigitaj de ortodoksaj anglikanoj. Dufoje Wesley estis ŝtone atakata de koleraj homamasoj. Dum iom da tempo dum sia juneco, William Bicknell ĉeestis lernejon kiun fondis John Wesley en Bristolo. Li akiris grandan amon pri muziko, kaj ludis la klavicenon kaj orgenon.

La patro de Clarence, Elhanan Bicknell (1788-1861), filo de William, estis simile dotita de talento pri komercado.[5] Li lanĉis kompanion por rafini balenan oleon dum epoko kiam tiu oleo, ekstraktita de la graso de balenoj, estis vaste uzata por lumigo – rolo kiun ĝi daŭre ludis tra granda parto de la deknaŭa jarcento ĝis alvenis keroseno, kaj precipe elektra lumo. Elhanan Bicknell investis kapitalon en balenĉasan ŝiparon kiu navigis la marojn de la suda hemisfero. Sed li ankaŭ similis sian patron se temas pri aliaj pli personaj interesoj: li

---

5   Tiel nomita pro la amerikano Elhanan Winchester (1751-1797), unitariana pioniro.

subtenis la unitarianismon de la familio kaj li ankaŭ, eĉ ĉefe, dediĉis siajn grandajn riĉaĵojn al patronado de artistoj kaj kolektado de pentraĵoj.

Clarence estis la dektria kaj plej juna infano de Elhanan (kiu vidviĝis trifoje kaj edziĝis kvarfoje: Clarence estis filo de la tria edzino, Lucinda). Frekventis la familian hejmon en Herne Hill pluraj elstaraj anoj de la artisma mondo de tiu epoko, interalie la granda artkritikisto kaj historiisto John Ruskin kaj la pentristo John Mallord William Turner, la plej granda brita pentristo tiam vivanta. Alia ofta vizitanto estis la poeto, historiisto kaj politikisto Thomas Babington, Lordo Macaulay – fama figuro de la epoko, historia poeto, sed fifama inter lingvopolitikaj fakuloj kiel subpremanto de la indiĝenaj lingvoj de Hindio. Plia frekventanto de la domo estis la legenda mondvojaĝanto Sir Richard Burton, kiu alivestite ŝteliris al la tiam malpermesataj islamaj urboj Mekko kaj Medino.[6]

La impona kolekto de britaj pentraĵoj de Elhanan Bicknell enhavis interalie verkojn de Gainsborough kaj Landseer, sed ĝia kerno estis ne malpli ol tridek verkoj de Turner, kelkaj el la epoko antaŭ la ĉampionado de Turner fare de Ruskin kaj aliaj, kio igis la artiston konata. Kelkaj verkoj kiuj traktis la balenkaptadon estis specife komisiitaj de Bicknell kaj nun troviĝas en muzeoj tra la mondo. Patrina onklo de Clarence, Habelot Knight Browne, famiĝis kiel Phiz, la ilustranto de Dickens.[7]

Studento kaj pastro

La morto de la patro en 1861 rezultigis likvidiĝon de la familia hejmo ĉe Herne Hill.[8] Clarence, kiu jam montris grandan talenton pri matematiko, ekstudis tiun temon ĉe Kembriĝa Universitato. Kvankam sukcesa en siaj studoj, li rapide akiris interesiĝon pri multaj aliaj

---

6   Herman Bicknell, pli aĝa frato de Clarence "estis unu el la unuaj angloj kiuj ripete alpenetris Mekkon" laŭ *The Times*, 25 aŭgusto, 1862.

7   Aŭ eble lia kuzo: kvankam li estis traktita kiel frato de Lucinda, li eble estis la neleĝa infano de unu el la fratinoj.

8   En la posta jaro, 1862, la kolekto de pentraĵoj estis disdividita kaj vendita ĉe la aukciejo Christie's.

aferoj, precipe botaniko, per kio li evoluigis sian konsiderindan artistan talenton. Diversaj humanistaj interesoj ankaŭ kaptis lian atenton. Post la diplomiĝo, forlasante la Unitarianismon de la familio, li decidis pastriĝi en la Anglikana Eklezio. Ordinite kiel diakono en 1866 kaj kiel pastro en 1868, li ekservis kiel pastra helpanto en Walworth, malriĉa kaj malfacila paroĥo en suda Londono. Tiu vivo estis defioplena – ne nur pro la malriĉeco, sed ankaŭ ĉar la paroĥo estis hazarda kolektejo de anoj de iluminisma sekto kies gvidantino Mary Ann Girling asertis, ke Kristo persone vizitis ŝin kaj anoncis sian baldaŭan revenon al la Tero. Sed la ĉefa malfacileco estis nun preskaŭ forgesita sed tiutempe katastrofa variola epidemio kiu forportis entute 50.000 homojn en Britio kaj trafis Londonon kun granda forto.

Verŝajne elĉerpita de la kombino de disrampa malsano kaj religia misentuziasmo, en 1872 Bicknell forlasis sian paroĥon kaj aliĝis al tradiciema kvazaŭkatolika religia komunumo en la kamparo, la Frataro de la Sankta Spirito. Sed ŝajne la vivo de pia sindediĉo, eble konflikta kun liaj sciencaj interesoj, kondukis nur al religia dubemo. Li forlasis la Frataron kaj, utiligante parton de sia granda heredaĵo, komencis vojaĝi – al Cejlono, Egiptio, Maroko. Reveninte hejmen, li denove ekvojaĝis, ĉi-foje al Bordighera, akompanate de iama kolego el la Frataro de la Sankta Spirito. Ilia celo estis viziti la lokojn ligitajn al la legendo de Sankta Ampelio, la patrona sanktulo de Bordighera. Kaj tie li decidis resti.

Lia vivo en tiu rilato ne malsimilis tiun de la pentristo Edward Lear, kiu dum jaroj vagadis antaŭ ol fine decidi ekloĝi en apuda Sanremo. Lear kaj Bicknell, ambaŭ dumvivaj fraŭloj, serĉis certan stabilecon, kiu samtempe ne estu klaŭstrofobio – do vivon iom ekster la fluo, alian ol la normo.

Al Bicknell Bordighera ŝajnis paradizo. En 1878, invitita de la familio Fanshawe ekpreni la rolon de kapelano por la angla komunumo, li tuj akceptis. Temis pri unujara posteno aŭ, pli precize, unusezona – eble kun ebleco de plilongigo. Ekde 1879 Bordighera kaj ĝia ĉirkaŭaĵo fariĝis lia rezidejo dum la cetero de la vivo. Kiel notite, jam ekzistis en Bordighera eta preĝejo konstruita sur la tereno de la familio Fanshawe. Jam de 1866 la angla komunumo regule aranĝis diservojn en la nova Hotel d'Angleterre en Bordighera ĝis finkonstruiĝis tiu preĝejo, kiu, kiel ni notis, estis poste pligrandigita kaj remalfermita en 1883-84. La preĝejo, nun kultura centro, ankoraŭ ekzistas.[9] Sed la oficiala rolo kiel loka pastoro komencis pezi sur Bicknell. Lia ĝenerala malkontento pri la dogmisma, ŝovinista kaj konservativa vidpunkto de la Anglikana Eklezio eble manifestiĝis pro kritikoj pri tio ke li kunlaboris kun la loka katolika pastro, Padre Giacomo Viale, por malpezigi la suferadon de malriĉaj italaj laboristoj en la ĉirkaŭaĵo de Bordighera. Tiu kunlaboro elvokis konsternon inter liaj anglikanaj superuloj, kiuj sendube timis apostatismon kaj papismon – aŭ eble simple malamis malriĉajn italojn. Li baldaŭ eksiĝis el sia posteno pro seniluziiĝo pri organizita religio entute.[10] Al amiko li skribis, "Mi timas, ke mi fariĝis iom reakcia pri ĉiuj ekleziaĵoj, pro konvinko ke la eklezioj faras pli da damaĝo ol bono kaj malhelpas homan progreson; mi rigardas la papon, la pastrojn kaj la doktrinon kiel trompon, eĉ se neintencan trompon."

Duboj kaj eltrovoj

Tiuj jaroj estis, kompreneble, periodo de granda dubo por multaj kredantoj. *La Origino de specioj* de Charles Darwin aperis en 1859; lia *Deveno de la homo* sekvis en 1871. La verko de Thomas Henry Huxley *Atestaĵoj pri la homa loko en la naturo* aperis en 1863. La granda poemo de Tennyson, *In Memoriam,* kiu esprimis dubojn pri ĉiupova dio, jam aperis en 1850 kaj rapide fariĝis parto de la viktoriana konscio. Kaj en 1877, Gerard Manley Hopkins, tiu granda poeto turmentata de religiaj duboj, flankenmetis poezion kaj fariĝis katolika pastro, nur unu jaron antaŭ la translokiĝo de Bicknell al Bordighera.

Bicknell okupis intelektan pozicion ne malsimilan al la tiu de aliaj dubantoj kaptitaj inter scienco kaj religio: konservante ĝeneralan

9   Pemble 1987: 46 atentigas, ke Bordighera kaj Sanremo havis reputacion kiel sobraj kaj piaj celoj por britaj vizitantoj – kontraste al Montecarlo, Nico kaj Menton ĉe la franca flanko de la limo.

10   El letero de 1912: "Mi tiel laciĝas pri la vulgaraj tetrinkaj preĝejofrekventaj homoj kiuj estas tiel konformemaj kaj tiel klaĉemaj kaj kiuj posedas tiel malmulton el la internacia spirito" ("I am so sick of all the ordinary tea party, church-going people who are so conventional and such gossips and have so little of an international spirit").

kredon, li dediĉis sin al komprenado ne tiom de la supernaturo kiom de la naturo, kaj al servado de la komunumo per aliaj vojoj ol organizita religio. Iasence, eĉ se ne formale, li reiris al la Unitarianismo de la patro kaj avo. Jam interesita de botaniko, li igis tiun temon sia ĉefa okupo, kune kun interesiĝo pri geologio kaj arkeologio, kaj daŭra subtenado de internaciismo. Interesiĝo pri Volapuko baldaŭ transformiĝis en okupiĝon pri Esperanto, kies ebla ĝenerala akceptiĝo ŝajnis doni ŝancon al forlaso de la malvasta naciisma pensado favore al nova komunumo de kompreniĝo kaj daŭraj humanecaj valoroj superaj al la nacia ŝtato. Ankaŭ ĉi-rilate Bicknell estis ido de la propra epoko: dum tiuj jaroj la unuaj internaciaj organizaĵoj komencis aperi; la Ruĝa Kruco estis fondita; scivolemo pri la mondo, kombine kun la kapablo travojaĝi tiun mondon, stimulis ĉe multaj homoj kredon je la kapablo de la scienco superi la mankojn de la malnova modo de nacia politiko.

Lia scio pri plantoj kaj lia artista talento igis lin fokusiĝi je la rimarkinde diversa botaniko de la liguria regiono. Liaj ilustritaj notlibroj kaj eldonitaj verkoj atestas pri la profundo de lia interesiĝo. Multaj tiuj materialoj hodiaŭ troviĝas en italaj bibliotekoj kaj en la Muzeo Fitzwilliam en Kembriĝo. Ili lastatempe vekis kreskantan atenton ĉe fakuloj. La plej grava lia eldonita kontribuo al botaniko estis *Florantaj plantoj kaj filikoj de la Riviero kaj najbaraj montaroj* (*Flowering Plants and Ferns of the Riviera and Neighbouring Mountains*) publikigita, kun ilustraĵoj de Bicknell mem, en Londono de Trübner kaj Kompanio en 1885. Tiu pionira verko dokumentis plurajn speciojn neniam antaŭe registritajn. Kaj botaniko restis inter liaj plej fortaj priokupiĝoj dum la cetero de la vivo. Cento de liaj premitaj floroj nun troviĝas en la kolekto de la herbario de la Oksforda Universitato.

Dum la Biblioteko kaj Muzeo Bicknell restis lia plej granda filantropia kontribuo al la angla komunumo, li ankaŭ malavare subtenis la malriĉulojn de la regiono, precipe post la tertremo kiu skuis la ligurian marbordon kaj sudan Francion en 1887, kaj li estis fidela kontribuanto al fondusoj por blinduloj.[11] En la jaro 1910, kiam la kolekto de libroj en la Biblioteko Bicknell fariĝis tro granda por esti bone tenata en tiu domo, li subtenis la konstruon de urba biblioteko, kiu ankoraŭ hodiaŭ enhavas grandan parton de la iama kolekto de anglalingvaj libroj.

---

11 Vidu ekzemple Kreitz 2016: 21.

Lia interesiĝo pri la natura ĉirkaŭaĵo kvazaŭ anticipas la naturmedian movadon de hodiaŭ. *Le Journal de Bordighera,* semajna ĵurnalo kiu dum la turisma sezono prizorgis la interesojn de la alilanda komunumo, precipe la angla, enhavas plurajn liajn kontribuaĵojn pri la loka naturo kaj de tempo al tempo pri lia interesiĝo pri Esperanto. La numero de 30 marto 1899 enhavas leteron de Bicknell pri la Liguria branĉo de Pro-Montibus, "la nova societo por protekto de la arbaroj, birdoj kaj fiŝoj, la plibonigo de la alpaj paŝtejoj ktp." La societo, skribis Bicknell, estas aparte konsternita pri la detruado de arboj kaj la mortigo de malgrandaj birdoj "kiuj estas la naturaj malamikoj de tiuj insektoj pro kies atakoj okazis la malsukceso de la ĉi-jara oliva rikolto". Bicknell aparte plendas pri la komercigo de la arbaroj, kiu ŝanĝas la klimaton. Noto en la ĵurnalo de 16 novembro aludas al la tio, ke Pro-Montibus akiris terenon en la regiono por planti vartejon de koniferoj "kiu refreŝigu la montojn."

Bicknell eklernis Esperanton en 1897, kiel unu el la pioniroj de la lingvo kiam ĝi unue venis al Italio fine de la jarcento. En *Le Journal de Bordighera* de 20 aprilo 1899, anonima artikolo aludas (anglalingve) al "interesa artikolo en la marta numero de *Revue Suisse* pri la plej nova kaj nepre la plej bona el la artefaritaj lingvoj, nomata *Esperanto.*" La artikolo klarigas: "Multaj personoj en Bordighera decidis aliĝi al la kreskanta nombro de homoj kiuj lernas ĝin... Tiuj kiuj estis ardaj adeptoj de la nun estingiĝinta Volapük transiris al la esperantistoj. En Rusujo, Svedujo, Francujo, Hispanujo, Belgujo, Svislando kaj Ameriko ilia nombro rapide kreskas, sed ni ne scias ĉu la lingvo jam radikis en Anglujo..." Sekvas iom tipografie kripla teksto en la nova lingvo. La legantoj estas direktataj al la "s-ro Clarence Bicknell, kiu estas unu el la konvertitoj kaj jam mastris la lingvon post nur kelkaj tagoj da studado."

Kune kun la bohema esperantistino Rosa Junck, loĝanto en Bordighera (kiu en *Le Journal de Bordighera* de 23 novembro 1899 anoncas lecionojn en "modernaj lingvoj, inkluzive Esperanton), Bicknell fondis Esperanto-societon en la urbo: oni fotis la membrojn antaŭ la biblioteko.[12] Tiu societo baldaŭ komencis proponi kursojn kaj allogis la simpatian atenton de lokaj vizitantoj – inkluzive de la verkisto Edmondo de Amicis, unu el kies dramoj estis ludata en la

12 Lester 2018: 180.

Universala Kongreso en Ĝenevo en 1906 en traduko de Rosa Junck. Kiam de Amicis mortis en Bordighera du jarojn poste, la esperantistoj akompanis lian ĉerkon al enterigo en Torino. Junck kaj Bicknell ankaŭ iniciatis Esperanto-societon en Milano en 1906.

Bicknell estis inter ŝajne nur ses loĝantoj de Italio kiuj ĉeestis la unuan Universalan Kongreson de Esperanto en Bulonjo-sur-maro en 1905. Tie li estis nomata kiel ano de la Lingva Komitato, kune kun kvin aliaj loĝantoj kun italaj adresoj. Li partoprenis en kelkaj postaj kongresoj, inkluzive tiun en Kembriĝo en 1907 (li havis kongresnumeron 188[13]), kie la kongresanoj estis fotitaj, en la oficiala kongresa foto, sur la ŝtuparo de lia iama kolegio, Trinity College. Li gvidis grupon de blindaj esperantistoj al la abortita Pariza kongreso de 1914, haltigita pro la militdeklaro.

Bicknell poeto

Sekvante la ekzemplon de Zamenhof mem, Bicknell baldaŭ komencis verki poemojn en Esperanto. Liaj originalaj kaj tradukaj verkoj aperis en italaj kaj britaj Esperanto-revuoj kaj en la literatura periodaĵo *La Revuo*. Li kontribuis tradukitajn kaj originalajn himnojn al la *Ordo de Diservo laŭ la Preĝlibro de la Angla Eklezio* kiu aperis okaze de la Esperanto-kongreso en Kembriĝo en 1907, sub redakto de Pastro J. Cyprian Rust. Naŭ liaj himnoj troviĝas en la plej uzata hodiaŭa kolekto de himnoj en Esperanto, *Adoru* (2001).[14] Li ankaŭ gajnis premion en la Floraj Ludoj, katalunaj poeziaj konkursoj revivigitaj en 1909 kiel parto de la Universala Kongreso de Esperanto en Barcelono.

Liaj unuaj verkoj, originalaj kaj tradukitaj, aperis ĉefe en *The Esperantist* (1903-05), redaktita de Henry Bolingbroke Mudie. Preskaŭ ĉiu el ties 26 numeroj enhavis almenaŭ unu kontribuaĵon lian.

---

13   Ĉeestis ankaŭ iu fraŭlino L. Bicknell, el Shinrone, Irlando – eble filino de frato de Clarence, Percy. Unu el la unuaj esperantistoj en Britio, f-ino Zabelle C. Boyajian, en letero citita de John Merchant (Merchant 1923?: 58) aludas, iom erare, al "Sinjoro kaj Fraŭlino Bicknell, kiuj ... loĝadis en Francujo, mi kredas en Nice."

14   Entute 15 himnoj de Bicknell (10 tradukoj, 5 originaloj) troveblas ĉe http://www.hymnary.org/person/Bicknell_C?sort=desc&order=Texts+by+Clarence+Bicknell+%286%29&tab=texts

Ekde 1905-1906 *The Esperantist* fariĝis *The British Esperantist* – kaj Bicknell ofte kontribuis. La kontribuo de Bicknell al la Esperanto-poezio estis modesta, sed ne sensignifa. Li estis unu el tiuj fruaj adeptoj de Esperanto kiuj entuziasme celis espori la flekseblon de Esperanto kiel poezia lingvo kaj kiuj kontribuis al la konstruo de korpuso de Esperanto-poeziaĵoj kiu siavice malfermis vojon al la pli grandaj poetoj de la 1920aj kaj 1930aj jaroj. Artikolo de Kalocsay en *Norda Prismo* (1966) atentigas, ke Bicknell lernis Esperanton en sia 55-a jaro "kaj verŝajne jam estis trans sia 60-a jaro, kiam li faris la unuajn poemojn." Sensurprize, do, ke la fruaj poemoj estis iom krudaj: Bicknell, skribis Kalocsay, "devis pli ol dek jarojn klopodi, ĝis li sukcesis senpere sin esprimi poezie." Ĝis sia morto, Bicknell verkis pli ol cent originalajn poemojn kaj pli ol ducent tradukajn.

Oni ja ne povas nei, ke pluraj tiuj poemoj, kvankam lirike pli ol adekvataj, estas malhelpataj de limigita vortprovizo kaj gramatikaj formoj hodiaŭ neakcepteblaj (uzo de pasivo kun *-iĝ*, ekzemple). Evidente Bicknell estis kompetenta poeto en la propra lingvo, kiel pruvas interesa kontribuo al la nova brita revuo *The Esperantist* (n-ro 4, feb. 1904) "La Nova Jaro 1904" en Esperanto-versio kaj en anglalingva versio. Kiel ĉiu tradukanto inter la angla kaj Esperanto spertas, la angla estas pli avara pri silaboj ol Esperanto: estas malfacile redukti Esperanton al la ritmaj limoj de la angla lingvo. Tio estas despli malfacila kiam limigita Esperanto-vortprovizo necesigas abundan uzon de kunmetitaj vortoj. Ĉi-foje, Bicknell eĉ ne klopodas: lia Esperanta versio estas pli loza ol la angla – sed ankaŭ malpli trafa. La angla versio, kun ripetita rekanto, bonege sukcesas. Same, malfacilas verki poemon pri *nano* se tiu ĉi vorto ankoraŭ ne ekzistas: poemo kiu nomiĝas "La Malgrandegulo" (*La Revuo*, nov. 1904) estas malavantaĝa jam dekomence...

Kalocsay rekonas tiun problemon eĉ tro insiste: "Se oni rigardas liajn poemojn sur la malnovaj revuopaĝoj, ree kaj ree oni diras: ĉi tio ne estas transsavebla el la arkivo en la vivon." Li aldonas: "Ankaŭ Auld ne povis trovi de li poemon por sia Antologio, li eĉ mencias pardonpete lin inter la 'respektataj nomoj', kiuj devis resti nereprezentataj, kiel ajn atente li serĉadis de li poemojn, kiu 'apud pli freŝaj verkoj restus freŝaspektaj'."

Tiel estis en la unua eldono de la *Esperanta Antologio*. Sed en la dua eldono (1984) la redaktoro William Auld tamen prezentas poemon de Bicknell. Temas pri poemo "Aŭtuno" – poemo forte influita (kiel ni notis en pli frua ĉapitro) de la fama anglalingva verko de John Keats *To Autumn*.

Mallaŭta voĉo de l' venonta vintro
Tra nia norda lando ekmurmuras;
La floroj velkas sub ĉielo griza,
Hirundamikoj aliloken kuras.

La gloro de l' somero jam finiĝis;
La fruktojn ni rikoltis kaj la grenojn;
Nin kaptas iom da pensad' malgaja,
Eĉ forgesante la pasintajn benojn.

Sed ĉe la tuŝo de l' malvarma mano
Beleco pli mirinda tuj naskiĝas;
L' aŭtuno kiel sunsubir' ekbrilas;
La nigra subpieda ter' flamiĝas.

Ĝardenoj kaj arbaroj nun sin vestas
Per oro kaj karmino, reĝkoloroj;
Folioj tra l' aer' flugante dancas,
Kaj kuŝas sur la herbo kiel floroj.

Nek de l' printempo la mantelo verda,
Nek de l' somer' la rozokrono suna,
Valoras la trenaĵon fajrsimilan,
La orbrodaĵon de l' vestar' aŭtuna.

Ho, baldaŭ, mia kor', la morto venos!
Pli ĝoja la homaron tutan igu;
Reveku vin, kaj per agado nobla
La mondon suferantan feliĉigu.

Tiu poemo unue aperis en *British Esperantist* en la jaro 1908, do okon da jaroj post la komenco de la poeziaj kontribuoj de la poeto. Ĝi ne nur montras kompetenton sed ankaŭ bonan manipulon de kelkaj konataj motivoj: la kunvenantaj hirundoj per kiu Keats finas sian poemon; la koloroj de la pejzaĝo – kaj neeviteble la melankolio kiu asociiĝas kun la alveno de vintro. La ĉefa malforto de la poemo troviĝas ĉe ĝia fino. Ne estas klare al kiu la imperativoj estas direktitaj (igu ... reveku ... feliĉigu) – ĉu al "mia koro", ĉu al aŭtuno mem? Kaj tiu "agado nobla" estas farata de kiu?

En sia artikolo jam menciita, Kalocsay aplikas praktikon pri kiu li estis jam multe kritikata – nome, li mem "plibonigas" plurajn poemojn. Tiun teknikon li uzadis tra la jaroj por masaĝi la poemojn de Jan van Schoor, ekzemple – kaj aliaj. Tamen, ne eblas nei, ke la rezultoj en kelkaj ekzemploj montriĝas tre pozitivaj. Konsideru ekzemple la fruan poemon de Bicknell "La elmigrantoj" kiu aperis en *The Esperantist*, oktobro 1904:

> Li lasis min, esperoplena kaj kuraĝa,
> (Ho la ventet' somera ekĝemanta)
> "Ĉe la transmara land' mi trovos okupadon,
> Kaj baldaŭ, post alveno via, eĉ riĉecon."

> Li skribis, „Land' nebela estas kaj sovaĝa,
> (Ho forta vento de l' aŭtun' blovanta)
> Sed mi laboron dolĉan havas kaj sanadon;
> Rapidu do, kaj al mi portu la belecon."

> Tremante mi alvenis, post danĝer' vojaĝa,
> (Ho la ventego vintra nun muĝanta)
> Sed nur en Nevidebla Land' kun li vivadon
> Mi trovos, kaj la nun perditan feliĉecon.

La ideo – ke viro elmigras, trovas bonan laboron, alvokas la amatinon, kiu veninte trovas lin intertempe mortinta – iel perdiĝas ĉar la koncepto de "Nevidebla land'" kiel reprezentiĝo de la morto estas malklara kaj ne tuj kaptebla. Al niaj oreloj ankaŭ grincas la utiligo de adasismo por kapti la rimojn (riĉecon ... belecon ... feliĉecon; okupadon ... sanadon ... vivadon; ekĝemanta ... blovanta ... muĝanta).

En ambaŭ ekzemploj, unu manko evidentas: la malforta fina strofo. Kalocsay celas forigi tiun malforton en sia reverko de "La elmigrantoj" (kiun li nomas, iom pli trafe, "La elmigrintoj").

La reverko de Kalocsay estas ĝisfunda: li forĵetas la kontinuan rimadon tra la tuta poemo kaj uzas anstataŭe simplajn versoparojn: espero/somero, riĉon/feliĉon ktp; kaj li rakontas la historion en la tria persono: "mi" malaperas kaj "li" ĝin anstataŭas. Rezultas certa strikteco kaj klareco kaj en la tekniko kaj en la emocia elvokivo – kaj pli klaras la tempoprogreso:

> Li ŝin forlasis plena de espero.
> (Ho, varme loga vento de somero!)
> "En la transmara land' mi trovis riĉon,
> kaj post alveno via la feliĉon."
>
> Li skribis: "Kruda lando, penaj provoj."
> (Ho, forta treno de l' aŭtunaj blovoj!)
> "Sed mi laboras jam, mi trafis celon,
> rapidu, portu al mi vian belon."
>
> Ŝi venis treme post danĝer' vojaĝa.
> (Ho, vento vintra, frosta kaj sovaĝa!)
> Kaj havis ŝi revidon ĉe tombrando,
> feliĉon en la Nekonata Lando.

La Kaloĉajan adapton Paul Gubbins aperigis senŝanĝe en sia Esperanta-angla antologio *Star in a Night Sky* (2012; p. 188-89) kun bela angla traduko de Auld – sed verdire temas pri kombino de la talentoj de la frua poeto Bicknell kaj la matura poeto Kalocsay.

Minnaja kaj Silfer (2015: 55), ne tute malprave, sugestas, ke "la verdstela entuziasmo kaj malnovromantika amo al la naturo vualas veran poezion" en la verkoj de Bicknell. Ili aldonas, ke "li estas reprezentanto de tiu internacie kultura-religia (kaj finance bonstata) okcidenteŭropa socio, kiu trafis al la ideo de internacia lingvo kiel interfratiga instrumento kaj sincere kredis je ĝi". Tamen, se oni rigardas lian tutan verkaron en Esperanto, oni trovas en ĝi pli fortan spinon – precipe tra la himnoj kaj la tradukoj. La aserto, ke "Lia nomo ne meritus esti menciata en literaturkritika verko" estas tro severa. Feliĉe, Minnaja kaj Silfer (p. 619) redonas la poemon "L.L. Zamenhof" kiun Bicknell verkis okaze de la morto de Zamenhof en 1917. Jes, ĝi

estas poemo de entuziasma kredanto je Esperanto, sed ĝi kaptas la
spiriton de la momento, kaj montras regon de la metriko kaj lingvaĵo
Esperantaj kiun Bicknell fine atingis en siaj lastaj jaroj:

> Amiko, Majstro kara, Apostolo
> De paco por homaro batalanta!
> Ni dankas vin pro via forta volo,
> Animo kuraĝema, kor' amanta.
> Al via dolĉa voĉo kaj parolo
> Ne plu la mondo estos aŭskultanta:
> Vi lasis nin orfetoj, sen konsolo,
> Vi kiu estis patro instruanta.
> Simile al Moseo vi nin gvidis,
> Tra ondoj kaj dezerta ter' nin portis:
> Sed ne la promesitan landon vidis,
> Kaj ĉe la enireja limo mortis.
> Sinjor' l' eternan pacon al li donu,
> Kaj aŭreolo lian kapon kronu!

Bicknell tradukis kolekton de poemoj de Tennyson (*Gvinevero kaj
aliaj poemoj*, Bordighera: Gibelli, 1906) kaj longan poemon de tiu
Macaulay kiu estis amiko de la familio Bicknell (*Horacio*, Bordighera:
Gibelli, 1906). En 1915 la traduko de unuakta versa komedio de
Giuseppe Giacosa, *Ŝakludado* (*Una partita a scacchi*) aperis en Italio
(Bordighera: Bessone), kaj traduko de alia unuakta komedio, de
Julian Sturgis, *Rikoltado de la pecoj*, aperis en Parizo jam en 1910.
Tradukoj de unuopaj anglaj poemoj aperas dise tra liaj kontribuoj al
Esperanto-revuoj.

Botaniko kaj arkeologio

Kvankam Bordighera kaj la apudaj deklivoj estis botanika paradizo,
Bicknell, ĉiam aventurema, plivastigis siajn botanikajn esplorojn al
ĉiam pli altaj terenoj, precipe nordokcidente de la urbo. Baldaŭ li
komencis organizi eksped

ĉiusomere. Fine, en
1905-06, li konstruis al si somerdomon tute supre en la montaron

en teritorio tiam itala sed nuntempe (ekde post la Dua Mondmilito) franca – parto de la franca departamento Alpes-Maritimes. La konstru-materialoj por Casa Fontanalba (tiel li nomis ĝin) estis portataj tien de muloj, ĉar ne estis eble atingi la lokon per radhava trafiko. La domo ankoraŭ ekzistas. En la epoko de Bicknell, la regiono estis uzata kiel pafkampo de la itala armeo, afero certe maltrankviliga por la pacifisto Bicknell, kvankam liaj rilatoj kun la soldatoj estis ĝenerale bonaj.[15]

Jam en 1881, amikoj gvidis lin por rigardi la rokajn gravuraĵojn el la Bronza Epoko kiuj estis abunde troveblaj en la montoj, precipe super la tielnomata Vallée des Merveilles kaj la apuda Val Fontanalbe. Kvankam oni jam delonge konsciis pri la ekzisto de la gravuraĵoj, estis Bicknell la unua kiu komencis sisteme esplori ilin, aplikante la grandajn analizajn kaj taksonomiajn kapablojn kiujn li akiris kiel botanikisto al tiuj ĉi rimarkindaj kaj misteraj petroglifoj. Tra la jaroj, kvankam lia interesiĝo pri botaniko restis egale forta kiel ĉiam, la eltrovo, registrado kaj konservado de la gravuraĵoj fariĝis lia ĉefa vivoverko.

La regiono de la gravuraĵoj nun troviĝas en la franca nacia parko Mercantour, norde de Nico kaj Mentono. Iliajn originojn vualas la mistero. La areo estas ŝtona kaj malfekunda, malamika al homa enloĝado – eĉ malamika al la paŝtado de ŝafoj aŭ kaproj; ĝi ankaŭ ŝajne ne troviĝas sur naturaj komercaj vojoj. Ĝiaj botanikaj karakterizoj estas tute aliaj ol tiuj de la ĉirkaŭa regiono ĉar la rokoj, trivitaj de iama glacio, estas el grejso, kaj sekve acidaj, kontraste al la kalko de la apudaj regionoj. Tio en si mem kaptus la interesiĝon de Bicknell.

Tiu unua vizito en 1881 estis malhelpata de somera neĝo, sed Bicknell revenis en 1885 kaj kopiis kvindek gravuraĵojn. En 1897, li decidis denove viziti la regionon por pli vasta esplorado. Je tiu okazo li luis dometon en la apuda vilaĝo de Casterino, nordokcidente de la urbo Tenda, nun Tende. Casterino donis facilan aliron al la Val Fontanalbe. Ĉi-foje, li faris 450 skizojn, kaj, ekkomprenante la gravecon de ekzakto, 211 krajonajn frotaĵojn. Li ankaŭ faris fotojn. Ekde tiam, liaj esploroj fokusiĝas al frotaĵoj prefere al desegnaĵoj.[16]

---

15 El letero de 1910: "Soldiers as individuals are very nice, but collectively they are an abomination" (Soldatoj kiel individuoj estas tre agrablaj, sed kolektive ili estas abomenaĵo).

16 Bicknell kontribuis raporton pri siaj laboroj al la *Proceedings of the Society of Anti-quaries* de 1897-98.

La postan jaron li faris pliajn 538 frotaĵojn kaj elportis du spe-
cimenojn – unu el kiuj li donis al la Brita Muzeo kaj la alian li konservis
por sia muzeo en Bordighera. Ĝis sia morto en 1918 li registris ne
malpli ol 12.718 gravuraĵojn kaj jam aperigis kelkajn studojn de la
gravuraĵoj mem. Granda parto de tiu materialo estis donacita al la
Ĝenova Universitato ĉar la kapacito de la muzeo en Bordighera ne
sufiĉis.

La ĉefa kialo por konstrui la Casa Fontanalba estis ne nur liaj bota-
nikaj esploroj sed ĉefe lia laboro super la rokaj gravuraĵoj. Bicknell
klasifikis la gravuraĵojn en ok kategoriojn: kornhavaj figuroj, plugiloj,
armiloj kaj aliaj iloj, homoj, kabanoj kaj propraĵoj, haŭtoj, geometriaj
formoj, kaj diversaj formoj. Lia ĉefa celo ne estis interpreti sed registri:
la interpretadon li lasis al tiuj profesiaj arkeologoj kaj prahistoriistoj
kiuj pli bone konis la kuntekston ol li. Hodiaŭ, per komparoj kun aliaj
gravuraĵoj kaj desegnaĵoj, kaj kun kelkaj el la ilustritaj objektoj mem,
eblas atribui la gravuraĵojn al la Bronza Epoko, do inter la jaroj 2700
kaj 1700 de la antaŭa erao.[17]

Li prezentis siajn eltrovojn en la libro *Gvidilo al la Prahistoriaj
Rokaj Gravuraĵoj de la Italaj Apudmaraj Alpoj* (*A Guide to the Prehistoric
Rock Engravings in the Italian Maritime Alps*) eldonita en 1913.[18]

Hodiaŭ la Casa Fontanalba estas posedata de la familio de kiu
Bicknell luis la terenon por konstrui ĝin. Mi neniam vizitis ĝin, sed
laŭdire (kaj laŭfote: vidu la biografion de Chippindale) ĝi estas orna-
mita de lignaj dekoracioj, inkluzive de pluraj proverboj k.s. en Espe-
ranto. Feliĉe, ekzistas 14-paĝa notlibro verkita de Margaret Barry,
kies edzo Edward estis nevo de Clarence, pri vizito de la paro al
Casa Fontanalba en 1906, baldaŭ post la finkonstruo. Clarence havis
reputacion kiel homo optimisma laŭ karaktero, kun granda elteno-
kapablo kaj obstino, kaj emo al ŝercoj praktikaj kaj vortaj. Li amis
bestojn kaj solecon. Li neniam edziĝis.

La alveno de la Unua Mondmilito ne nur interrompis la planojn
de Clarence rilate la Esperanto-kongreson en Parizo, sed ankaŭ pli

---

17 La laboroj de Bicknell estis pioniraj: postaj eltrovoj en Valcamonica, nordoriente
de Bergamo, kaj en la Val d'Aosta, estas eĉ pli imponaj. Pli vasta cirkulado de doku-
mentado pri bronzepokaj gravuraĵoj permesas komparan laboron kaj pli grandan
komprenon de ilia origino ol eblis al Bicknell – sed Bicknell komencis la procedon.
Vidu Chippindale 1984.

18 Reeldonita en 2015 de Cambridge University Press.

larĝan projekton de vizito al Japanio per la nove kompletigita Trans-siberia Fervojo. Plej grave, la militdeklaro detruis liajn esperojn pri pli bona kaj pli paca mondo ol tiu en kiun li naskiĝis. Kiel ni scias, Zamenhof, laŭ Bicknell la granda reprezentanto de internaciismo, mortis pro rompita koro kaj troa fumado en 1917. Bicknell pluvivis nur unu plian jaron, forpasante en 1918 en sia 72-a jaro. Sed ambaŭ heredaĵoj pluvivas. Hodiaŭ oni povas viziti la Musée des Merveilles en Tende, aparte dediĉita al la eltrovoj de Bicknell, kaj kompreneble la Museo-Biblioteca Bicknell en Bordighera. Mi tion rekomendas.

Oni povas sin demandi kial Anglio produktis tiom da amindaj kaj produktivaj unikuloj en la dua duono de la 19-a jarcento. Jam mi menciis Edward Lear en tiu rilato. Menciindas ankaŭ Charles Lutwidge Dodgson, aŭtoro de *Alico en Mirlando* kaj de la brila sensencaĵo poezia *La Ĵargonbesto,* egale brile tradukita de Marjorie Boulton. Ĉu pensionaj lernejoj, malvarmaj duŝoj, difekta gepatrumado, atletiko? Ĉu seksa konfuziĝo? Aŭ grandaj familioj, vastaj ĝardenoj kaj imponaj bonhavoj? Eble ĉio ĉi kondukis al vivoj de malavaro kaj sendependeco? Certe inter tiuj troviĝis la trajtoj de Clarence Bicknell, admirinda kaj unika ido de sia epoko.

CITITAJ VERKOJ, KAJ FONTOJ PRI CLARENCE BICKNELL

Auld, William, red. 1984. *Esperanta antologio: poemoj 1887-1981.* Rotterdam: UEA.
Bicknell, Peter. 1988. Clarence Bicknell – Essentially Victorian http://www.clarencebicknell.com/images/downloads_news/clarence_bicknell_essentially_victorian_peter_bicknell_1988.pdf
Bicknell, Clarence. 1885. *Flowering Plants and Ferns of the Riviera and Neighbouring Mountains.* London: Trübner. Represita 2019 (?) de Sagwan Press.
Bicknell, Clarence. 1909. La prahistoriaj gravuraĵoj sur rokoj en la Italaj Maralpoj. Internacia Scienca Revuo 6: 161–70.
Bicknell, Clarence. 1915. *A Guide to the Prehistoric Rock Engravings in the Italian Maritime Alps.* Bordighera: Giuseppe Bessone. Represita 2015, Cambridge: Cambridge University Press.
Cangiano, Maria, k Lorenzo Rosati. 1989. Commemorazione del dott. Clarence Bicknell. *L'Esperanto* 1989, 1: 4-7.

Chippindale, Christopher. 1984. Clarence Bicknell: Archaeology and science in the nineteenth century. *Antiquity* 58/224: 185-193.

Chippindale, Christopher. 1998. *A High Way to Heaven: Clarence Bicknell and the "Vallée des Merveilles".* Conseil Général des Alpes-Maritimes. (Tradukita kaj aperigita samjare kiel *L'Echelle du Paradis: Clarence Bicknell et la Vallée des Merveilles.* En 2018 aperis traduko en Esperanto de Humphrey Tonkin: *Pado al paradizo: Clarence Bicknell kaj la Valo de la Mirindaĵoj,* Milano: Itala Esperanto-Federacio.)

E.A.L. 1905. Mr. Clarence Bicknell [biografieto]. *British Esperantist* 1905, 1/8: 110.

Giacosa, Giuseppe. *Ŝakludado,* trad. Clarence Bicknell. Bordighera: Bessone.

Gubbins, Paul, red. 2012. *Star in a Night Sky: An Anthology of Esperanto Literature.* London: Francis Boutle.

Hawkins, Desmond. 2004. Bicknell, Clarence (1842–1918), archaeologist and botanist. *Dictionary of National Biography.* http://dx.doi. org/10.1093/ref:odnb/41049

Hymnary: http://hymnary.org/person/ Bicknell_C?sort=desc&order=Texts+by+Clarence+Bicknell+%286%29 &tab=texts

Kalocsay, Kálmán. 1966. Clarence Bicknell. *Norda Prismo.* 12/3: 168-171.

Kreitz, Joseph, k.a. 2016. *Historio de la Esperanto-movado inter la blinduloj 1888-2015.* Finnlando: Ligo Internacia de Blindaj Esperantistoj.

Lester, Valerie. 2018. *Marvels: The Life of Clarence Bicknell, Botanist, Archaeologist, Artist.* Leicester: Matador.

Lipari, Michela, red. 2013. *Clarence Bicknell 1842-1918, Arkeologo, Botanikisto, Esperantisto.* Itala Esperanto-Federacio.

Macaulay, Thomas Babington, Lord. 1906. *Horacio,* trad. Clarence Bicknell. Bordighera: Gibelli (Dua eld. 1907).

Merchant, John. 1923? *Joseph Rhodes kaj la fruaj tagoj de Esperanto en Anglujo.* Federacio Esperantista de Yorkshire.

Minnaja, Carlo, k Giorgio Silfer. 2015. *Historio de la Esperanta Literaturo.* La Chaux-de-Fonds, Svislando: Kooperativo de Literatura Foiro.

Pemble, John. 1987. *Mediterranean Passion: Victorians and Edwardians in the South.* Oxford: Oxford University Press.

Ruffini, John. 1861. *Doctor Antonio.* Leipzig: Tauchnitz. Represita 2000, Arma di Taggia (Italio): Atene Edizioni (unua eld., Edinburgo, 1855).

Rust, J. Cyprian, red. 1907. *Ordo de diservo laŭ la preĝlibro de la Angla Eklezio.* London: Daily News Printing Works.

Sturgis, Julian. [2010]. *La Rikoltado de la Pecoj,* trad. Clarence Bicknell, Paris.

Sutton, Geoffrey. 2008. Bicknell, Clarence (1842-1918). *Concise Encyclopedia of the Original Literature of Esperanto.* New York: Mondial. p. 50-51.

Tennyson, Alfred, Lord. 1906. *Gvinevero kaj aliaj poemoj,* trad. Clarence Bicknell. Bordighera: Gibelli.

Tonkin, Humphrey. 2013. Clarence Bicknell: Filantropo ed esperantista. *L'esperanto* 90/6:15-17.

www.clarencebicknell.com

www.marcusbicknell.co.uk

7. Tivadar Soros kaj Julio Baghy – transvivantoj[1]

Enkonduke

La du figuroj traktataj tie ĉi estas konataj homoj – Baghy pro sia ŝlosila rolo en la evoluo de nia literaturo, sia multflankeco kiel verkisto, kaj sia stabiligo kaj plivastigo de la literatura lingvo, Soros pro siaj du verkoj pri la du mondmilitoj, *Modernaj Robinzonoj* (1923) pri la unua, kaj *Maskerado ĉirkaŭ la morto* (1968) pri la dua. Baghy amplekse verkis pri siaj spertoj en la unua mondmilito, ne kiel batalanto sed kiel militkaptito, dum Soros pritraktis sian transvivon post eskapo el militkaptiteco en Siberio kaj sian draste alispecan transvivon kiel judo en Nazia Budapeŝto. Tiuj vidpunktoj, kvankam ne unikaj en la monda literaturo, memorigas nin, ke militoj, precipe en nia moderna mondo, ne nur mortigas militantojn, sed ankaŭ detruas la vivojn de ordinaraj homoj kies ĉefa zorgo estas simple pluekzisto.

La verkoj de Baghy restas konataj en la Esperanto-movado tri generaciojn post sia verkiĝo, kaj pro bonaj kialoj: ili estas legeblaj, informaj, kaj trempitaj en valoroj kiujn ni kiel esperantistoj aparte estimas. *Modernaj Robinzonoj* havis modestan reeĥon kiam ĝi aperis felietone en la revuo *Literatura Mondo* kaj poste libroforme: la influo de dua felietona verko en *Literatura Mondo*, kiu aperis tra la tuta jarkolekto 1925, nome *Viktimoj* de Baghy, lasis multe pli klaran spuron. Eĉ *Maskerado*, je sia publikigo ĉe Stafeto en 1965, gajnis relative malmultan atenton en la gazetaro: pli ol dudek jarojn post la dua mondmilito, la legantaro, ĉu en Esperanto ĉu en aliaj lingvoj, ankoraŭ ne pretis ensorbi tiun historian katastrofon kio estis la sistema murdo de tuta etno.

Soros reaperis sur la scenejo kiam publikiĝis anglalingva traduko de *Maskerado* en la jaro 2000, tuj sekvata (2001) de sia Esperanta originalo – reredaktita versio de la unua eldono. Je sia apero, la angla-lingva traduko kaŭzis malgrandan sensacion en la brita gazetaro, kiu represis ampleksajn sekciojn de la verko kaj vaste komentis pri ĝi. La

---

1   La eseo unue aperis en 2018 en Javier Alcalde k José Salguero, red. *Antaŭ unu jarcento: La granda milito kaj Esperanto*. Paris: SAT-EFK. 298-318.

angla traduko poste aperis en 2001 en usona eldono. Sekvis rivereto de tradukoj de tiu verko en plurajn aliajn lingvojn: germana, turka, rusa, hungara, itala, ĉina, ĉeĥa, franca, japana, mongola.[2] *Modernaj Robinzonoj* proksimume samtempe havis sian duan eldonon, ĉe la eldonejo Bero (1999) kaj depost tiam aperis en itala, angla kaj ĉeĥa tradukoj.

Literatura Mondo

Kiam en oktobro 1922 aperis la unua numero de la revuo *Literatura Mondo*, malnova revo realiĝis. Laŭ la ĉarma enkonduko de unu el la fondintoj, Kálmán Kalocsay,[3] la "bebo" – t.e. la ideo lanĉi novan literaturan revuon – naskiĝis jam en 1914, baldaŭ post la esperantistiĝo ne nur de Kalocsay sed ankaŭ de dua fondinto, la juna aktoro Julio Baghy, sed tuj formortis "en la terura fajro nenion indulganta" de la Granda Milito. Tamen, feino ĝin revivigis, en la formo de (se ni ĝuste komprenas la enkondukon) financa garantio de tria fondinto, Teodoro Schwartz. Schwartz mem aperas inter la kontribuantoj al la unua numero, sub la nomo Teo Melas, per "hinda fabelo" kun la titolo *La plej justa juĝo*. Tiu fabelo rakontas pri kvar junuloj kiuj enamiĝis al la sama knabino, Madhupamanjari, kiu, dormante en ĝardeno, estas morte mordita de serpento. Sed la diino Ŝri, rezulte de lerta interveno de unu el la junuloj, revivigas la amatinon el fajro, kaj rezulte la kvar junuloj enamiĝas al ŝi denove. Necesas apelacii al la juĝisto Ramigan, "la granda skeptikulo," por decidi kiu el la kvar junuloj edziĝu al la junulino. Ramigan elektas tiun, kiu objektive estas la plej malmerita – kaj tiel la rakonto finiĝas.[4]

Se Kalocsay el tiu morda rakonteto faras perlon, la iom cinika starpunkto de ĝia aŭtoro (aŭ rerakontanto: pri ĝia antaŭa ekzisto ni

---

2 En 2018 aperis en unu volumo hungarlingvaj tradukoj de *Maskerado* kaj *Modernaj Robinzonoj*.

3 Kalocsay 1922.

4 Oni trovas en la tradukita literaturo de la jaroj ĉirkaŭ 1900 plurajn kolektojn de t.n. "hinduaj" amrakontoj. Kelkaj volumoj, tradukitaj en la anglan en tre orientalisma stilo de Francis William Bain, bone ekzemplas la tipon. Madhupamanjari estas inter la rolantoj, kaj ankaŭ la diino "Shree". Ne klaras ĉu Schwartz simple redonis unu el la rakontoj kiujn li trovis en tia volumo, aŭ mem verkis novan imitaĵon.

malmulton scias) reprezentas malpli romantikan aliron al la mondo. Jes, la milito mortigis multajn revojn kaj multajn homojn, kaj, se ni ĝuste komprenas Schwartz, ne nepre la plej meritaj revenis. Tamen, la fakto restas, ke sen la financoj de Schwartz – konata al ni hodiaŭ kiel Tivadar Soros, la nomo kiun li poste adoptis – la revuo *Literatura Mondo* verŝajne ne vidus la taglumon. Kaj, se Kalocsay, Baghy kaj Schwartz reprezentis tri el la amantoj de Madhupamanjari, kiu estis la kvara? Redakcianoj, laŭ la kovrilpaĝo de la unua numero, estis ankaŭ Paŭlo Lengyel, eldonanto de la revuo *Lingvo Internacia*, kiu, elmigrinte al Parizo, jam en 1904 troviĝis inter la fondintoj de la Presa Esperantista Societo, Paŭlo Balkányi, kiu tuj post la milito fondis Hungaran Esperanto-Servon, la eldonejon de la unua poemaro de Kalocsay, *Mondo kaj koro* (1921), kaj Adalberto Bayer, kies nomo tamen malaperis el la revuo ekde la posta julio.

Lengyel, tiel aktiva en la Esperanto-movado antaŭmilita, estis internigita de la francaj aŭtoritatoj kune kun siaj familianoj kaj pasigis kvin jarojn en malliberejo, perdinte ĉiujn siajn posedaĵojn. Reveninte al Budapeŝto postmilite, malsana kaj malriĉa, li plejparte malaperis de sur la scenejo. Same (evidente) Bayer. Pri la aliaj kvar – Kalocsay, Baghy, Schwartz, Balkányi – Waringhien (1983: 58) poste skribis: "Unu komunan trajton tiuj kvar posedis, ian superabundon de vivenergio, kiun la mizeroj de la tempo ne sukcesis forsekigi." Tiun energion ili aplikis al eksterordinara ekfloro de la Esperanto-literaturo.

Kalocsay kaj Balkányi revenis al Budapeŝto militfine post servado ĉe la rusa fronto (laŭ Fenyvesi, Balkányi instruis Esperanton al Schwartz tie ĉe la fronto[5]), sed la aliaj du membroj de tiu kvaropo pasigis preskaŭ la tutan militon ne batalantaj sed kiel militkaptitoj: Schwartz kaj Baghy kaptiĝis jam en 1915 kaj pasigis la plej grandan parton de la milito en kaptitejoj en Siberio, transportitaj de la cara armeo kaj ties posteuloj tien-reen trans la vasto de Rusio por fine fali en la mezon de la interna milito kiu disŝiris la landon en la jaroj post la Oktobra Revolucio de 1917. Laŭ tre malsamaj stiloj, Schwartz kaj Baghy poste rakontis siajn travivaĵojn – Schwartz, kiel ni jam rimarkis, en mallonga aŭtobiografia verko *Modernaj Robinzonoj,* kiu aperis felietone en *Literatura Mondo* en 1923-24 kaj poste libroforme

---

5   Vidu *Maskerado*, red. Tonkin, 294.

en 1924, kaj Baghy en tuta fasko de romanoj, noveloj kaj poemoj: du romanoj, *Viktimoj* (1925) kaj *Sur sanga tero* (1933), poemaro *Preter la vivo* (1923), kaj plia romano verkita en facila Esperanto, *La verda koro* (1937).

Eskape el Siberio

Modernaj Robinzonoj, la siberiaj rememoroj de Schwartz/Soros, estas verkita simplastile, kvazaŭ rakonto pri junula aventuro -- rakonto pri la lerto kaj eltenemo de juneco, rakontita en stilo kaj ĝenro kiun, kiel Soros mem asertas, li ŝatis legi kiel junulo:

> Apud la frapaj, spritaj anekdotoj ankaŭ la literaturo influis la evoluon de mia karaktero. Mi rememoras, ke tiuj romanoj plaĉis al mi, kie la herooj ekstreme persistas por siaj ideoj; ekzemple, *La malmolkapa Kéraban* de Julio Verne. La heroo vojaĝis milojn da mejloj, ĉar li ne volis pagi la senrajte postulitan limimposton ĉe Bosporo. Tre plaĉis al mi ankaŭ *Mikael Kohlhaas* de Kleist. Kohlhaas ribeligas la tutan Germanion kaj prenas en siajn manojn la jurisdikcion ĉar li ne ricevis justan juĝon de tribunalo en malgranda afero... Tiuj herooj estis miaj modeloj. (*Maskerado,* 49)

En la nuna okazo, tamen, temas ne pri morala obstino, sed fizika. Tie Soros ankaŭ havis siajn modelojn. La ĉapitrokapoj de *Modernaj Robinzonoj* donas resumojn laŭ la stilo de Daniel Defoe en sia verko *Robinson Crusoe,* pri maristo forlasita sur senhoma insulo (kaj precipe laŭ la stilo de la verko de Jonathan Swift, *Gulliver's Travels,* kiu poste inspiris Sándor Szathmári en ties romano *Vojaĝo al Kazohinio*) – sed la verko mem eĥas, foje iom satire, la moralajn lecionojn de tiu fama rakonto por gejunuloj *Der Schweizerische Robinson,* de la svisa pastro Johann David Wyss (1812). La jaro estas 1920. La rakonto nin transportas, ene de kelkaj paĝoj, el milita kaptiteco apud Ĥabarovsk, en la Rusa Fora Oriento, al vojaĝo tra disŝirita kaj ŝancela Rusio dum kiu la aŭtoro kaj kelkaj kamaradoj, eskapinte el sia prizona barako trans la glacio de la rivero Amur, celas trabati vojon reen al Eŭropo – esence kontraŭ la militaj ondoj de la Blanka Armeo kaj la kozakaj bandoj, kies eblan invadon de la barakaro ili tiel timis, ke ili preferis mem trovi la propran sorton.[6] La vojaĝo komenciĝas per du semajnoj da interrompita transportado laŭ la Trans-Siberia Fervojo en la montarojn norde de la Amura rivero. De tie, nia aŭtoro iras piede tra la montoj, fine atingante unu el la riveroj kiuj fluas norden al la Arkta Oceano. Li kaj liaj kamaradoj fine atingas civilizon per flosado laŭ la danĝera Rivero Vitim.

Soros klare diras (aŭ almenaŭ lia rakontanta persono tion diras), ke literaturajn pretendojn li ne havas: lia rakonto estas senornama kaj senpretenda. Nek dokumentita historio nek romansimila fikcio, ĝi sidas ie inter tiuj du ĝenroj. Laŭ anonco de la libroforma eldono en *Literatura Mondo* de aŭgusto 1924,[7] la libro estas "interesa en plej bona senco de la vorto" –

La aventuroj de forkurintaj militkaptitoj en la siberiaj praarbaroj, inter ventegoj, malsatoj, persekutoj, duonsovaĝaj indiĝenoj, certe frapos ĉiun leganton. Apartan valoron donas al la libro ĝia stilo: simpla, preskaŭ skiza, kiu tamen, ĝuste per tio, havas grandan espriman forton kaj sentigas ian karan simpation facilanimecon.

La rakonto nenion diras pri la cirkonstancoj de la alveno de Soros en Siberion, nek pri la rolo, aŭ eĉ la armeo, en kiu li partoprenis la militon. Tiuj aferoj estus verŝajne pli konataj al liaj unuaj legantoj, precipe tiuj el Meza Eŭropo, kiuj mem travivis almenaŭ iliajn konsekvencojn. Sed iasence, tiu manko de informoj ne gravas, ĉar la atento de la aŭtoro troviĝas aliloke: tiu ĉi estas rakonto pri la homa kapablo transvivi, prezentita simple, senorname, kaj sen perdiĝo en detalojn. Aliflanke lia distanco de la fronto, tie en la siberia montaro, ebligas al li relative klare kaj koncize skizi la komplikan historion de tiu periodo.

---

6   Vidu ankaŭ mian enkondukon al *Modernaj Robinzonoj* (1999) kaj la duan sekcion de mia enkonduko al ties anglalingva traduko, *Crusoes in Siberia* (2010), de kie mi ĉerpis plurajn tiujn ĉi fonajn informojn.

7   *Literatura Mondo* 3/8 (1924), interna kovrilpaĝo.

Milito kaj revolucio

Soros estis membro de hungara taĉmento de la aŭstra-hungara armeo. En sia libro pri la Dua Mondmilito, *Maskerado,* li klarigas kiel li aliĝis al la armeo:

Mi estis dudekjara junulo, kiam eksplodis la unua mondmilito. Mi tuj rapidis al la fronto, min proponante jam dum studenteco, antaŭ la finstudo. Mi iris tien ne el patriota entuziasmo, sed pro timo, ke la mondmilito finiĝos tro baldaŭ. Mi estis certa, ke tiu estas la lasta mondmilito: se mi tiun preterlasas, en la estonta vivo mi ne havos okazon partopreni en tiu unika evento. (*Maskerado,* 21-22)

Eĉ se oni interpretu tian eldiron kun certa skeptikeco, tamen ĝi diras ion fundamentan pri la karaktero de la juna (kaj ankaŭ la pli aĝa) Soros: li kombinis sentimon antaŭ danĝero kun rimarkinda elturniĝemo. Ni malmulton scias pri la cirkonstancoj de lia kaptiĝo, sed ni povas esti certaj, ke la misiron kiu metis lin en la manojn de la rusoj li kompensis per ruzeco kaj eltenemo dum la jaroj de kaptiĝo.

Temis, do, pri junulo aventurema, preta ĉion elprovi kaj fida je sia kapablo sukcesi. Pri liaj fruaj tagoj en Rusio ni malmulton scias, sed ni ja scias, ke fine li troviĝis tute oriente en Siberio, en granda militkaptitejo por anoj de la aŭstra-hungara armeo. Post la falo de la cara reĝimo kaj la kaoso de dividitaj lojalecoj en la azia Rusio, la forgesitaj soldatoj estis esence senŝirmaj antaŭ la diversaj batalantoj. En julio 1918, Japanio, Britio, Francio kaj Usono (kune kun Kanado, Serbio kaj Latvio) lanĉis militan ekspedicion tra Vladivostoko en orienta Siberio, kies celoj estis iom obskuraj. Verdire, ĉiu potenco havis siajn proprajn intencojn, kaj la kvalito de la taĉmentoj variis (la brita, ekzemple, konsistis ĉefe el soldatoj tro aĝaj aŭ malfortaj por militi ĉe la okcidenta fronto: oni ŝerce nomis ĝin "la hernia brigado"). Britio kaj Francio volis malfermi duan fronton kontraŭ la Centraj Potencoj, esence ignorante la Traktaton de Brest-Litovsk de marto de tiu jaro, kiu surpapere ĉesigis la militon inter rusoj kaj germanoj. Japanio volis etendi sian influon por okupi potencovakuon en orienta

Siberio.[8] Usono, kiu ŝajnigis solidarecon kun la britoj kaj francoj, ĉefe zorgis pri limigo de la ekspansiaj intencoj de la japanoj.

Kiam stariĝis la kontraŭbolŝevika registaro de Admiralo Aleksander Kolĉak en Omsk en oktobro-novembro 1918, la celo de la interveno ŝanĝiĝis, almenaŭ se temas pri la britoj kaj francoj. Nun ilia ĉefa intenco estis subteni Kolĉak kaj rezisti la revolucion en Rusio. En tiu strategio la aŭstraj kaj hungaraj soldatoj estis senvaloraj: oni ne plu laboris por detrui la Imperiestron; nun oni volis detrui la Ruĝajn fortojn, kiuj, fronte al tiuj organizitaj militaj fortoj, retiriĝis en la arbarojn kaj montojn por lanĉi esence gerilan militon kontraŭ la fortoj de Kolĉak kaj liaj diverstendencaj aliancanoj.

Kvankam en la komenco Kolĉak prosperis, en 1919 li iom post iom perdis forton fronte al la Ruĝa fortiko kaj pro pluraj propraj strategiaj eraroj. La Ruĝuloj forpelis lin el Omsk kaj li retiriĝis al Irkutsk, kie, fine, la Ĉeĥa Brigado kaptis lin kaj transdonis lin al la Ruĝuloj, kiuj poste ekzekutis lin kaj liajn generalojn. La povo pasis al Grigorij Semjonov, kies kozakaj aliancanoj, kun sidejo en Ĉita, brutale traktis siajn kontraŭulojn sen klara celo, malgraŭ klopodoj de la usonanoj bridi ilin.

La Ĉeĥa Brigado, aro de diversnaciaj soldatoj kaj dizertintoj armitaj de la rusoj por batali kontraŭ la germanoj kaj aŭstroj, kiuj, nepovante trabati vojon hejmen per okcidenta avanco, klopodis eskapi per inversdirekta marŝo al oriento, estis nur unu el pluraj fortoj kiuj klopodis elturniĝi ĉu batale ĉu marĉande. Inter la Blankuloj kaj la Ruĝuloj la batalo daŭris – sed la Blankuloj iom malkomforte sidis kun siaj kozakaj aliancanoj, kaj la Ruĝuloj luktis por kunlabori kun la anarkistoj. Malfacilas sekvi la detalojn de tiu granda strebado kiu disŝiris la ekonomion, kulturon kaj popolojn de preskaŭ kontinente granda teritorio.

En tiun kaldronon falis la pli bone ekipitaj nove alvenintaj fortoj de la Grandaj Potencoj. La japana militistaro, pli granda ol tiuj de la aliaj aliancanoj, avancis ĝis Ĉita kaj Irkutsko kaj tie restis. Post la armistico la brigadoj de la francoj kaj britoj, kaj fine tiu de la

---

8 Pri la spertoj de japanaj armeanoj en Siberio, vidu (esperantlingve) Kurosima 1982. Ĝeneralan impreson de la pejzaĝo kaj kulturoj de la rusa ekstrema oriento donas alia samtempa (1920-22) verko en esperantlingva traduko, Sten Bergman, *Tra sovaĝa Kamĉatko*, trad. Birger Gerdman (Stockholm: Eldona Societo Esperanto, 1932).

usonanoj, forlasis la landon. Tiuj brigadoj, kune kun la brigadoj de pluraj aliaj landoj, ĝenerale rolis kiel mildigaj faktoroj, sed sen atingo de iuj vere konkretaj celoj. La japanoj restis ĝis la jaro 1922, kaj en la insulo Saĥaleno eĉ ĝis 1925. La kaptitejo de Soros, antaŭe en la manoj de la nun foririntaj usonanoj, estis transdonita al la japanoj. La enloĝantoj perdis ĉiun esperon: "La ĉion neanta pesimismo iom post iom disetendis diajn flugilojn, kies ombroj funebre malheligis eĉ la plej etan fajreron de l' espero," skribis Soros (*Robinzonoj*, 5).

Fuĝo tra la montaro

Soros kaj liaj kamaradoj do apartenis al imperia aŭstra registaro kiu ne plu ekzistis, kaj estis kaptitoj de cara rusa registaro jam renversita. En tia homa rubo, malfacilis teni sentojn de lojaleco aŭ eĉ de optimismo pri la estonteco – despli pro tio, ke, dum pli okcidente oni jam komencis repatriigi aŭstrojn kaj hungarojn, la kaoso en oriento malhelpis laŭordan evakuon. Kaj kiel armeanoj de la venkitoj, la kaptitoj ne aparte vekis simpation ĉe la usonanoj, britoj aŭ japanoj, kiuj apartenis al la venkintoj. Post la sinsekvaj falo de Kolĉak kaj retiriĝo de la britoj, francoj kaj usonanoj, la kaptitoj estis peonoj en la manoj de lokaj batalantoj, inter ili la violente kontraŭbolŝevikaj kozakoj, la sangavide antisemitismaj Blankuloj, kaj la senkompataj Ruĝuloj. Kiel judo kaj oficiro, Soros ne povis kalkuli pri sia sekureco eĉ ene de la kaptitejo, se okazus invado el ekstere. La bedaŭrinde tro kliŝa prezento de judaj kaptitoj, kiun donas al ni Baghy en *Viktimoj*, substrekas la ekstreman senŝirmon de judaj kaptitoj en tiu ĉirkaŭaĵo.

La filo de Soros, Paul, memoris, ke lia patro rakontis pri la atako de Ruĝuloj kontraŭ apuda kaptitejo: ili tuj mortigis la gvidantojn de la kaptitaj soldatoj.[9] Soros estis ne nur oficiro sed ankaŭ tielnomata Reprezentanto de la Kaptitoj, do inter la unuaj kandidatoj por mortigo okaze de eventuala tia ŝanĝo de regado.

Pro ĉio ĉi, Soros decidis fuĝi.

Saĝe, kaj elturniĝema kiel ĉiam, Soros unue fariĝis metilernanto, sin ligante al seruristo tie en la barako, por akiri spertojn kaj lertojn

---

9　　*Crusoes in Siberia* 2010: xviii.

kiujn li bezonus por longa vojaĝo tra la siberia sovaĝejo kaj por poste vivteni sin. La studoj pri juro kiujn li jam faris en Hungario apenaŭ utilus en tia ĉirkaŭaĵo. Lia celo estis iel trapenetri la orienten avancantan Ruĝan armeon kaj de tie travojaĝi Rusion por fine atingi Hungarion. Ekzistis eta espero, ke pertrajne li povus fari la tutan vojaĝon, sed tiu espero fine montriĝis vana. Aliaj kaptitoj pensis pri eskapo laŭ la mala direkto – al Vladivostoko kaj de tie ŝipe al iu alia lando.

Soros verŝajne kalkulis, ke per tiu vojo li estus dependa je la indulgo de oficialuloj, dum la vojo okcidenten estis esence afero de persona kuraĝo kaj bonŝanco – kvalitoj, kiuj neniam mankis ĉe li. Tiu decido estas kvazaŭ antaŭsento de tio kio savis lin en la dua mondmilito: lia kapablo kamufli sin per sia ekstera prezento; en *Maskerado* li aludas al tiuj bestoj kiuj kapablas, kvankam plene videblaj, kunfandiĝi kun sia ĉirkaŭaĵo kaj kvazaŭ malaperi. Kaŝi sin en plena vido – jen lia espero por la vojaĝo hejmen.

Irante tiun vojon, li frontis ne nur la homan kruelecon kaj senkompaton sed ankaŭ la egale severan fizikan ĉirkaŭaĵon. Siberio estis ankoraŭ plejparte sen evoluigo. La haveno de Vladivostoko estis fondita en 1860, sed nur en la fruaj 1900aj jaroj ĝi estis fervoje ligita kun la cetero de Rusio – pere de Manĉurio kaj ties ĉefurbo Harbino. La fina ligo en la Transsiberia Fervojo, kiu sekvis la nordan limon de Manĉurio kaj pasis tra Ĥabarovsk malfermiĝis nur en 1916. Tiun ligon Soros planis uzi. La interno de Siberio, tra kiu pasis la fervojo, estis esence sen aliaj vojoj: ĝia loĝantaro konsistis plejparte nur el nomadaj indiĝenaj cervogardistoj kaj laborantoj en minejaj tendaroj apud la ĉefaj riveroj.

Kiel ni povas legi en *Modernaj Robinzonoj,* la trajna vojaĝo montriĝis pene malrapida: ses tagnoktoj por la unua etapo – distanco de proksimume 500 kilometroj – dek tagnoktoj por la dua etapo. Ie survoje, Soros kaj kelkaj liaj kamaradoj transformiĝis el militkaptitoj al ... fervojistoj, kiam oni anoncis, ke nur fervojistoj rajtas pluiri per la trajno. Mirakle pluraj iamaj kaptitoj, inter ili Soros, retrospektive ŝanĝis profesion.

La trajno fine atingis la apudmontaran vilaĝon Ksenjevka, en la arbara profundo. Eĉ hodiaŭ tiu vilaĝo havas nur trimilon da enloĝantoj, plejparte ministojn. Ĝi estis meze de nenio. Tie la trajno haltis: batalado sur la vojo malpermesis pluan veturadon. La kamaradoj eklaboris kiel fervojriparistoj sed komencis diskuti inter si kiel plueniri, verŝajne piede. Iuj argumentis por irado okcidenten – en la regionon de batalado; iuj proponis suden iri al Ĉinio. Kelkaj argumentis por vojaĝo norden tra la sovaĝejo. Temis ja nur pri eta milo da kilometroj de plejparte senpada piediro dum la mallonga siberia somero... Soros decidis iri norden.[10] Soros kunmetis grupon de kunvojaĝantoj, kiuj suplementu la praktikajn lertojn, kiujn li mem jam akiris. Kvankam kelkaj centoj da iamaj militkaptitoj nun troviĝis en la vilaĝo, li intencis elekti nur dudek ĝis tridek. Dolfi kaj Sepi jam sciis pri transvivado en la arbaro ĉar ili sukcesis eviti la Blankulojn kaj la japanojn en la regiono de Ĉita post kolapso de ilia taĉmento de la Ruĝa armeo. Plia rekruto estis iama ŝtelĉasisto ĉe la bienoj de la Grafo Eszterházi; aldoniĝis terkultivistoj, "oficisto, sed poeto de animo", du seruristoj, unu tajloro, unu lakeo – kaj, inter tiu aro de viroj, unu virino, amatino de unu el la rekrutoj. Kaj tiel komenciĝis la vojaĝo.

De Ĥabarovsk al Moskvo

Ne estas facile fiksi la precizan vojon, kiun Soros kaj liaj kamaradoj sekvis tra tiu sovaĝejo: la teksto de *Modernaj Robinzonoj* estas nia sola gvidilo. Kiam mi redaktis la libron antaŭ pluraj jaroj, mi sidis kun la bibliotekistoj de la Universitato Yale (kiu posedis kompletan kolekton de detalaj mapoj de Sovetunio el la 1980aj jaroj) dum ni kune pasigis multajn horojn klopodante elpaŭsi la vojon. Fakte, la teksto liveris surprize grandan nombron da ŝlosiloj por la atenta leganto,

---

10 Similan dilemon frontas Izor Steiner en *Viktimoj* (170-171): "Kion fari? Rifuĝi? Sed kien? Malfacila demando! Okcidente baras la vojon la ĉeĥaj legioj, pri kiuj oni diras ke ili la kaptitojn senvestigas, pelas en la riveron Angara kaj ĉase mortpafas ilin en la ondoj. Ĉu suden? Neeble, la ĉina limo estas bone gardata kaj tie atendas favoran okazon la rusa blanka armeo. La rusaj oficiroj estas same kruelaj. Ili, laŭdire, faras mezepokajn inkviziciojn. Ĉu kuri orienten? Jen estus falo el sitelo en barelon. La hungara ruĝa armeo rifuĝas orienten, rekte en la faŭkon de la proksimiĝanta japana armeo. Cetere la revolucia hungara armeo ne estas malpli kruela. Eble oni opinios lin oficiro kaj tiam ... ajve! ... Kiom da steloj sur la pagono, tiom da najloj en la ŝultrojn. Restas nur unu direkto: la nordo. Sed norde etendiĝas senlimaj stepoj, kalvaj montoj, poste glacio kaj glacio. Nu bone, sed krom tiuj geografiaj malamikoj estas duonsovaĝaj indiĝenoj. Kien iri do?"

kaj ni pli-malpli sukcesis. La grupo, forlasante la haltigitan trajnon en Ksenjevka, marŝis norden tra la arbaro ĝis la Rivero Olekma. De tie ili iris kurban vojon por atingi la Riveron Vitim. Eĉ hodiaŭ la teritorio tra kiu ili batis vojon restas esence sen konstantaj enloĝantoj (dum la loĝantaro de Ksenjevka malmultis, norde de tie la loĝantaro estis esence nula); la tereno estas nekultivata; la vojoj estas nur padoj por bestoj, nomadoj, ĉasistoj, arbohakistoj, prospektoroj.

Moviĝi tra tia tereno sen mapoj, sen adekvata ekipaĵo, plejparte sen nutraĵo – kaj sen sperto – tio devus esti ege granda defio. Feliĉe la indiĝenoj ilin helpis. Kaj ŝajne la tuta grupo transvivis, sen perdo de eĉ unu vivo. Ne mirige ke la gvidanto de tiu eta bando, Tivadar Soros, sukcesis ŝirmi sian familion for de la Nazioj dum la ekstermado de la judaj loĝantoj de Budapeŝto.

La rakonto finiĝas kiam la grupo alvenas al la punkto kie la Rivero Vitim atingas la ebenaĵon norde la montoj. Ni ne scias kiel la inventema Soros fine sukcesis atingi Irkutskon kaj poste Moskvon, sed tie ni trovas lin en la jaro 1921, blokitan kontraŭ pluiro:

Alian sukcesan rolludon mi prezentis, kiam mi estis 27-jara viro. En la jaro 1919 la komunista reĝimo de Béla Kun falis post kvarmonata regado. La ruĝan reĝimon sekvis la blanka teroro de Horthy. Tiutempe mi vivis en rusa militkapititeco. La rusoj ne permesis la hejmeniron de hungaraj militkaptitaj oficiroj. La rusa registaro retenis ilin kiel garantiulojn, ĉar tiamaniere ili volis malhelpi la blankajn teroragojn de la Horthy-reĝimo. Intertempe la aŭstroj estis hejmensendataj ĉiusemajne el grupoj po kvincent personoj. Mi vidis envie kaj malgaje la hejmenirantajn aŭstrojn. Post sep jaroj de milito kaj kaptiteco mi ege deziris hejmeniri. Okaze mi trovis ie gvidlibron pri Linz, granda urbo de Aŭstrio. Mi trastudis la libron kaj prezentis min antaŭ la repatriiga komisiono kiel aŭstro, naskiĝinta en Linz. Mi ĝuste respondis la demandojn de la komisiono kaj sen malhelpo mi ricevis la envicigon en la sekvontan transporton, kiu devis ekiri je la 14-a de aŭgusto de la jaro 1921. (*Maskerado,* 43-44)

Ne nur tio: tiujare, kiam la Sovetlanda Esperantista Unuiĝo estis fondita en Peterburgo, la subskribo de Teodor Schwartz troviĝas en la fonda dokumento kiel sekretario de SEU. Entute, homo de senspiriga aŭdaco.... (*Maskerado*, 266)

Kaj, unu jaron post sia reveno al Hungario, la juna Schwartz jam fondas la revuon *Literatura Mondo*....

Sub fikcia vualo

Kiel jam dirite, la stilo de *Modernaj Robinzonoj* imitas tiun de rakontoj pri ekzotikaj aventuroj de la deksepa kaj dekoka jarcentoj. La spirito de *Robinson Crusoe* animas la verkon dedistance, sed pli verŝajne *Gulliver's Travels* estis la fonto de la resumaj ĉapitrokapoj. Soros intence kreas kontraston inter la esence vera rakonto (pri aferoj kiuj ja okazis) kaj la fikcia kovraĵo, tiel ebligante epizodan aliron al verko, de kiu ni alikaze emus atendi ĉiujn detalojn de la rakontata vojaĝo. Motivojn de la vojaĝantoj Soros apenaŭ tuŝas, nek esploras iliajn internajn sentojn. Konversacioj estas limigitaj kaj supraĵaj. La rakonto tamen plenplenas je okazintaĵoj – lertaj transiroj de riveroj, renkontoj kun indiĝenoj, konstruo de floso por la fina parto de la vojaĝo, k.s.

Almenaŭ laŭ la filo Paul Soros, kun kiu mi konversaciis kiam mi pretigis mian enkondukon al la verko en la jaro 1999, la leĝera stilo maskas vivdefiajn krizojn de diversaj specoj – ekstrema malsato, perdoj de mensa ekvilibro ĉe kelkaj vojaĝantoj, malsano. Kaj se nenio tia estas konfirmita en la libreto mem, la distanco inter la sobra rakontado kaj la danĝeroj raportataj en tiu rakontado nur maskas tion kio estas evidenta al la leganto: la eta verka amuzaĵo kaŝas, se nur parte, la batalon kun la naturo, kaj la homajn dolorojn, kiuj akompanis tiun batalon. Ĉu, do, la prezentita portreto de ĝia rakontanto estas tiu de modesta heroo kiu evitas sinlaŭdon, aŭ tiu de homo tiel memfida, ke li scias, ke la leganto tuj rekonos lian heroecon? Eble, tamen, la fina verdikto devas esti, ke la batalo inter vivo kaj morto, kiam oni estas forŝirinta la komplikaĵojn de homaj sentoj, estas simpla batalo, plej bone simple rakontata.

Unuavide, oni malfacile povus imagi pli grandan kontraston kun Baghy. Soros preskaŭ proteste ne pretendis esti verkisto aŭ homo beletre inklina (spite tion kion ni lernas pri li en *Maskerado,* ekzemple pri lia amo al teatro kaj opero, kaj lia insista kultivado de moralaj valoroj en la filoj), dum Baghy, filo de aktoro kaj mem aktoro, pensis multe pli konscie pri la verka arto kaj pri la propra loko en la progresigo de la ankoraŭ tute juna Esperanto-literaturo.

La ĉefartikolo en la junia numero de *Literatura Mondo* de 1923, verkita de Petro Stojan, pritraktis la literaturan lingvon en Esperanto: "La literatura kampo atendas grandan plugadon. Nia literaturo estis ĝis nun nur infana ludo en nekulturita kampo ... Mankas vortoj, esprimoj, parolturnoj. Verkoj originalaj, tradukoj, versaĵoj, prozaĵoj,... ĉio estas bezonega en granda kvanto, por ke la lingvo pliriĉiĝu kaj plielastiĝu per certa vojo." Kalocsay kaj Baghy staris pretaj liveri tiujn novajn verkojn, ĉiu laŭ sia maniero.

Sed ne klaras la rolo de Soros en tiu iniciato. Malgraŭ la modestaj pretendoj, Soros tamen partoprenis la Internaciajn Florajn Ludojn per *Modernaj Robinzonoj,* kaj en postnoto al la dua epizodo, kiu aperis en la julia numero de *Literatura Mondo,* oni notis, ke la verko (evidente ĵuse) estis "premiita en la IX-aj Floraj Ludoj." La ĉefa premio iris en tiu jaro al Julio Baghy pro la poemo "Dolora deziro" kiu aperis en 1922 en lia unua poemaro *Preter la vivo.* Kaj la postan jaron Kálmán Kalocsay gajnis la ĉefan premion...

Jam en 1921 aperis la unua poemaro de Kalocsay, *Mondo kaj koro,* konsterne matura kolekto de tamen tute juna poeto, kiu esence montris vojon al la eksterordinara progreso de la literatura lingvo en Esperanto en la posta dekkvino da jaroj. *Preter la vivo* de Baghy estas iom alia laŭ karaktero: la poemoj estas forme malpli aŭdacaj ol tiuj de Kalocsay, sed Baghy posedas senteman orelon (la poemoj moviĝas gracie kaj senstumble) kaj kapablas transformi en poezion simplajn Esperanto-lingvaĵojn: liaj poemoj estas facile alireblaj de ordinara leganto. Dum Kalocsay ĉizis, artis, atentis pri detaloj, Baghy rimis, versis, kantis. Oni ne forgesu, ke Kalocsay montriĝis granda tradukisto: la tradukarto postulas atenton al detaloj, precizecon. Baghy, aliflanke, ne tradukis, sed klopodis fari Esperanton sia. Hohlov (1923) uzas la esprimon "mondaserto" por priskribi tiun memfidan tonon.

La poemoj de Baghy estas tre personaj. La unua grupo de 23 poe-
moj portas la titolon "Tra Siberio" kaj rilatas al la tempo de kaptiteco
en Rusio – verŝajne verkitaj tie. Sekvas grupo de sep poemoj, "Tra l' oceanoj", kiuj registras lian re-
patriiĝan ŝipvojaĝon, el Vladivostoko, trans la Hinda Oceano. La aliaj
poemoj, en du grupoj, ŝajne verkiĝis post la reveno hejmen. Aldone al
ilia alireblo, rimarkindas la intense persona tono. "Sufiĉas la vivo! Mi
morton sopiras," deklaras la jam menciita premiita poemo "Dolora
deziro":

> Mi perdis ja ĉion: edzinon, filinon.
> Kaj ilin forprenis ne Morto, sed Viv'.
> Nun sola vaganta mi ploras ruinon
> de l' hejma fajrejo kun mortosoif'.
>
> (*Preter la vivo*, 62)

Oni povus kritiki la iom melodraman esprimmanieron de tamen juna
poeto, sed tio kion li priskribas fakte okazis: la familio, ne povante
elteni lian foreston en Siberio, forlasis lin. Fine de la dua siberia ro-
mano, *Sur sanga tero*, la aktoro Johano Bardy, sub kies persono Baghy
kaŝis sin mem, eltrajniĝas sola en Budapeŝto kaj staras silente inter
la reunuiĝantaj familioj. La samaj vortoj de la poemo revenas: "Ne la
Morto, sed la Vivo forrabis de li lian familion" (1991: 243). La urbo
kaj lando al kiu li revenas ne estas tiuj, kiujn li juna forlasis: griziĝis
la ĉirkaŭaĵo, kaj la reveninto sentas sin kvazaŭ fremdulo en la propra
lando.

Kaj jen oni rimarkas, ke, kvankam la stilo kaj enhavo de la senpre-
tenda verko de Soros/Schwartz estas tute aliaj ol tiu de la ambiciaj
romanoj de Baghy, unu aferon la verkoj havas komunan: ili sidas ĉe la
limo inter aŭtobiografio kaj fikcio. Se la kadro de *Modernaj Robinzonoj*
estas tiu de aventura rakonto, la enhavo estas (aŭ pretendas esti)
simpla rakonto de la faktoj. La siberiaj romanoj de Baghy estas firme
lokitaj en la efektivaj spertoj de la aŭtoro, sed reprezentataj kiel fikcio.

Baghy romanverkisto

La granda rusa verkisto Tolstoj iam atentigis, ke, se ni rigardas la militon desupre, kiel aferon de strategioj kaj celoj, ni klare vidas intencojn kaj signifojn, sed sur la grundo, en la batalkampo, desube, ĉio reduktiĝas al blinda kaoso. La alrigardo al milito, kiun ni trovas en la romanoj de Baghy estas desuba rigardo.

La du romanoj formas unu tuton: *Viktimoj* aperis ĉe Literatura Mondo en 1925; *Sur sanga tero* sekvis en 1933, esence daŭrigante la rakonton ĝis la punkto de liberiĝo kaj rehejmiĝo. Se *Sur sanga tero* havas pli vastan kadron, *Viktimoj* koncentriĝas je la travivaĵoj de Johano Bardy en militkaptitejo verŝajne iom simila al tiu de Soros/Schwartz sed situa pli okcidente ol tiu de Schwartz. La posta romano disvolviĝas en pli orienta loko, norde de Vladivostoko, en regiono fine okupata de Japanio.

Dum Schwartz interesiĝas ne pri la kaptiteco sed pri la aktivaj problemoj de transvivo en sovaĝejo, en la du romanoj de Baghy ni kune travivas la tagaltagajn okazintaĵojn inter la barakaj muroj – la disputojn, la amojn, la interagojn kun la loka loĝantaro, la rilatojn inter kaptitoj kaj kaptantoj. Dum Soros detale priskribas la politikan situacion dum la interna milito, tiel ke oni facile komprenas la ĉirkaŭajn cirkonstancojn eĉ se pri la baraka vivo oni malmulton ekscias, ĉe Baghy temas pri inverso: malfacile oni kaptas la precizan politikan kaj militan situacion de la kaptitoj.

Tiuj kaptitoj fakte estas de du specoj: tiuj kiuj troviĝas en la prizono kiel militkaptitoj, ĉefe el Aŭstrio kaj Hungario, kaj tiuj civiluloj, kiuj kunbalaiĝis pro antaŭaj deliktoj, aŭ pro la hazardoj de milito. Multaj alvenis per "mortovagonaroj" – trajnoj plenaj de prizonaj elĵetitaj aŭ forpuŝitaj el difinitaj komunumoj kaj enpakitaj en trajnojn sen fiksita celo: oni ja ne povas kompreni la ŝanĝiĝantajn trajtojn de la jaroj 1918-21 en Siberio sen konscii pri la ŝlosila graveco de la fervojoj, preskaŭ la sola maniero por iri de loko al loko, kaj, en la konstante moviĝantaj limoj inter lokaj potencoj, la sola transportmaniero de potenciale primarĉandeblaj kaptitoj.

Tiuj mortovagonaroj aperas en *Viktimoj* en la fina batalo ĉirkaŭ la barako de la militkaptitoj. La invadintaj Blankuloj malplenigas la kaptitejon kaj ŝovas la kaptitojn en trajnojn, por supozeble transporti ilin aliloken al alia karcera barako, sed fakte por ĵeti ilin kiel militantojn kontraŭ la malamikojn. Kaj dum trajnoj jen malaperas al obskuraj finstacioj, aliaj trajnoj aperas kun siaj malsataj, malsanaj kaj iom post iom mortantaj pasaĝeroj:

Vi vidis tiun vagonaron. Ĝi venas el Ufa ... 40-50 homoj enestas po vagono. Junuloj, infanoj, virinoj, maljunuloj. Ili vojaĝas jam de dudek tagoj, kaj vojaĝos eble ankoraŭ dudek, al Ruskij Ostrov, laŭdire. Ni vidis la flavajn ostajn vizaĝojn, la tremantajn manojn en la kraditaj fenestroj. Sepfoje ili ricevis manĝon dum dudek tagoj.

– Ho, Dio, Dio! – ĝemis la maljunulo. – Frato al frato, ruso al ruso faras tion. La germano estas pli indulgema.

– Ho, ili ja estas indulgaj! Ili ne mortigas la ruĝulojn, ili nur envagonigas ilin. En ĉiu vagono putras unu du kadavroj.

(*Viktimoj,* 217)

La unua romano estas notinda ĉefe pro la libereco kaj flueco de la dialogo. Kiel pluraj kritikistoj rimarkis (kaj Baghy estas ĝenerale bone servata de siaj kritikistoj – precipe Boulton, Benczik kaj Auld) la dialogo transdonas senton de natureco kvazaŭ temas pri "normala" etna lingvo, ne pri io artefarita. Tio estas nova trajto en la Esperanto-literaturo: nenie inter la prozistoj de la antaŭmilita periodo oni trovas tiun spontanon, kaj apenaŭ inter la poetoj (Privat kaj Schulhof estas eble la solaj esceptoj). Temas pri grandega antaŭensalto: dum la malmultaj antaŭmilitaj romanoj kaj noveloj havas etoson de artefariteco, almenaŭ en la prezento de rektaj interhomaj rilatoj, precipe en *Viktimoj* tiuj rilatoj estas nun subite mature reprezentataj.

Eĉ oni povus diri, ke la dialoga lerto kvazaŭ dominas la romanon *Viktimoj.* Oni tuj komprenas, ke tiu ĉi estas verko de homo teatra – aktoro kiu scias kiel ne nur prezenti agadon per konversacia interŝanĝo sed ankaŭ prezenti karakteron: la unuopaj rolantoj montras sian personecon per la interparoloj. Verdire, la kvanto de fona priskribo de la situacio estas eĉ minimuma, kaj la aŭtoro perdas malmultan tempon je detalaj priskriboj de la fizika ĉirkaŭaĵo aŭ la korpa aspekto de la rolantoj – nur mallongaj, kvazaŭ telegrafaj frazoj. Plejparte la homoj montras sin per la propraj vortoj kaj estas prezentataj pere de la eldiroj de aliaj. Kelkaj tiuj rolantoj ludas signifan rolon en la du romanoj – notinde la tajloro Mihok, kiu aperas en ambaŭ romanoj. Komentas Minnaja/Silfer (2015: 137):

> Johano Bardy, la protagonisto, rolas aŭtobiografie: Baghy plejparte reprezentas sin en li, eĉ se li disdividiĝas ankaŭ en aliaj rolantoj, kiel Petro Doŝky, la amiko kaj kundiskutanto de Bardy, anime simila sed kun malsimila aliro al la vivo. Bardy estas idealisto, Doŝky realisto.

La metodo de Baghy estas ellabori la bazan intrigon per konversacio, tiel montrante la ligojn inter la homoj, kaj poste interplekti tiujn ligojn. En sia evoluo *Viktimoj* prezentas al ni esence amtriangulon, en kiu Bardy sentas lojalecon al du virinoj, unu el kiuj perfidas lin, kaj la alia, en la kaoso de atako kontraŭ la barako, estas apartigita de li. Oni povas bedaŭri certan elementon de sentimentaleco en tiu prezento kaj iom tro da emociaj ekstremoj – sed Baghy evidente pripalpas sian vojon al romano plene matura, kiel fakte realiĝas en *Sur sanga tero*.

El la du koncernaj romanoj de Baghy, *Sur sanga tero* estas nepre la pli forta – pli ellaborita, kun pli firma kunteno de la rakontaj fadenoj, kaj pli vasta perspektivo. Aparte impona estas la detala priskribo ne nur de la kaptitoj sed ankaŭ de la soldatoj kiuj ilin gardas – ekde la "ŝakalo" Vladimir Smirnov ĝis la kolonelo de la tielnomata Inĝeniera Regimento, Demetrio Podenko, iama fabrikanto de kolbasoj, kiu daŭre klopodas eviti respondecon per rezignacio kaj preteco cedi – kaj la "senlangulo" Leŭtenanto Striĉkov, kiu, unike inter la gardantoj, faras sian eblon igi la vivon de la kaptitoj eltenebla. Per Striĉkov Baghy konatigas al ni esencan elementon en sia filozofio – la kapablon humane agi eĉ inter la doloroj kaj krueloj de la vivo. Ni ekkonas tiujn homojn ne nur per iliaj diroj sed ankaŭ per iliaj agoj: en *Viktimoj,* dialoge ŝarĝita, la silenta Striĉkov ne elstarus, sed en *Sur sanga tero* ekde la komenco (kun ties kvazaŭ alegoria rakonto de pafita hundo) la morala direkto estas firma, ampleksa, kaj konvinka. Jes, ambaŭ romanoj havas siajn koincidojn kaj hazardojn (iom tro mirinde, ke en tiel vasta stepo la rolantoj retrovas sin kaj iel aperas en sama loko), sed tiuj du romanoj ja atingas du grandajn celojn: ili brile redonas la surlokajn cirkonstancojn de kruela kaj (je tiu ĉi stadio) morale bankrota milito, kaj ili formas bazon por la plua evoluo de la romano en Esperanto. Auld (1979: 37) citas Benczik (1980: 74):

> Baghy ne estis mondliteratura giganto... Tamen, lia rolo en nia literaturhistorio estas unika: multe pli grava, ol la abstrakta analizo de la estetikaj kvalitoj de liaj verkoj supozigus. Li aperis en decida momento kaj rekonis la pretendojn de la epoko, kaj per tio li fariĝis – post Zamenhof la dua fondinto de nia literaturo.

CITITAJ VERKOJ

Auld, William. 1979. *Enkonduko en la originalan literaturon de Esperanto.* Saarbrücken: Iltis.

Auld, William. 1981. *Vereco distro stilo: Romanoj en Esperanto.* Saarbrücken: Iltis.

Baghy, Julio. 1923. *Preter la vivo.* Budapest: Literatura Mondo.

Baghy, Julio. 1991. *Sur sanga tero: Mozaikromano* (1933). Kvara eldono. Postparolo de Vilmos Benczik. Eldonejo Fenikso.

Baghy, Julio. 1925. *Viktimoj.* Budapest: Hungara Esperanto-Instituto.

Benczik, Vilmos. 1980. *Studoj pri la Esperanta literaturo.* Kameoka, Japanio: La Kritikanto.

Boulton, Marjorie. 1983. *Poeto fajrakora: La verkaro de Julio Baghy.* Saarbrücken: Iltis.

Hohlov, Nikolao. 1923. Minstrelo de la nova sento: La poezio de Julio Baghy. *Literatura Mondo* 2/9: 170-173.

Kalocsay, Kálmán. 1921. *Mondo kaj koro.* Budapest: Per Esperanto al la Tutmondo.

Kalocsay, K. de. 1922. Al la legantoj, *Literatura Mondo* 1: 1-3.

Kurosima Denzi. 1982. *Siberio en neĝo.* Trad. Miyamoto Masao. Kioto: l'omnibuso.

Melas, Teo (Schwartz, Teodoro). 1922. La plej justa juĝo, laŭ hinda fabelo. *Literatura Mondo* 1/1: 5-6.

Minnaja, Carlo k Giorgio Silfer. 2015. *Historio de la Esperanta literaturo.* La Chaux-de-Fonds, Svislando: Kooperativo de Literatura Foiro.

Schwartz, Teodoro (Soros, Tivadar). 1999. *Modernaj Robinzonoj: En la siberia praarbaro* (1924). Dua eldono. Enkonduko de Humphrey Tonkin. Berkeley, Usono: Bero.

Soros, Tivadar (Schwartz, Teodoro). 2000. *Maskerado: Dancing Around Death in Nazi Hungary.* Red. k trad. Humphrey Tonkin. Edinburgh: Canongate.

Soros, Tivadar (Schwartz, Teodoro). 2001. *Maskerado ĉirkaŭ la morto* (1968). Dua eld. Red. Humphrey Tonkin. Rotterdam: UEA.

Soros, Tivadar (Schwartz, Teodoro). 2010. *Crusoes in Siberia,* trad. Humphrey Tonkin. New York: Mondial.

Soros, Tivadar, 2018. *Túlélni,* trad. István Ertl. Budapest: Múlt és Jövő Kiadó.

Stojan, Petro. 1923. Pri nia literatura lingvo. *Literatura Mondo* 2/6: 101-102.

Waringhien, Gaston. 1983. *Kaj la ceter' – nur literaturo.* Antverpeno: TK / La Laguna: Stafeto.

8. Kaoso en Esperantio: eĥoj de la holokaŭsto[1]

Kiel hanta fantomo ŝvebas fone de la Esperanto-movado la katastrofo de la Holokaŭsto – la ekstermado de la judoj de Eŭropo meze de la pasinta jarcento. En la jaro 1959, kiel juna esperantisto, mi unuafoje pilgrimis al la tombo de Zamenhof en Varsovio kaj al la naskiĝoloko Bjalistoko. Precipe en Bjalistoko mi jam tiam sentis ne nur la normalan pason de la tempo depost la epoko de la fondinto de Esperanto, sed la perfortan forpason de tuta elemento en la kultura mikso, la kultura kunfluo, de Pollando. Jarojn poste, vizitante la iam plejparte judan urbeton Tykocin, apud Bjalistoko, mi ricevis la impreson, ke tiu urbeto estas enfermita senvive en sukceno kvazaŭ enrigardo en malaperintan mondon. Tra la jaroj mi plurfoje vizitadis Pollandon ofice aŭ esperantiste, kaj legis ĝian historion. Tiu konstato kvazaŭ de amputita membro estis frape sentebla ĉe ĉiu stratangulo, ĉiu kampo kaj arbaro, de tiu lando riĉa je historio. La pasinteco vibras akuze en la malnovaj muroj, la stratnomoj, la vepraj tombejoj. Komprenebie la judoj malaperis ankaŭ el aliaj landoj de meza Eŭropo, precipe el Germanio mem, sed la ambiguoj de la pasinteco iel restadis pli longe en la nur pene rekonstruata Pollando – kaj la simpla multeco de la iamaj judoj lasis pli grandan breĉon ol en, ni diru, Hungario aŭ Rumanio. Denove leviĝis tiu vakua sento, kiam esperantistoj venis al Universala Kongreso de Esperanto en Bjalistoko en 2009 kaj konstatis certan mankon, certan rompon de kontinuo.

La Esperanto-movado estas ia Pollando. Ne nur temas pri la preskaŭ malaperinta familio Zamenhof, forbruligita en la fornoj de Treblinka, sed pri la malapero de generacio de pioniroj. Hitler ne tute malpravis kiam en *Mein Kampf* li nomis Esperanton lingvo de judoj kaj komunistoj. Nu, jes, Esperanto estas nenies lingvo, kaj ĉies – sed la nombro de judoj kaj maldekstruloj ligitaj al ĝi precipe en la intermilitaj jaroj estis eksterproporcia. Ulrich Lins en sia libro *La*

---

1   Unue aperis en 2008 kiel "Kaoso en Esperantio: Eĥoj de la holokaŭsto", *Beletra Almanako* 2 (marto): 58-65. Mi faris kelkajn ĝisdatigojn. Anglalingva versio aperis en *Language Problems and Language Planning*, 35/2:161-171.

danĝera lingvo[2] rakontas pri ilia sorto: viktimoj de perfortaj reĝimoj de dekstro kaj maldekstro, ekstermitaj nur pro sia genta aparteno aŭ siaj internaciismaj aspiroj.

La libro de Lins, kune kun la unua Esperanto-traduko de *La taglibro de Anne Frank* (1959; nova, pliampleksigita traduko aperis en 1997), kaj la verko de Teodoro Ŝvarc, *Maskerado ĉirkaŭ la morto* (1965), helpis malfermi la okulojn de la Esperanto-mondo al la naziaj kontraŭjudaj teruraĵoj. Kontraste al Lins, Ŝvarc ne traktis en sia verko la Esperanto-movadon, sed skribis tute persone, el propra sperto. Lia verko, pritraktante transvivon trans la nazia epoko en Budapeŝto, estis inter la unua el speco de verkoj (iniciatita de la fama *Taglibro*), kiuj poste fariĝis vera torento en la lingvoj de Eŭropo: libroj pri streboj transvivi – kaj foje pri la komplikaj sentoj de ĝojo kaj de kulpo, kiuj sekvas el tia transvivo.

En la jaroj 2000-2003 en Esperanto aperis fasko da libroj, kies temo estis travivaĵoj en la Dua Mondmilito, specife rilate al la nazia ekstermado de judoj. Ili estas aparte bonvenaj en Esperanto – kies movado, tute kompreneble, emas al optimismo, kaj ne nepre al la speco de sinekzamenado, kiun postulas ĝia pasinteco. Ili eble helpos meti en perspektivon la pilgrimadon al Bjalistoko en 2009. Kelkaj tiuj verkoj havis sian eĥon ankaŭ ekster la Esperanto-mondo. La eta historio komenciĝis, kiel notite en antaŭa ĉapitro, per mia propra redakto kaj reeldono de *Maskerado ĉirkaŭ la morto*. Teodoro Ŝvarc, alinome Tivadar Soros, elektis verki sian vivrakonton pri la hungara okupado de Budapeŝto en Esperanto, kaj ne en iu alia lingvo, plej verŝajne ĉar li sciis, ke Juan Régulo Perez pretos eldoni ĝin – kio ja okazis en 1965. Ne havis sencon verki ĝin en la hungara, lia gepatra lingvo, ĉar, kiel rifuĝinto el Hungario, li apenaŭ povus trovi eldonejon por ĝi en tiu lando, precipe en periodo kiam oni emis aktive malatenti la objektivan historion de la militaj jaroj. Lia antaŭa memoraĵo, *Modernaj Robinzonoj*, pri liaj travivaĵoj en la Unua Mondmilito, estis modesta verketo, kiu, kiel ni jam notis, aperis en Esperanto dum la periodo kiam li kunlaboris kun la eldonejo kaj revuo *Literatura*

---

2   2016; la unua, malpli ampleksa, eldono aperis en 1973, kaj multa tiu materialo aperis ankaŭ en *Esperanto en perspektivo* 1974. Nova eldono en 2016 estis ankoraŭ pli ampleksa, kaj ĝi formis la bazon por duvoluma traduko en la anglan lingvon, *Dangerous Language*, 2016-17.

Mondo (ĝin oni reeldonis, kun mia antaŭparolo, en 1999). Nun, en la 1960aj jaroj, rifuĝinte en la okazaĵoj de 1956 kaj ekloĝinte en Usono, li ne havis tiel facilan aliron al Esperanto, sed por tiu ĉi pli substanca kaj iasence pli urĝa verko, Esperanto ŝajnis taŭga perilo.

Mia laboro super *Maskerado* komenciĝis per pretigo de nova anglalingva traduko, komisiita de la familio Soros. Tiu estis mia dua komisio de la familio: unue oni petis min traduki la verketon *Modernaj Robinzonoj*, kiu neniam estis tradukita anglen. Mi faris tiun mallongan tradukon (kiun la familio deziris havi por propra uzo, kaj kiu eldoniĝis nur en 2010, ĉe Mondial) kun konsiderinda plezuro, ĉar ĝi donis okazon eduki min mem pri la komplika historio de neglektata aspekto de la Unua Mondmilito: la situacio en orienta Rusio en la jaroj ĉirkaŭ 1918. Sed en posedo de la familio estis ankaŭ manuskripto de anglalingva traduko de la Esperanta originalo de *Maskerado*, farita en kripla angla lingvo de hungarlingva amikino de la familio. La familio petis min pretigi novan tradukon.

Tuj leviĝis demando pri la teksto mem: la rilato inter la manuskripta traduko kaj la originalo estis neklara. La traduko enhavis iom da teksto, kiu ne aperis en la Esperantlingva versio publikigita en 1965, kaj la Esperantlingva havis alineojn kaj frazojn, kiuj mankis en la traduko. Ĉu Soros ja revis pri eldono de la verko en la angla, kaj sekve plue prilaboris la anglan tradukon per aldonoj kaj ŝanĝoj? Ĉu, trovante tiun revon nerealisma, li turnis sin al la Esperanta teksto kaj mem plue poluris ĝin? Aŭ ĉu Régulo mem faris ŝanĝojn? Kiel ajn oni interpretas la situacion, la malsameco de la tekstoj levis malfacilajn problemojn por tradukanto kaj redaktoro. Ne sciante, kiu teksto estas pli aŭtoritata, mi decidis konstrui novan tekston, kiu kombinu kiel eble plej komplete la materialon el ambaŭ versioj. Sekve, mia teksto estis esence kompletigita versio de la publikigita teksto de 1965.

Aperis unue mia anglalingva traduko, ĉe brita eldonejo, en la jaro 2000. Ĝi estis konsiderinda sukceso: du grandaj britaj tagĵurnaloj aperigis ampleksajn elĉerpaĵojn el la libro, kaj ĝi estis vaste recenzata. En 2001 aperis usona eldono – bedaŭrinde du semajnojn post la atako de la 11-a de septembro, tiel ke la publika atento al la libro estis tre limigita. Ankaŭ en 2001 mi publikigis novan redakton en Esperanto de la libro de 1965, surbaze de tiu mia kombinita teksto. Ĉiujn eldonojn akompanis larĝa komentario mia (plia okazo por mem lerni detale pri dolora periodo de la eŭropa historio). La Esperantan tekston tradukis István Ertl en la hungaran (2002) kaj la libro estis tradukita en plurajn aliajn lingvojn (turka, hungara, germana, rusa ktp.) surbaze de miaj anglalingvaj teksto kaj komentario (vidu la antaŭan ĉapitron).

István Ertl ludis ŝlosilan rolon en du aliaj libroprojektoj – *Kaoso en Budapeŝto* de Nina Langlet, kiun esperantigis el la sveda Kalle Kniivilä, kaj *Sensorteco,* de Imre Kertész, Nobel-premiita hungara aŭtoro, tradukita de Ertl mem. Nina Langlet, filino de la fama korespondanto de Zamenhof, Nikolaj Borovko, estis vidvino de granda sveda Esperanto-pioniro Valdemar Langlet, kiu, translokiĝinte al Hungario jam antaŭ la milito, enposteniĝis kiel docento pri la sveda en la Budapeŝta Universitato. Kiam venis la germana okupado, li kaj la edzino dediĉis sian energion al la savado de judoj, sub la ŝildo de la Sveda Ruĝa Kruco, kies reprezentanto Valdemar fariĝis. Raul Wallenberg estis nur la plej fama eksterlandano kiu laboris por savi la judojn de Budapeŝto: kun li laboris tuta teamo diplomata – el Vatikano, Svislando, Hispanio, kaj pluraj aliaj landoj. Inter la svedoj elstaris la nur lastatempe forpasinta Per Anger, kaj, kompreneble, Valdemar Langlet mem.

La periodo de la germana okupado de Budapeŝto estis relative mallonga – deko da monatoj ekde aprilo 1944. Sed ĝi estis periodo en kiu la tempo kvazaŭ teleskope kunpuŝiĝis. La longa agonio de la judoj de Germanio kaj Pollando, kie la Nazioj perfektigis sian sistemon de ekstermado, okazis en Hungario kun fulma rapideco. La gvidanto de la juda ekstermado, Adolf Eichmann, kiun jam delonge jukis la deziro apliki siajn metodojn en Hungario sen la limigoj kaj obstakloj, kiujn li frontis aliloke, ene de kelkaj semajnoj post la enmarŝo de la germana armeo komencis la unuajn amasajn forportojn al la pola ekstermejo Auschwitz. En sia libro, Nina Langlet priskribas la ĉiutagaĵojn de la vivoj de tiuj, kiuj persiste laboris por ŝirmi la homojn kontraŭ la nazia mortomaŝino.

Tivadar Soros aliras la temon de la vidpunkto de potenciala viktimo – homo kiu, kune kun sia familio, sukcesis transvivi precipe per ruza lerto kaj bona ŝanco. La libro de Kertész rakontas – en la ŝparema, simpla lingvaĵo de brila stilisto – la vivon de tiu, kiu ja falis en la naziajn manojn. Apenaŭ plu eblas rakonti tiun rakonton alimaniere ol strikte persone: la faktoj estas jam konataj. Sed la ekzistencialaj travivaĵoj de homoj kiel la italo Primo Levi aŭ la hungaro Imre Kertész (aŭ la germano Victor Klemperer) estas notindaj ĝuste pro tio, ke la homa deziro kompreni estas daŭre frustrata de la frida logiko de tio, kio okazas ĉirkaŭe. La holokaŭsto kaj la maniero trakti ĝian rakontiĝon similas la verkojn de Franz Kafka: la neeblo klarigi la faktojn per homa logiko kvazaŭ simbole reprezentas la homan kondiĉon de la dudeka jarcento – homoj solaj antaŭ la maŝino, kiu ilin forvoras sisteme, sendemonstre, anonime.

Apud ĉio ĉi la biografia verko de Spomenka Štimec, *Tilla*, estas aliforma, alistila, sed absolute atentokapta. Tilla Durieux (1880-1971) estis konata germana aktorino, edzino sinsekve de artisto, fama kolektanto kaj artonegocanto, kaj industriisto. Ŝia dua edzo, Paul Cassirer, sukcese elturniĝis en la periodo post la Unua Mondmilito, kaj eĉ aranĝis, ke la maljuna Renoir estu unu el la multaj, kiuj pentru la vivoplenan Tilla Durieux. Sed kiam ilia geedzeco disfalis, la fiera kaj nestabila Cassirer mortpafis sin, kaj Tilla baldaŭ edziniĝis al lia financa konsilisto, la judo Lutz Katzenellenbogen. Lin oni akuzis pri financaj misagoj. Iom post iom, draste malhelpate en tiu rilato de la Nazioj, lia bonŝanco kaj lia bonhavo forvaporiĝis. Tilla kaj Lutz fuĝis al Prago kaj poste al Svislando, kaj de tie al Kroatio, kie ili trovis relativan trankvilon dum iom da tempo. Sed la milito sekvis ilin ankaŭ tien. Lutz fine malaperis ie en la ĉirkaŭaĵo de Skopje dum la paro vane klopodis atingi Usonon tra Turkio. Tilla ekloĝis kun sia nove trovita aristokrata amikino Zlata en Zagrebo, kie ŝi duontage tajlis vestojn por la Zagreba pupteatro kaj traktis kun germanaj oficiroj, kiuj enloĝis la domon de Zlata; dumnokte ŝi enterigis partizanajn dokumentojn en la ĝardeno aŭ peris mesaĝojn al la soldatoj en la arbaroj.

Tra ĉiuj perturboj, ĉiuj danĝeroj, Tilla restis fidela al la arto: ŝi vendis pentraĵojn por vivi, sed ŝi ankaŭ konservis kaj ĝuis siajn artaĵojn laŭeble, kaj ŝi varbis aliajn personojn al ties aprezo.

Ŝi kapablis, same kiel kapablis Tivadar Soros, elturniĝi, transvivi, kun digno kaj aplombo. Malgraŭ ĉiuj katastrofoj, *Tilla* kaj *Maskerado* estas optimismaj verkoj.

Ĉe ĉiuj kvar verkoj leviĝas la demando, ĝis kiu grado oni traktas faktojn kaj ĝis kiu grado oni kreas fikcion. Kertész pretendas verki romanon, sed evidente lia verko proksime sekvas liajn efektivajn travivaĵojn kiel kaptito. Kvankam foje oni nomis la memuaron de Soros fikciaĵo (notinde tion faris siatempe en galoplena momento Bernard Golden), min impresis la konstato, ke pli-malpli ĉio kion mencias Soros en sia verko kongruas kun la eltroveblaj faktoj. Soros, malgraŭ la ŝajna modesto, havis altan kaj fortan opinion pri si mem, sed ripete savis lin lia ironio kaj lia objektiva juĝkapablo.

Pli serioza, malpli personecoplena, estas la verko de Nina Langlet, *Kaoso en Budapeŝto*, kiu evidente celas prezenti pozitivan bildon de la propra agado kaj tiu de la edzo, kvankam inter la linioj oni rimarkas jen kaj jen la streĉitecojn inter la svedoj, kiuj tiel sindone sed ne ĉiam kunordigite laboris en la Budapeŝta kaoso. Kontraste al tiuj tri aŭtobiografiaj verkoj, la biografia rakonto de Spomena Štimec eventuale liveras detalojn pli deziratajn ol faktajn – pri ekzemple renkontiĝo kun pola sinjoreto, kiu klopodas ĝisatingi Pollandon el neokazinta kongreso en Parizo en 1914....

Alian celon havas kvina verko, de Zofia Banet-Fornalowa, *La pereintoj in memoriam* (2003). Ĝi rekte alfrontas tion, al kiu mi aludis komence – la malaperon de la esperantistoj desur la Esperanto-pejzaĝo en la periodo de naziaj ekstermoj. Banet-Fornalowa prezentas biografiajn skizojn de ses juddevenaj poloj, kiuj pereis dum tiuj teruraj jaroj, kaj kiuj ludis signifan rolon en la pola kaj internacia Esperanto-movado – Leo Belmont (1865-1941), Halina Weinstein (1902-1942), Edvardo Wiesenfeld (1892-1942?), Jakobo Ŝapiro (1897-1941), Izrael Lejzerowicz (1901-1942), Salomon Kornfeld-Grenkamp (1896-1943). Ŝia celo estas simpla: teni la memoron de tiuj sindonaj esperantistoj viva, kaj tiumaniere kontribui al la ekvilibra pritakso de la Esperanto-historio. Temas do, ne pri la teruraĵoj mem, sed pri la brilaj vivoj, kiujn oni per simpla decido kaj brutala efikeco malŝaltis. La verko estas modesta, sed pro tio despli efika. Jes, kiel en Pollando tiel en Esperanto, la Holokaŭsto vundis nian kolektivan koron.

Soros aludas al esperantistoj nur unufoje en sia libro: temas pri esperantisto, kiu *ne* liveras helpon al li, eble (laŭ Soros) ĉar Soros ne bone traktis liajn artikolojn kiel iama redaktoro de la revuo *Literatura Mondo*. Kaj la verko de Nina Langlet traktas la agadon de esperantisto precipe ekster la Esperanto-movado. En *Tilla*, tamen, okazaj aludoj montras kunligojn inter la vivo de Tilla kaj la kroata kaj jugoslava

Esperanto-medio. Mladen Serment kaj Srdjan Flego, kiuj poste fondis la Internacian Artan Teatron en Parizo, ludas ĉi tie siajn subtenajn roletojn. Banet-Fornalowa rekte traktas la historion de nia movado. Stile, la libroj ankaŭ prezentas kontrastojn. Soros iom neekzakte regas Esperanton, tiel ke eĉ la originalo iasence bezonas tradukon – en tion, kion Soros celis diri sed foje ne precize atingis. Liaj propraj aludoj al ŝatataj tekstoj (li aparte ĝuis librojn pri aventuroj) donas ioman ideon pri la stilo, kiun li celis atingi en sia verko. Li stumblas, misuzas terminojn (laŭ Kalocsay, li iom obstine fiksiĝis al formoj netaŭgaj), perdas la fadenon de la propraj pensoj. La bonaj tradukoj de Kniivilä (Nina Langlet) kaj Ertl (Imre Kertész) sugestas, ke Langlet tute kompetente prezentas sian rakonton, kaj ke Kertész kreas por sia verko kvazaŭ naivan voĉon. Ŝtimec estas stila majstro, kies flua prezento tenas la atenton de la leganto. (Oni povas nur bedaŭri ke ĉe Banet-Fornalowa kaj ĉe Ŝtimec preseraroj tiel abundas.) Du el la verkoj estas tradukoj. Tria tradukiĝis en aliajn lingvojn. *Tilla* meritas pli vastan konigon ne nur ĉar ĝi rakontas interesan historion sed ankaŭ ĉar ĝi prezentas koheran tuton. Tia kreiva redono de neesperantista vivo estas malofta en la Esperanto-literaturo. Eĉ oni povas diri, ke ĝi plugas novan grundon. Nesufiĉe ofte aperas verkoj en Esperanto, kiuj simple vastigas la scion de la legantoj pri aktualaj aferoj. Kaj la verko de Banet-Fornalowa estas aŭtentika kontribuo al la historio de Esperanto, kompletigita tiusence per akra memorigo pri la kontrasto inter la homaj aspiroj kaj la abismoj de brutalo.

Kiam tiu ĉi eseo unue aperis, en 2008, do antaŭ la Universala Kongreso en Bjalistoko, mi finis ĝin per la frazo "Se vi volas kompreni Bjalistokon, legu ĉi tiujn librojn." Nun, post plia jardeko, la atestoj de la transvivantoj de la Holokaŭsto fariĝis en si mem historiaĵoj: malmultaj homoj ankoraŭ spiras, kiuj travivis tiun epokon. Kreskas iu senpensa antisemitismo, ligita al pli ĝenerala ksenofobio, siavice kaŭzita de sento de manko de rego super la propra vivo en tiu ĉi nova teknologia epoko. Inter la remparoj kontraŭ tiu senpensa kaj pure reaga malamo estas nia lingvo Esperanto kun ties valoroj de internaciismo, respekto al aliuloj, kaj deziro (dezirego eĉ) kompreni. Mi emas nun diri, iom paradokse, "Se vi volas kompreni Esperanton, legu ĉi tiujn librojn."

CITITAJ VERKOJ

Banet-Fornalowa, Zofia. 2003. *La pereintoj: in memoriam.* Czeladź, Pollando: Eldonejo Hejme.

Kertész, Imre. 2003. *Sensorteco,* trad. István Ertl. Budapest: Aranygolyó. [Dua eldono, Novjorko: Mondial, 2018]

Langlet, Nina. 2001. *Kaoso en Budapeŝto,* trad. Kalle Kniivilä. Varna: Kargo/Bambu.

Lins, Ulrich. 2016. *Dangerous Language: Esperanto under Hitler and Stalin,* trad. Humphrey Tonkin. London: Palgrave Macmillan.

Lins, Ulrich. 2016. *La danĝera lingvo: Studo pri la persekutoj kontraŭ Esperanto.* Reviziita eldono. Rotterdam: Universala Esperanto-Asocio.

Lins, Ulrich. 2017. *Dangerous Language: Esperanto and the Decline of Stalinism,* trad. Humphrey Tonkin. London: Palgrave Macmillan.

Soros, Tivadar. 2000. *Maskerado: Dancing around Death in Nazi Hungary,* trad. Humphrey Tonkin. Edinburgh: Canongate. [Eldonita en 2001 en Usono kiel *Masquerade: Dancing around Death in Nazi-occupied Hungary.* New York: Arcade Publishers]

Soros, Tivadar. 2001. *Maskerado ĉirkaŭ la morto: Nazimondo en Hungarujo.* Dua eld., red. Humphrey Tonkin. Rotterdam: UEA.

Soros, Tivadar. 2001. *Maskerado: Nazi Rejimi Altinda Ölümle.* Istanbul: AçikDeniz.

Soros, Tivadar. 2001. *Maskarad: Igra v pryatki so smert'yu v natsistskoi Vengrii.* Moskva: Rudomino.

Soros, Tivadar 2002. *Álarcban. Nácivilág Magyarországon.* Tradukis István Ertl. Budapest: Trezor.

Soros, Tivadar. 2003. *Maskerade. Die Memoiren eines Überlebenskünstlers.* Tradukis Holger Fliessbach. Frankfurt: Deutsche Verlags-Anstalt. [Represita, München: DTV Deutscher Taschenbuch, 2005]

Štimec, Spomenka. 2002. *Tilla.* Pisa, Italio: Edistudio.

9. Tradukado de Soros: la defioj de vivmemoroj[1]

Tradukado similas al ĉevalrajdado: ju pli bone oni konas la beston, des pli facilas. Ĉe kiu ajn teksto pri memoraĵoj, la tradukanto devas koni la historian kaj personan kuntekston kaj kompreni, al kiu ĝenro apartenas la verko (ĉi-okaze memoraĵo pri la Holokaŭsto). Sed tradukanto de *Maskerado* de Tivadar Soros frontas kelkajn aldonajn problemojn. Soros verkis en dua lingvo, kiun li konis malpli bone ol sian denaskan hungaran, tiel ke tradukanto fojfoje ŝvebas inter tio, kion la aŭtoro efektive diris, kaj tio, kion li intencis diri. Komence necesis pritrakti ankaŭ gravajn problemojn pri la teksto. Tiel estiĝis interesaj defioj al la integreco kaj de la teksto kaj de la tradukanto. Multaj el tiuj defioj plu daŭras, dum la verko estas tradukata en pli kaj pli multajn lingvojn.

Unue mi volas diri, kiom grandas la plezuro esti ĉi tie en Prago okaze de la lanĉo de la ĉeĥa traduko de la verko de Tivadar Soros *Maskerado ĉirkaŭ la morto*, rakonto pri la transvivo de juda familio en Budapeŝto dum la dua mondmilito. Ĉiuokaze tiu ĉi memorrakonto estus rimarkinda, sed ĝin des pli elstarigas du faktoj. Unue, la filoj de Tivadar poste iĝis elstaraj personoj en la mondo de entreprenado, Paul Soros kiel inĝeniero specialiĝinta pri la konceptado de sistemoj por manipulado de lozaj varoj kaj haveninstalaĵoj, kaj George Soros kiel financisto. Ili ambaŭ iĝis filantropoj: George fondis Central European University, kiu nun havas sian sidejon en Budapeŝto,[2] kaj Open Society Institute, kiu aktivis (fojfoje disputige), precipe dum la unuaj jaroj post la disfalo de Sovetunio, por helpi la kreadon de demokratiaj institucioj en landoj, kiuj antaŭe apartenis al la sovetia bloko. George Soros multfoje emfazis la influon de la patro al sia disvolviĝo. La ĉefa ŝlosilo por kompreni tiun influon estas la libro *Maskerado*.

La fono de *Maskerado*

Tivadar verkis la libron en periodo kiam oni donis relative malmultan atenton al la sorto de la judoj de Mez-Eŭropo. Dum ja ekzistas libroj, kiuj antaŭis lian (plej rimarkinde *Taglibro de Anne Frank*, kaj *Se questo è un uomo* de Primo Levi), la granda elverŝado de memorrakontoj kaj studoj pri la Holokaŭsto okazis plurajn jarojn poste, kiam la tempo jam kreis pli grandan distancon inter la korŝiraj okazaĵoj kaj la rakontado pri tio. Efektive, nur per la *dua* eldono de *Se questo è un uomo*, en la jaro 1958, la spertoj de Primo Levi ricevis iom da atento. La poste aperantaj rakontoj situis en kadro pli kaj pli ĝenra: komencis formiĝi la ĝenro de rakontoj pri la Holokaŭsto kaj la transvivado de judoj. Tiuj el ni kiuj studas literaturon scias, ke ne eblas verki tekston sen atenti pri ĝenro: ĉiu verko havas siajn antaŭulojn kaj formiĝas en ties ombro. Ekzistis malmultaj precedencoj por la tono kaj direkto de la libro de Tivadar, kiu fine enmondiĝis en la jaro 1965, ĉe la eldonejo Stafeto en La Laguna, en Kanariaj Insuloj. La libro estis verkita en Esperanto.

La demando, kial Tivadar elektis verki en Esperanto, havas malsimplan respondon. Tivadar naskiĝis en urbo de nordorienta Hungario fine de la 19a jarcento en familio de prosperaj judaj entreprenistoj. La familio aspiris pri sia filo, kaj li aspiris pri si mem – miksaĵo el sopiro al aventuroj kaj obstina volo antaŭenigi sin. Li studis juron por altigi sian socian rangon kaj stimuli sian intelekton, kaj kiam ekis la unua Mondmilito li tuj aliĝis al la armeo por serĉi aventurojn. En tempo kiam tre malmultajn judojn oni allasis al la oficiraro de la aŭstra-hungara armeo, li ricevis sian komision kaj estis sendita al la orienta fronto, kie, dum periodo de milita ne-agado, li pasigis la tempon lernante la internacian lingvon Esperanto sub instruo de unu el siaj oficiraj kamaradoj. Ne estas skribite, ĉu li eĉ eklevis pafilon por defendi sin antaŭ ol lian pozicion ĉirkaŭis la rusoj kaj li kaj liaj soldatoj-kamaradoj kapitulacis. De tie li transportiĝis laŭ nerektaj vojoj al orienta Siberio, kie li estis fine malliberigita en barakaro trans la rivero Amur apud la urbo Ĥabarovsk. Kaj tie li restis dum la cetero de la milito.

Pri liaj aventuroj ni jam legis en antaŭa ĉapitro. Kiam finiĝis la milito, ne plu ekzistis la malnova Aŭstro-Hungario, grandaj partoj de orienta Rusio estis en tumulta stato, kaj neniu multe interesiĝis pri tio, kio okazas pri la multaj militkaptitoj en la barakaroj de la regiono. Kiel juda oficiro en teritorio kie tiaj barakaroj estis sen defendo kontraŭ predemaj Blankaj trupoj, kiuj estis mem brutale antisemitaj, li decidis eskapi el la barakaro, kune kun pluraj kamaradoj, kaj fine tiel okazis, ke li piede trairis la montojn de Siberio. Tio montriĝis esti penega marŝado al libero, kiu daŭris plurajn monatojn. Reatinginte Hungarion per vojaĝo dum kiu li ŝajnigis sin aŭstra oficiro (en Moskvo) kaj estis nomita sekretario de novfondita tutlanda sovetia Esperanto-asocio (en Leningrado), li reiris al Budapeŝto, kie li renkontis la junajn hungarajn verkistojn Kálmán Kalocsay kaj Gyula Baghy kaj kun ili fondis Esperantan literaturan revuon, *Literatura Mondo*. Por tiu revuo li verkis felietonan rakonton pri siaj siberiaj aventuroj, sub la titolo *Modernaj Robinzonoj*, en kiu li alprenis la stilon kaj personecon de nuntempa Robinson Crusoe. La rakonto baldaŭ aperis libroforme, evidente en Esperanto.

Dum periodo de eksploda inflacio, Tivadar tre sukcesis pri negocado de valutoj. Li ankaŭ investis en nemoveblaĵoj kaj komisie mastrumis nemoveblaĵon de aliaj homoj. Post iom da tempo li edziĝis, kaj kun la edzino havis du filojn, Pál kaj György. Tivadar ne tute similis al aliaj entreprenistoj de sia tempo. Nur tre malofte li ŝajnis suferi pro trolaboro, kaj li ĉiam pretis doni abundan tempon kaj atenton al siaj filoj. Iagrade bonvivulo, li ĝuis la urbegan vivon, frekventante teatraĵojn kaj operojn. Li estis ankaŭ atleto kaj naĝanto – kaj li ĉiam pretis provi novajn aferojn kaj instigi siajn filojn elmeti sin al moderaj riskoj kaj ĝui la eksciton de tia agado. "La vivo estas bela, varia aventuro," li skribis poste en la komenco de *Maskerado*, "sed necesas havi bonŝancon."

Mi ne rakontos al vi la aventurojn (kaj tiun vorton mi uzas intence), kiujn priskribas Tivadar en *Maskerado*, ĉar ilin vi povos mem malkovri. Sufiĉu la konstato, ke la tuta familio transvivis la militon, ofte en harstarigaj cirkonstancoj, kaj ekklopodis krei por si novan vivon. Tivadar kontaktiĝis kun la restaĵoj de la Esperanto-movado en Hungario kaj baldaŭ organizis vojaĝon al la Universala Esperanto-Kongreso okazonta en Bern, Svislando, en la jaro 1947. György, tiam deksepjara, veturis tien kun sia patro. Sed kiam la patro reiris al Budapeŝto, György restis en Svislando, komence nur kun la celo partopreni junularan Esperanto-kongreson en Britio. Tiun kongreson, en Norwich, li ja ĉeestis (la protokolo notas lian proponon organizi teamon de junaj biciklistoj, kiuj vojaĝu tra Eŭropo kun la mesaĝo de Esperanto; ĝi neniam realiĝis). Sed, estante jam en Britio kaj kun la helpo de britaj esperantistoj, li havigis al si studentan vizon, fine aliĝis al la fame konata London School of Economics (LSE: la Londona Fakultato de Ekonomiko) kaj post diversaj travivaĵoj lanĉis sian karieron en la financa sektoro, komence en Britio kaj poste en Usono. Pál selektiĝis kiel membro de la hungara ski-teamo por la Olimpiaj Ludoj en Sankt-Moritz en 1948 kaj ekvojaĝis kun la teamo okcidenten, malgraŭ vundita kruro (kion li sukcesis kaŝi de siaj kunteamanoj). Li fuĝis el la grupo en Vieno kaj fine atingis Usonon.

Kiam eksplodis en Hungario la ribelo kontraŭ la soveta reĝimo en 1956, Tivadar kaj lia edzino Erzsébet sukcesis transiri la landlimon al Vieno kaj poste daŭrigis al Novjorko, kie jam troviĝis Paŭlo kaj Georgo. Tie ili restis dum la cetero de siaj vivoj.

Verkado de *Maskerado*

Tivadar verŝajne verkis *Maskerado* en Esperanto parte pro siaj pozitivaj spertoj pri la lingvo en la tempo de *Literatura Mondo* kaj *Modernaj Robinzonoj*. Sed pli grave: dum li disponis pri tempo en Novjorko, li ne disponis pri alia lingvo. La familio diris pri li, ke li parolis multajn lingvojn, ĉiujn malbone. Dum multo atestas, ke tiel ne estis (lia germana lingvo estis sufiĉe bona, por ke li ŝajnigu sin aŭstro por eskapi el Rusio, kaj lia rusa scipovo evidente sufiĉis, por ke li estu taŭga kandidato por la posteno de sekretario de la sovetiaj esperantistoj), estas jes verŝajne, ke li ne perfekte regis la anglan. Aldone, verŝajnas ke li havis neniajn kontaktojn kun la usona eldonistaro. Kaj estus ankaŭ senutile verki la libron en la hungara: ne eblis, ke libro verkita de hungara judo fuĝinta al Usono trovu lokon en la katalogo de eldonisto en Budapeŝto.

Aliflanke, Juan Régulo Pérez, kiu funkciigis etan eldonejon en Kanariaj Insuloj publikigantan ĉefe literaturajn verkojn en Esperanto, kaj kies spertoj en la hispania interna milito ne malsimilis al tiuj de

Tivadar en la dua mondmilito, montriĝis esti komprenema subtenanto de liaj klopodoj kaj konsentis eldoni la verkon *Maskerado*. Ni ne scias precize kiam Tivadar komencis verki, kaj ankaŭ ne estas tute klare, ke li dekomence decidis pri Esperanto; sed la Esperantlingva projekto jam tiom antaŭeniris, ke Kálmán Kalocsay sciis pri ĝi kiam mi, kiel entuziasma postdiploma studento portanta magnetofonon por intervjui lin, vizitis lin en Budapeŝto en la jaro 1963. La libron oni lanĉis en 1965 en la Universala Kongreso en Tokio. Tivadar ĉeestis. En 1966 Tivadar vizitis Hungarion por la unua fojo post sia foriro dek jarojn pli frue, denove por ĉeesti Universalan Kongreson. Mi renkontis lin mallonge en Novjorko kelkajn semajnojn post tio, okaze de Esperanto-renkontiĝo. Bedaŭrinde, tiutempe mi ne jam legis lian libron kaj do ne sciis, pri kio mi pridemandu lin. Li mortis du jarojn poste.

La traduko

Mia enplektiĝo en la tradukado estis preskaŭ hazarda afero. Petite de la familianoj havigi tradukon de la du libroj de Tivadar por ilia privata uzo, mi tion faris dum sabata jaro ĉe la universitato Yale, kie la abunda enhavo de la biblioteko permesis al mi profundiĝi en la historion de la orienta fronto de la unua mondmilito kaj en la sorton de la budapeŝtaj judoj en la dua mondmilito. *Modernaj Robinzonoj* estis pli-malpli senproblema tasko, kvankam mi pasigis multe da tempo klopodante spuri la precizan vojon, kiun sekvis Tivadar kaj liaj kamaradoj tra la montoj de Siberio en sia vojaĝo al libereco. *Maskerado* estis tamen pli komplika. La familianoj posedis tajpitan version de la libro, kiu ŝajnis esti traduko de la originalo, evidente farita de amikino de la familio kiu ne estis denaska parolanto de la angla. Sed ĝi enhavis iujn elementojn ne troviĝantajn en la eldonita versio de la jaro 1965 kaj malhavis iujn aliajn. Ne povante enmanigi al mi la kompletan korespondaĵon inter Tivadar kaj Régulo Pérez, mi neniel povis ekscii, kion signifas tiuj malakordoj. Mi fine decidis enmeti ĉiujn elementojn – la plenan tekston de la libro de 1965 kune kun la aldonaĵoj, transformitaj al akceptebla angla lingvo. La libro do similas iel al palimpsesto, kvankam ĝi plejparte sekvas la tekston de la jaro 1965.

Mi decidis ankaŭ igi la libron alirebla por tiuj, kiuj interesiĝas ne nur pri la rakonto de Tivadar sed ankaŭ pri ĝia fono. Unu evidenta demando, kiu leviĝas pri ĉi tia teksto, rilatas al tio, kiom ĝi estas fidela rakonto pri la okazaĵoj priskribitaj. Pro ĝia senpera stilo, kaj pro la emfazo donata al la okazaĵoj mem, ŝajnis esti nura devo (kaj ja ĉiokaze la respondeco de tradukanto) fari ĉion eblan por konfirmi la rakonton.

Kaj mi tiel enprofundiĝis en la kruelan kaj melankolian historion de la jaroj, en malfrua parto de la milito, kiam realiĝis la hungara Holokaŭsto. La afero ne estis bone funkciinta por Adolf Eichmann, arkitekto de la amasa ekstermado de la judoj, en pli frua periodo de la milito en Pollando. Tie tiu ekstermado longe daŭris, okazis amaso da administraj fuŝoj, kaj la nazia neniiga maŝinaro nur grince funkciis. Eichmann firme intencis trovi la ĝustan solvon ĉi-foje en Hungario. Nun, kiam la nazioj ekokupis Hungarion (kvankam ili ankoraŭ ne plene regis la situacion), la kolektado de hungaraj judoj estis rapida, efika kaj senkompata – malgraŭ la klopodoj de la registaro de Horthy almenaŭ malrapidigi la procezon. Tiun barbarecon kontraŭis reto de alilandaj diplomatoj, sekuraj domoj kaj ŝakristoj – reto (jam menciita en antaŭa ĉapitro) en kiu rolis plej elstare la sveda diplomato Raul Wallenberg kaj aliaj personoj, kiel Charles Lutz el Svislando kaj la Esperanto-parolanto Valdemar Langlet (1872-1960) de la sveda Ruĝa Kruco.

Kaj meze en la tuto troviĝis la judoj mem, kiuj provis protekti sin per atestoj pri imunigo eldonitaj de instancoj sveda, svisa, portugala, hispana aŭ salvadora, aŭ serĉis manierojn por eskapi, kiel la famajn Kastner-trajnojn, kiuj ebligis al multaj judoj iri al koncentrejoj anstataŭ al la gaskameroj de Auschwitz (okazius mortoj en la koncentrejoj, sed ili ne estis konstruitaj kiel mortigaj fabrikoj). Aliaj, kiel Tivadar kaj lia familio, alprenis falsajn identecojn – maskojn, kiuj ebligis al ili transvivi dum ili tamen ĉirkaŭdancis la morton, kiun ili certe renkontus se oni malkovrus ilin.

Kia estas *Maskerado*

Ĉar en ĝi temas pli pri evitado de morto ol pri la neebleco eviti ĝin, *Maskerado* estas rakonto pri inĝenieco kaj feliĉaj hazardoj. Tivadar informas, ke li ĉiam ĝuis aventurrakontojn – kaj li celas rakonti ĉi tiun historion pri neesprimebla hororo ne kiel etan escepton en cetere terura historio sed simple kiel tion, kio ĝi estis laŭ liaj sentoj – la kapablo de eltrovema homo transvivi kaj helpi al la transvivado de sia familio. Mi tute ne certas, ke oni povus esti verkinta tian rakontaĵon dudek jarojn poste, kiam la strukturo de tiaj rakontoj estis jam fiksita, kiam la ĝenro establiĝis, kaj kiam pro la absoluta pezo de niaj scioj pri la tragedio estis pli malfacile trakti ĝin kiel materialon de aventuroj. Tivadar havis la avantaĝon labori en verkista kampo, kiu estis esence nova teritorio – teritorio, en kiu eblis, ke la valoroj de inĝenieco kaj simpla bonvolemo portu la moralan veron de la rakonto. Laborante pri la traduko, mi klopodis laŭeble transdoni tiun ĉi senbalastan rakonton en tia maniero, uzante abundajn notojn por rakonti pli vaste pri la judoj en Budapeŝto kaj tiel meti en kuntekston la memoraĵojn de Tivadar.

Ĉio, kion mi sukcesis malkovri, konfirmis la verecon de tio, kion rakontis Tivadar. Troviĝas jen kaj jen asertoj pri faktoj, kiuj poste montriĝis malĝustaj, aŭ opinioj, kiujn eblus alimaniere interpreti, sed ĉio atestas, ke Tivadar provis rakonti la aferojn tiel, kiel efektive okazis.

Li estas lerta rakontisto, kiu donas al ni precize tiom da informoj, kiom necesas por kompreno, sed ne pezigas la tekston per detaloj kiuj povus malfortigi la rakontan efikon. La stilo apartenas al iu, kiu lasas la okazintaĵojn rekte esprimiĝi, sen ornamo kaj sen juĝo. En la libro Soros plejparte ne emas al longa introspektado, kvankam la simplaj frazoj estas arte ordigitaj por transdoni la mesaĝon. Tiun kapablon li sendube lernis per sia junaĝa enprofundiĝo en la romanojn de Rider Haggard, Jules Verne, kaj Arthur Conan Doyle – kaj per sia verkado de *Modernaj Robinzonoj* preskaŭ kvardek jarojn antaŭe. *Modernaj Robinzonoj* estis verkita en naiva stilo, kiu ebligis al li verki kun relative limigita vortostoko kaj per simplaj, senornamaj frazoj. Liaj amikoj ĉe *Literatura Mondo*, Baghy kaj Kalocsay, estis ambaŭ talentaj verkistoj, dum la scipovo de Tivadar pri Esperanto estis sufiĉa sed ne aparte rafinita. Dum legado oni sentas la hungaran influon al liaj sintakso kaj vortelekto. Ĉi-nivele aperas problemoj por tradukanto. Kion oni faru pri teksto verkita en lingvo, kies subtilaĵojn la aŭtoro eble ne konis en ĉiuj detaloj? Mi flankenmetu momente tiun demandon, dum mi pritraktu la pli vastan demandon pri Esperanto kiel literatura lingvo kaj lingvo de tradukado. Mi esperas, ke oni pardonos al mi tiun elreliĝon.

Esperanto kiel traduklingvo

Kvankam tio malpli veras pri *Maskerado* ol pri *Modernaj Robinzonoj,* estas evidente (se mi rajtas tiel esprimi la aferon), ke Esperanto ne estas la unua lingvo de Tivadar. Pro la rolo de Esperanto kiel *aldona* lingvo, tio estas memevidenta en plej multaj Esperanto-tekstoj. Sed kompetenta uzanto de la lingvo Esperanto karakteriziĝas per tio, ke ties regado de la lingvo estas ŝajne senpena, kvazaŭ la ecoj de la lingvo estus plene asimilitaj.

Okaze de plena regado de la lingvo, tradukanto al Esperanto havas apartan forton. La poeto William Auld (kiel mi jam rimarkis aliloke) atentigis, ke tradukantoj al Esperanto ĝuas nekutiman avantaĝon pro tio, ke ili tradukas en Esperanton ekde sia denaska lingvo, kvazaŭ egale regante la du lingvojn. Tio estas eventuale unu kaŭzo de tio, ke tradukoj konsistigas tiel gravan parton de la tuta Esperanto-literaturo. Mi mem spertis tiajn avantaĝojn en tradukado de ŝajne tiom malsamaj tekstoj kiel Ŝekspiro kaj *Winnie-la-Pu* (vidu ĉapitron 2, ĉi-supre).

Kiam Zamenhof pretigis sian lingvon, lia preskaŭ unua ago estis ektraduki. Lia eldonaĵo de 1887 enhavis tradukaĵon de Heine, kune kun iom da originalaj versaĵoj. Post mallonga ekskurso ĉe Dickens, li eklaboris pri tiu Everesto el literaturaj verkoj, *Hamleto,* kion li eldonis, en traduko rimarkinde legebla kaj aktorebla, nur sep jarojn post kiam li publikigis la lingvon mem. Se Esperanto kapablas vivigi tekston tiel kompleksan kaj internacie konatan, do neniu literatura verko preterpasas ĝiajn kapablojn – tion implicis la aperigo de *Hamleto.*

Ŝajnas, ke kiam li kreis Esperanton Zamenhof pensis pri du tre malsamaj lingvaj modeloj. Unu estis la jida, lingvo kiun li uzis surstrate kaj kun siaj amikoj dum siaj junaj jaroj en Bjalistoko, urbo situanta tiutempe en Rusio. La jida estis kaj intima lingvo, en la senco ke ĝi estis lingvo de la hejmo, de la privata vivo de ordinaraj homoj, kaj ankaŭ interlingvo, kiu kunligis judojn de malsamaj naciaj lingvoj tra tre vastaj teritorioj. Zamenhof tiom ŝatis la jidan, ke li kompilis gramatikon de la lingvo dum li studis medicinon en la universitato de Moskvo.

La alia modelo estis la latina, la lingvo de internaciaj intelektaj interŝanĝoj en tuta Eŭropo dum Mezepoko kaj la fruaj modernaj tempoj – laŭ tradicio lingvo ne de la hejmo sed de studejoj kaj prelegejoj. Jen la lingvo, kiun Zamenhof elektis kiel sian lingvomodelon: la vortaro de lia lingvo estas ĉerpita grandparte el la latina kaj la latinidaj lingvoj, kaj la lingvo havas ankaŭ iujn el la trajtoj de la latina gramatiko, kvankam ili filtriĝas laŭ kelkaj lingvaj principoj kiuj ne estas speciale ligitaj kun la latina, aŭ eĉ kun aliaj hind-eŭropaj lingvoj. Li celis interalie prestiĝon. Dum la jida estis ĝenerale konsiderata "la ĵargono" – entute ne vera lingvo sed ia interspaca improvizaĵo kiu ebligis al la judoj transvivi en la urboj kaj vilaĝoj de Eŭropo – la latina ĝuis altan prestiĝon kaj pluvivis, eĉ dum la amasa teknologia revolucio disvolviĝanta en la lasta parto de la deknaŭa jarcento, kiel temo de elita kleriĝo en la tiutempaj lernejoj kaj universitatoj.

Zamenhof plu tradukis, kaj produktis tutan aron da tradukaĵoj en Esperanto – inter kiuj estis multaj teatraĵoj, ĉar dramoj donis okazojn por priskribi homajn interagadojn kaj helpis plivastigi la gamon de la lingvo al novaj spertoj, inkluzive familiaraĵojn, tiel kreskigante la vortaron kaj fortigante la strukturon de la lingvo. Laste li tradukis la tutan Malnovan Testamenton. La ekzemplon de Zamenhof kiel tradukanto baldaŭ sekvis iuj el liaj talentaj adeptoj, kiuj dediĉis sin al tradukado de gravaj literaturaĵoj – romanoj, noveloj, poeziaĵoj, dramoj – en la novan lingvon. La celo estis triopa: ebligi al internacia publiko legi tiujn verkojn, kreskigi la lingvon kaj, plej grave, montri ke eblas literatura produktado en la nova lingvo, sume ke ĝi kapablas teni sian lokon inter la lingvoj de la elito. Ekde la komenco Esperanto estis pli ol simpla rimedo por atingi celon: ĝi rapide iĝis lingva komunumo kun siaj propraj valoroj kaj kulturproduktoj.

Esperanto kiel literatura lingvo

Ankaŭ originala verkado havis sian rolon. Zamenhof mem verkis plurajn ofte citatajn poemojn, kaj baldaŭ aliaj sekvis lian ekzemplon. Verkiĝis la unuaj romanoj en Esperanto; aperis unu-aktaj dramoj. Iuj el tiuj verkoj estis pli reprezentaj ol inspiritaj: ili montris, ke tio fareblas, sed ne nepre, ke tio farindas. Tamen, la unikaj ecoj de Esperanto komencis allogi aŭtorojn kun aŭtenta talento, kaj komencis aperi literaturo vere valora.

Verki en Esperanto estas nepre malsama afero ol verki en la propra unua lingvo, aŭ en iu ajn etna lingvo. Plej multaj literaturoj radikiĝas en unu sola literatura tradicio, aŭ almenaŭ tiel ŝajnas. Mi diras 'ŝajnas' pro tio, ke ni tendencas subtaksi, kiom ĉiuj literaturoj reciproke prunteprenas inter si, kaj ke, danke al la laboro de tradukantoj formalaj kaj neformalaj, ideoj rapide kaj definitive transiras lingvajn limojn. Tiusence, ĉiuj literaturoj estas iagrade tradukitaj literaturoj: ili ensorbas elementojn de aliaj literaturoj kaj fine proprigas tiujn al si.

Tio nenie pli veras ol pri Esperanto. Zamenhof kreis por sia lingvo tre specifan aron da reguloj gramatikaj kaj morfologiaj, la unuaj neŝanĝeble fiksitaj kaj la aliaj parte tiaj. Sed li ne alfrontis rekte la demandon pri semantiko. Fruaj vortaroj de la lingvo – kompilitaj de Zamenhof kaj de liaj adeptoj – prenis radikojn el aliaj lingvoj kaj donis proksimumajn difinojn, sed grandparte lasis la precizajn signifojn de la rezultaj vortoj decidiĝi tra la tempo. Tia aliro evidente havis siajn negativajn flankojn, sed estis ankaŭ grandegaj pozitivaj aspektoj. Uzantoj de la lingvo estis devigataj praktiki iom da kreemo: ili havis permeson ĉerpi el la komuna semantika stoko de la eŭropaj lingvoj, samtempe fiksante precizajn signifojn kaj nuancojn en la daŭro de sia lingvouzado. Plie, unu grava sekvo de tiu nefermita aliro al semantiko estis, ke Esperanto havis ian tujpretan etimologian historion: Zamenhof ne nur kreis novan lingvon, sed li kreis por ĝi tujan historion, kaj li kreis komunumon, kiu en grava senco posedis la lingvon.

Se temas pri tiuj, kiuj prove verkis en la lingvo, al ili prezentiĝis du ŝancoj – partopreni en io, kio iom post iom kreskis al internacia literatura kulturo, kaj dividi kun tiu kulturo valorojn kaj motivojn, kiujn ili ĉerpis el siaj denaskaj kulturoj. Tiel farante, ili mem eliris el sia tuj proksima intelekta medio en novan medion iom post iom konstruatan fare de la partoprenantoj. Tia medio estis unike liberiga.

Dum verkado en Esperanto plivastiĝis kaj multiĝis eldonitaj verkoj, iuj personoj – plej notinde Kálmán Kalocsay, kunlaboranto kun Tivadar Soros – iĝis modeldonantoj kaj arbitraciantoj pri esperanta stilo. Oni povas eventuale kompari la situacion al tiu de anglalingvaj aŭ franclingvaj verkistoj en evolulandoj, kies proksima kaj daŭra konscio pri la metropola literaturo anglalingva kaj franclingva ebligis kaj plu ebligas al ili ensorbi la ideojn kaj motivojn fontantajn el la metropolo dum ili konservas la distancecon de dualingvanoj perantaj inter siaj denaskaj kaj adoptitaj kulturoj. Tamen, dum tiujn verkistojn limigas la pezo de la metropolaj kulturoj, en kies lingvoj ili verkas, esperantaj verkistoj havas liberon por konstrui sian propran kulturan tradicion ekster la denaska kulturo.

Mi emfazas tiun specialan aspekton de verkado en Esperanto pro tio, ke ĝi kreas specialan problemon por tradukanto. Tradukantoj el, ekzemple, la ĉeĥa al la angla aŭ inverse movas sin el la unu plene evoluinta nacia kulturo en alian, kie la serĉado de ekvivalentoj povas esti problema pro kulturaj aŭ aliaj malsamecoj, sed kie principe ĉiuj problemoj estas solveblaj; sed tradukanto el Esperanto al la angla prilaboras tekston kiu estas tute intence "aliigita" kompare kun konvencia etnolingva teksto. Pro tio esperanta poezio – kies aŭtoroj emas ekspluati tiujn aspektojn de la lingvo, kiujn ili *ne* trovas en siaj denaskaj lingvoj – estas tiom fifame (kaj incite) netradukebla.

Tradukado de Soros

Kio okazas se (kaj tiel estas ĉe Tivadar Soros) oni rilatas al aŭtoro kiu, malgraŭ siaj kapabloj en rakontado, ne estas tute komforta en la alprenita idiomo Esperanto? Dum Tivadar aktivis en la Esperanto-movado en la 1920aj jaroj, troviĝas malmultaj indikoj pri lia aktiva partopreno en la 1930aj, kiam li kreskigis familion, kvankam li jes instruis al siaj filoj almenaŭ bazajn sciojn pri la lingvo, en kio György estis la pli atenta lernanto. Kiom la fojfojaj stilaj malglataĵoj apartenas al la parolmaniero de la rakontanto, aŭ kiom ili rezultas simple el nekompleta regado de Esperanto? Aŭ, alivorte, kiom necesas reprodukti en angla traduko la manieron, laŭ kiu Tivadar uzas Esperanton? Legante la Esperanto-tekston, oni ja havas de tempo al tempo la impreson, ke ĝi rezultis el la pensofluo de hungarlingvano, kiu tradukas imagatan hungaran originalon al skriba Esperanto. Anstataŭ pensadi en Esperanto, kiel farus flua leganto kaj parolanto, Tivadar ŝajne foje pensis unuavice en unu lingvo kaj verkis en dua.

Pretigante mian anglan tradukon, mi decidis en iom frua stadio, ĉar *Maskerado* estas plie libro de memoraĵoj ol verko de alta literaturo, aŭ entute de formala literaturo, ke gravas tio, kion Tivadar *intencis* diri. Esperanto, kun siaj relativa esprimlibereco kaj malesto de historiaj limigoj, estas pli pardonema ol la angla, kie ofte superpezas idiotismoj kaj kompleksaj aludoj. Fojfoje utilis la limigita lingva kompetento de la manuskripta angla traduko de Sophie Bogyo, kiun posedis la familio, ĉar ĝi helpis min percepti signifojn transprenitajn el la hungara, kiujn Tivadar ne plene rekreis en Esperanto. El tio rezultis, ke mi povis krei tekston kiu, dum ĝi certe ne superas la originalon, havas siajn proprajn koheron kaj fluecon. La franca teoriisto Jacques Derrida memorinde proponis, ke tradukanto devas detrui la originalan tekston por konstrui novan. Dum mi ne celis detruon, nek metaforan nek veran, mi jes klopodis mediacii inter la penso kaj intenco de la aŭtoro unuflanke kaj la angla teksto aliflanke.

La eldonon de mia angla traduko en Britio en la jaro 2000 sekvis identa usona eldono en 2001 (nur la titolon oni ŝanĝis por usona publiko), kaj poste dua eldono de la origina esperanta teksto de la jaro 1965, kun aldono en esperanta traduko de la teksteroj kiujn mi malkovris en la traduko de Sophie Bogyo. Sekvis baldaŭ tradukoj germana kaj turka, sur bazo de la angla teksto – kaj ankaŭ hungara traduko sur bazo de la esperanta versio. Depost tiam, tradukoj en la rusan kaj ĉinan bazitajn je la angla teksto, kaj itala bazita je la esperanta, aperis. Nun sekvas la ĉeĥa traduko, ankaŭ el la esperanta originalo. Mi supozas, ke la ĉeĥa tradukinto Jindřiška Drahotová denove alfrontis iujn el la samaj problemoj, kiuj min turmentis antaŭ 14 jaroj, kiam ŝi luktis por reesprimi la esperantlingvan rakonton en la ĉirkaŭbarita, kvankam esprimriĉa kaj longtradicia, kadro de sia denaska etnolingvo.

Mi sugestis antaŭe, ke tradukado similas al ĉevalrajdado. Ĝi similas ankaŭ al sidopremo sur troplena valizo: se oni almenaŭ sukcesas fermi la valizon, oni povas toleri la malmultajn faltojn videblajn en la vestaĵoj post alveno. Oni almenaŭ alvenis, kaj la vojaĝo atingis sian celon. Kaj varma gladilo kaj ioma inĝenieco ĉion ordigos. Mi min demandas, ĉu Derrida samopinius.

CITITAJ VERKOJ

Frank, Anne. 1959. *Taglibro de Anne Frank,* trad. G.J. Degenkamp. Scheveningen, Nederlando: Heroldo de Esperanto.

Frank, Anne. 1997. *Taglibro de Anne Frank,* trad. Nora Bartels. Tokio: Libroteko.

Levi, Primo. 1947. *Se questo è un uomo.* [Dua eld. 1958]

Schwartz, Teodoro (Tivadar Soros). 1999. *Modernaj Robinzonoj: En la siberia praarbaro.* 2-a eld. Berkeley: Eldonejo Bero.

Soros, Tivadar. 2000. *Maskerado: Dancing Around Death in Nazi Hungary,* trad. Humphrey Tonkin. Edinburgh: Canongate.

Soros, Tivadar. 2001. *Maskerado ĉirkaŭ la morto.* Dua eld., red. Humphrey Tonkin. Rotterdam: UEA.

Soros, Tivadar. 2001. *Masquerade: Dancing Around Death in Nazi-Occupied Hungary,* trad. Humphrey Tonkin. New York: Arcade Publishing.

10. Pensoj pri Kalocsay

Prologe

Mia amafero kun la poemoj de Kalocsay komenciĝis jam preskaŭ en la komenco de mia eltrovo de Esperanto. Lerninte la lingvon kiel gimnaziano en 1954 kaj 1955, mi baldaŭ ekinteresiĝis pri la poezio en Esperanto. En mia frua esperantisteco mi vizitis Parizon kaj Londonon, kie en ties Esperanto-societoj mi trovis aliajn homojn, pli aĝajn ol mi, kun similaj interesoj, kiuj pruntis al mi librojn, edukis min pri la historio kaj literaturo de Esperanto kaj, iasence, informis min pri ĉio kion mi alikaze *ne* povus atingi... ĉar, dum se temas pri la angla literaturo, mi povis facile viziti apudan bibliotekon por trovi legaĵojn, estis multe pli malfacile trovi verkojn en Esperanto. Kaj loĝante for de Londono, en kampara regiono en sudokcidenta Britio, mi estis relative izolita.

Feliĉa hazardo, tamen, estis tio, ke mia konsiderinde pli aĝa frato, kiu laboris en nia familia entrepreno, kutimis pasigi unu monaton en Londono, kiam la prizorganto de la entreprena deponejo en Londono (temis pri komerco pri ovoj, distribuataj al vendejoj kaj restauracioj ĉefe en suda Londono) iris somere libertempi. Mi akompanis mian fraton dum tiu unumonata londona restado. Dum li laboris, mi vagadis tra la urbo, vizitante muzeojn, ĉeestante teatrojn, aŭskultante muzikon – kaj vizitante la sidejon de la Brita Esperanto-Asocio en Holland Park Avenue, kaj, eĉ pli grave, la bibliotekon de BEA en la apudlondona urbo Kingston.

La bibliotekon prizorgis Montagu Butler, eksterordinara maljuna sinjoro, Akademiano, kvakero, kiu vivis simplan vivon en unu angulo de la domo kies ceteron okupis Esperanto-librojn de la Biblioteko de BEA. Kvankam tiuj libroj ne cirkulis, mi povis tie sidi kaj legi, aŭ konversacii kun li – entute akiri tutan klerigon pri la Esperanto-literaturo kaj pri la historio kaj movado de Esperanto. Tie mi trovis la verkojn de Kalocsay – unue *Mondo kaj koro* kaj *Streĉita kordo*, poste *Lingvo stilo formo* kaj aliajn verkojn. Tiutempe aperis *La infana raso* de Auld (1956) kaj baldaŭ venis la *Angla antologio* de Auld kaj Rossetti (ĝi estis lanĉita en brita Esperanto-kongreso en la printempo de 1957).

Montagu Butler montris al mi raran ekzempleron de la apenaŭ konata *Izolo* de Kalocsay, presita sed ne bindita en 1939 kaj neniam plene publikigita (ĝis 1977, kiam, kiel prezidanto de UEA, mi havis la honoron proponi ĝin por publikigo en Roterdamo, kaj tiel finfine la plej grandiozaj originalaj poemoj de Kalocsay fariĝis alireblaj de la publiko).

En 1958 aperis la unua eldono de la *Esperanta antologio*, en redakto de William Auld – kaj subite la ĉefaj juveloj de la Esperanto-poezio fariĝis multe pli alireblaj. En tiu jaro mi finis gimnazion, kaj dum unu jaro laboris apud Londono, atendante eniron al la Kembriĝa Universitato. Dum tiu jaro, post kelkaj etaj paŝoj pli frue, plene lanĉiĝis Junularo Esperantista Brita, kiu fariĝis landa sekcio de TEJO. En Londono funkciis tielnomata Studo-Grupo – eta "salono" de amikoj de Ivo Lapenna (kiu tiutempe troviĝis en kverelaj rilatoj kun la Londona Esperanto-Klubo kaj sekve fondis propran grupon). Victor Sadler, John Wells kaj mi – tri junuloj -- estis invititaj partopreni tiun ĉi Plejadon da eminentuloj. Kvankam la etoso estis preskaŭ eksplodige "serioza" (ni junuloj samtempe priridis kaj sekrete admiris la partoprenantojn), ĝi estis por mi plia edukejo. Victor Sadler mem verkis poemojn, kaj ni tri kaj pluraj aliaj gejunuloj kiujn ni arigis ĉirkaŭ ni, komencis plonĝi en la akvojn de Esperantujo (por tiel diri). Mi aparte laboris por konvinki miajn konatojn koni kaj admiri la poezion en Esperanto same kiel mi komencis admiri ĝin.

Jam en la gimnazio mi organizis publikajn legadojn de angla poezio. Nun mi komencis similan organizadon inter esperantistoj. Ne nur tio: vizitante TEJO-kongresojn, mi samon faris – kaj kiam la TEJO-kongreso venis al Britio en 1961, ni aranĝis tutan prezenton de poezio kaj muziko, en kiu pianludis la konata muzikisto kaj esperantisto Frank Merrick, kaj mi kaj geamikoj legis al la kompatindaj kaptitaj junuloj amason da poemoj. Ili tamen falis sur fekundan grundon: kelkaj junaj kamaradoj komencis mem legi kaj verki poemojn, kiujn ni publikigis en niaj diversaj gazetoj kaj bultenoj. Ne mankis inter ili, komprenble, primokoj de niaj seriozaj pli aĝaj samideanoj; samtempe kolerigis kaj kontentigis min la fakto, ke, jarojn poste, kiam mi atingis similan seriozecon (kaj similan aĝon), la pli junaj amikoj komencis poezie kaj kante primoki min...

La somerojn de miaj kembriĝaj jaroj mi same pasigis en Londono, kie mi laboris por kanada opinisonda firmao, irante de pordo al pordo (kvazaŭ iu sekvanto de Cezaro Rossetti...) farante stultajn demandojn al konsternitaj viktimoj kiuj respondis miajn pordofrapojn. Mi estis pagata laŭ miaj sukcesoj, kaj sekve fariĝis rimarkinde ruza pri la persvadado de dubemaj nekonatoj, ke ili respondu miajn enketadojn. Sed en miaj liberaj tagoj mi vizitadis la bibliotekon de BEA. Je tiu stadio mi jam konis la kolekton iom komplete. Jam kelkajn jarojn pli frue s-ro Butler montris al mi kelkajn kuriozaĵojn de la kolekto. Li uzis propran klasifikan sistemon. Mi bone memoras, ekzemple, ke estis specifa kategorio kiu nomiĝis "Pornografiaĵoj" kun nur unu ero – *Sekretaj sonetoj* de Peter Peneter (alinome, Kalocsay) – kiun mi sekve legis kun adoleska entuziasmo.

En Kembriĝo, kiel parton de miaj studoj, mi verkis eseon pri la Esperanto-poezio (kiu ricevis iom tepidan reagon de miaj instruantoj) – kaj mi verkis mian unuan artikolon pri Esperanto-literaturo, nome pri la poezio de Kalocsay. Temis pri kelkaj iom disaj kaj neordigitaj "pensoj": mi ja ne kuraĝus doni definitivan opinion surbaze de limigita scio kaj konsterna juno. Ĝin tamen akceptis kaj publikigis *Nica Literatura Revuo,* sub redakto de Gaston Waringhien. Mi ĝin republikigas ĉi tie, ne ĉar mi nun defendus ĉiujn ĝiajn konstatojn (ĝia aliro al la poezio proponis tro grandan dozon de la romantismo), sed ĉar ĝia baza premiso – ke la plej bona poezio de Kalocsay estis tiu de la malgranda, kvazaŭ orfa, volumo *Izolo,* kaj ke granda parto de la frua poezio estis ankoraŭ poezio verkita por ion provi kaj pruvi – meritas ripeton. Mi ankaŭ priploris la nerekonon, fare de la esper-antistoj mem, de la pozitivaj kvalitoj de la Esperanto-poezio, fakte la nerekonon de la Esperanto-poezio entute. Certagrade la nuna libro estas klopodo rebatali ankoraŭ tiun saman batalon.

En 1963, kiam la Universala Kongreso okazis en Sofio, mi haltis survoje en Budapeŝto por intervjui la grandan Kalocsay. Li malavare dediĉis al tiu britusona studento (mi estis tiam jam studento en Usono) kelkajn longajn konversaciojn. Ni restis ekde tiuj tagoj en kontakto de tempo al tempo, precipe denove kiam la kongreso okazis en Budapeŝto en 1966.

Kaj kiam Kalocsay forpasis en februaro 1976, mi havis la tristan honoron prelegi, la 5-an de marto, pri lia vivo en la Londona Esper-anto-Klubo.

Sekvas, do, tiu iom impertinenta kaj nematura artikolo el *Nica Literatura Revuo* kaj la menciita prelego...

"Kelkaj pensoj pri Kalocsay"[1]

La problemo estas, kie komenci? Tiel vasta estas la kampo, sur kiu jam laboris Kalocsay, kaj tiel malmulton oni ĝis nun esploris kritike, ke ia limigo necesas, se oni intencas fari detalan studon. Mi intencas limigi min precipe al la originala poezio kaj nur sugesti kelkajn utilajn kritikajn vojojn esplorindajn estonte.

La kontribuo de Kalocsay baziĝas egale sur lingvo kaj literaturo, kaj unu ne facile izoliĝas de la alia. Kiam li eklernis la lingvon, jam antaŭ la unua Mondmilito, la unua vere grava traduka antologio, *El parnaso de popoloj* (de Grabowski) ankoraŭ ne aperis, nek la influa *Sinjoro Tadeo* (de Mickiewicz en traduko de Grabowski); kaj originala literaturo egalmerita al tiu de naciaj lingvoj simple ne ekzistis. Frontante tiun situacion, Kalocsay tuj komprenis, ke lia unua tasko – kaj eble unusola tasko – estas riĉigi la lingvon:

> Sed mi neniam volis esti bardo,
> Kaj se en mia koro estis ardo,
> Ĝi estis por la lingvo: mi ĝin volis
> Prepari, perfektigi por genio
> Post mi venonta.

("Letero al Julio Baghy": *Izolo* p. 17)

Li trovis sin en pozicio simila al tiu de la hungaroj en la 18-a jarcento: literatura talento, kaj lingvo virga, preta por evoluigo. Ĝis kia grado Kalocsay influiĝis de siaj samlandanoj de tiu epoko: Bessenyei, kiu donis al la hungara firman bazon; Dugonics, kiu prilaboris neologismojn kaj la esprimpovon de sia lingvo; Kármán, kiu kreis novan, kosmopolitan stilon; precipe Kazinczy, kies tradukoj kaj

---

1   Unue aperis en *Nica Literatura Revuo*, 7 (1961), 38:58-63, represita en Ada Csiszár, ed. *Omaĝe al Kálmán Kalocsay: El Abaújszántó ĝis la Esperanta Parnaso*. Vol. 8: *El la vivanta klasikulo fariĝis senmorta klasikulo*. Budapest: KAL-ĈI Dokumentaro, 2002. 69-73.

neologismoj kaŭzis tiom da literatura disputado – tio povus formi interesan studon. La paraleloj estas frapaj.

La fruaj poemoj montras la fortan penon de la verkisto muldi sian lingvon, kaj ili pli similas ekzercojn ol verajn poemojn. Des pli mirige, do, ke ekde la apero de la libreto *Mondo kaj koro* en 1921, Kalocsay jam ĝuis la reputacion de poeto. Kiel Brüggemann rimarkigis en la revuo *Tra la literaturo*, Kalocsay uzas diversajn versoformojn (laŭ Brüggemann) plensukcese. Tio ja montras, ke li estas lerta vortfaristo, sed ne necese poeto.

Eĉ en *Streĉita kordo*, la granda kolekto de la originalaj poemoj de Kalocsay kiu aperis en 1931, relative malofte okazas kunfandiĝo de potencaj ideoj kaj potenca lingvo. Ĉiam oni povas konstati pliboniĝon de tekniko, sed ofte ŝajnas, ke la poeto staras *ekster* la verko, ke li faras poezian ekzercon. Ĉi tiu manko ne estas rezulto de nesufiĉa polurado: ekzistas abundaj pruvoj pri la malo: vidu ekzemple la eseon de Vatré en la omaĝa libro *Arĝenta duopo* (1937). Oni do *devas* supozi, ke ofte mankas vera inspiro: ke li ne havas multon por diri. Tamen, la reputacio de Kalocsay baziĝas ĉe la ĝenerala publiko sur *Streĉita kordo*. Kia tragedio, ke ili ne havas la kolekton *Izolo* antaŭ si!

Izolo montras pli fortan talenton kaj esprimkapablon. Ĉiuj ĝiaj poemoj atingas la nivelon de la plej bonaj de *Streĉita kordo* kaj vere malsukcesaj entute mankas. Ŝajnas nun, en tiu ĉi kolekto, ke Kalocsay ne nur *kapablas* diri ion, sed ja *deziras* ĝin diri. El la du – kapablo kaj deziro – kreiĝas poeto.

La poemoj de *Izolo* montras tri karakterizojn kiuj apartigas ilin disde la fruaj poemoj: unue, kompleta lingvorego kaj la malapero de tiu sento estetike ruiniga ĉe la leganto – de konstanta strebo flanke de la poeto sin esprimi per esence malamika lingvorimedo; due, pli riĉa lingvo; trie, emocia unueco, kaj la teno de la poemo en la manoj de la poeto ĝis la lasta plejpotenca verso. Legante strofon el "Iras abiturient", frua poemo,[2] oni vidas simplajn vortojn relative senasociaciajn:

---

2 Ĝi unue aperis en *Mondo kaj koro* 1921. Kompreneble temas pri poemo kies celo kaj profundo tute intence alias ol la poste citita poemo el *Izolo*.

Senpena sort' kaj plena fort',
Amika rondo varma!
Kortuŝa fid', plenbuŝa rid'
Pri la farso ĉarma!

(*Streĉita kordo*, p. 41)

Se oni komparas tion kun "Sur la Monto Nebo", oni vidas grandajn ŝanĝojn:

Atendus prete nin la Kanaano,
Sed ni, en lupa lukto por la pano,
Mizere mortas sur la monto Nebo.

(*Izolo*, p. 46)

Nu, la esenca afero ĉi tie estas ne, ke oni *komprenu* la poemon, sed ke oni *konsciu* ĉiujn ĝiajn signifojn. Unue, kompreneble, *Readmono* kaj la historio de Moseo – kaj ekde la komenco de la soneto aperas bibliaj figuroj:

La gren' inundas. Riĉon vome ĵetas
Maŝinoj. Fluas kun **miel'** kaj mosto
La akvoj. Flugas **por la Pentekosto**
Elektraj langoj. **Paradizo** pretas.

Ni, la Izraelidoj, atingis la sojlon de Kanaano, sed, pro "blinda kaj malica strebo" ni ne povas vidi, ke la promesita lando nin atendas...

Falinte al profundo,
Ni luktas kun sovaĝo
En ega troabundo
Por eta avantaĝo.
Kain-sigel' sur frunto
Por – marko de malsaĝo.

("Cinikaj sonetoj", *Izolo* p. 59)

Jen la "izolo" de la poeto. Li povas vidi la sorton de la homaro, sed ne povas savi ĝin. Sed ĉu "Sur la Monto Nebo" estas tute sen espero? Ĉu eble la generacio de Kalocsay ankaŭ estas sia propra Moseo? –

> Surtere ni aspiras
> Edenon, kaj aranĝi
> Ni scius...
>
> ("Cinikaj sonetoj", *Izolo* p. 57)

Moseo, servanto de Dio, gvidis sian popolon al Kanaano, sed ne rajtis mem eniri. Eble la venonta generacio... Sed nun ne estas tempo difini la filozofion de Kalocsay. Por fari tion, necesus studo precipe de *Ebria ekvatoro* kaj *Ahasvero de amo* (en *Streĉita kordo*) kaj de *Izolo*. Kalocsay estas samtempe elitulo kaj humanisto, ne voĉo (parto) de la popolo, sed poeto parolanta *al* popolo.

Mi menciis, ke la poemoj de *Izolo* estas lingve pli riĉaj. Estas unu afero utiligi la lingvon por fari versojn, kaj tute alia manipuli ĝin verse. Kiam *Izolo* pretis, Kalocsay estis jam preskaŭ 50-jara. Jam en 1936 li diris, "Ne forgesu, ke mi havas malantaŭ mi 36.000 versojn de tradukita poezio." Kompreneble tiu poezio donis al li ne nur teknikan sperton, sed ankaŭ vastan trezorejon de utilaj ideoj. En *Streĉita kordo* ŝajnas, ke ĉi tiuj ideoj estas ofte simple transprenitaj (subkonscie) sen signifaj ŝanĝoj. Ekzemple, la influo de Baudelaire estas klare videbla, precipe en *Ahasvero de amo* kaj ŝajne *Ebria ekvatoro*, kaj aliaj liberversaĵoj multon ŝuldas al la pensado de Nietzsche.

Sed nun en *Izolo*, kaj supozeble en *Tra la ŝtormo* (kies manuskripton mi ankoraŭ ne vidis), Kalocsay jam plene ensorbis la ideojn el la verkoj de li tradukitaj, kaj ili adaptiĝis por esprimi liajn proprajn emociojn kaj pensojn. Ĉi tiu estas ĉiama procedo de la literaturo:

> La tradukoj kvazaŭ perforte trudas al la lingvo konstantan penon, esprimi la ĝis tiam neesprimeblan. Kvazaŭ transfluigata sango en anemiulon, fluas per ili en ĝin novaj esprimformoj, novaj nuancoj, novaj asociacioj. Originalaj poetoj kantas kaj iliaj versoj stampas vortojn per neeviteble reaperantaj memoroj.

> (*Lingvo stilo formo*)

Rigardante malfruan poemon, ekzemple "Somernokto" (*Esperanta antologio* 1984, p. 167), laŭ mi la plej perfekta Kalocsay-a liriko, oni povas vidi la plenan rezulton de ĉi tiu ensorbiĝo. "Somernokto" estas la propra inspiro de poeta menso. Ĝi estas ampoemo – kaj por Kalocsay la amo estas la sola rifuĝo for de la ordinara vivo ("En nia griza tago lumas / Minutoj ruĝliteraj"). Ĝia efekto rezultas el la kreo de atmosfero – la uzado de mistikaj religiaj metaforoj, de listo da floroj, de elvokaj figuroj. Per sia amo, la geamantoj ne fariĝas la centro de la universo, sed kreas por si propran universon. La ekstera mondo daŭrigas sian ordinaran vivon:

> Inter la herboj la lampiroj
> Diskrete, sole por si, lumas.

Sed samtempe ili ludas frandan rolon en la aminterŝanĝo de la paro:

> La nokt' incensas nin per mento,
> Rezedo, malvo kaj narciso.

La fina klimakso reprezentas ne la adaptiĝon de la konkreta mondo al la mondo de la geamantoj, sed grandegan harmonion inter la du:

> Kiel grandega strasa tulo
> Nin kovras la ĉiela arko,
> Kaj lante kun ni la insulo
> Eknaĝas kiel nupta barko.

Ni memoras "Ekstaze", kie ni vidas iom alian sorbiĝon en la ĉirkaŭaĵon, malpli trankvilan, pli skuantan:

> ... mi kune kliniĝas kun arboj en vento
> frapetas kun pluvogutoj en polvo
> kuregas kun sovaĝĉikorio ridegas kun rozo vipera sur kampoj –
> kun sereno mi veas en matenoj nebulgravedaj

(*Streĉita kordo*, p. 169)

Jen ia kulmino de la poeta vizio.

Sed kiu konas la verkojn *Izolo* aŭ *Tra la ŝtormo*? Kiu, inter la juna generacio, vere konas la kolekton *Streĉita kordo*? La Esperanta literaturo estas juna: literaturo bezonas tradicion. Estas nia devo konservi kaj varti tiun tradicion, kiun ni jam havas. Mi jam citis el *Lingvo stilo formo* – "iliaj versoj stampas vortojn per neeviteble reaperantaj memoroj..." sed tiuj memoroj fakte fariĝos memoroj nur se oni legas la poemojn. La solaj personoj kiuj bone konas la originalajn verkojn de Kalocsay estas la poetoj mem. De la ordinara publiko ili estas apenaŭ haveblaj. Kaj se la poetoj utiligas tiujn "reaperantajn memorojn," nur la poetoj ilin komprenos.

Rezulte, ekzistas danĝero, ke kreiĝos literatura elito, ke la literaturo perdos kontakton kun la publiko. Ne temas pri relativa "malfacileco": oni ne povas verki bonajn poemojn por duoninteligentuloj. Sed nur, se oni donas la krudan *scian* materialon al la publiko, oni rajtas atendi la ĝustan efikon. Ekzemple, se oni neniam legis la verkojn de Mihalski, kiel kompreni la aludojn al "Ajno" en *La infana raso*? Nuntempe, preskaŭ mankas utila kritikado krom inter la poetoj mem. Sed la rolo de neverkista kritikisto estas en iu ajn literaturo tre grava – precipe kiel kontaktilo kun la publiko. Por eviti la vere gravan danĝeron de aparta literatura elito, kaj por montri finfine al la publiko la staturon de nia poeto Kálmán Kalocsay, ni absolute bezonas represon de liaj ĉefaj poemoj. Tio estu nia donaco al li je tiu ĉi festa tempo. Ni memoru liajn proprajn vortojn:

> Poeto sen popolo, ho animprema scio,
> Ke surdas la oreloj por ĉiu mia voko...
> Forsonos senresone la plora melodio,
> Kiel ŝirita kordo en forlasita loko.

("*En amara horo*", *Streĉita kordo,* p. 34)

Ni estu dankaj, ke Kalocsay vivis[3]

Eĉ la nudaj bibliografiaj faktoj pri Kalocsay elokvente parolas; sed kiel priskribi la realon, kiu kuŝas malantaŭ ili? Ne temas simple pri vico de imponaj verkoj en Esperanto, aŭ pri ia "signifa kontribuo" al la Esperanto-kulturo, sed pri talento tiel multkampa kaj potenca, ke al ĝi grandparte ŝuldiĝas tiu kulturo mem. Kalocsay formis kaj muldis la kulturan heredaĵon, la literaturan tradicion de Esperanto.

Unu el liaj unuaj poemoj estis omaĝo al la mortinta Grabowski, kiu dominis la Esperanto-poezion de tiuj jaroj samkiel Kabe la prozon. Kalocsay, unuavice poeto, simbole kaj efektive transprenis de Grabowski la torĉon, per aperigo en tiu sama jaro – 1921 – de sia unua poemaro. La aŭdacaj parolturnoj kaj foje riskaj gramatikaj formoj de Grabowski fleksis la poezian lingvon kaj pripalpis la estontan vojon; sed kompare kun Grabowski, la poezio de Kalocsay estis konservativa: li ĝuste difinis la centran fluon de la Esperanto-poezio kaj eltrovis ĝian karakterizan voĉon.

En postaj jaroj, Kalocsay estis abunde atakata de tiuj, kiuj identigis lin kun neologismoj kaj lingvaj eksperimentoj – je lia granda surprizo, ĉar li ĉiam vidis sian rolon esence Horacia, kaj li mem ne havis altan opinion pri la ekstremaj lingvaj esperimentoj de Mihalski aŭ de kelkaj pli modernaj verkistoj – de la de li duonŝerce nomita "sensencista skolo".

Mi diris, ke Kalocsay "eltrovis" la voĉon de la Esperanto-poezio. Li estis unuavice granda eltrovanto – de la latentoj en la lingvo, de ĝiaj kaŝitaj ecoj, de la kontribuoj de liaj antaŭuloj. Oni povas diri pri la poezio de Privat, ke ĝi estis klopodo ligi Esperanton al la eŭropa kultura tradicio, kaj pri tiu de Mihalski, ke ĝi celis igi Esperantan poezion unika. Kalocsay strebis al harmoniigo de ambaŭ celoj. Li konsciis, samkiel lia posteulo Auld, pri la neceso ligi Esperanton al la fekundaj literaturaj fluoj de la monda kulturo. Pro tio li emfazadis tra sia tuta kariero la tradukadon, kaj li montris en la plej sukcesaj tradukoj sian kapablon ne nur redoni la vortojn de la originalo en nova lingvo, sed kvazaŭ magie transformi la originalon al Esperanta verko – fari ĝin propra al tiu kultura fenomeno, la Internacia Lingvo.

3   Nekrologa prelego, Londona Esperanto-Klubo, 5 marto 1976. Esperanto 69 (1976) 3: 42-43.

"Se oni farus ekskluzive Esperantan literaturon," li iam diris, "tio farus el Esperanto ian provincismon." En siaj lastaj jaroj li fariĝis ĉiam pli kaptita de la ekstereŭropaj poezioj, kaj dum tiu tuta periodo li prilaboris ampleksan antologion de la monda poezio en Esperantotraduko, *Tutmonda sonoro*, ĝis nun ne aperintan.[4] Sed samtempe Kalocsay sciis ekspluati la unikecon de Esperanto. Kiu legas la poemojn de *Mondo kaj koro* post la hezitaj provoj de pli fruaj poetoj, tiu tuj sentas la absolutan majstrecon de la poezia lingvaĵo, de la moviĝo de la lingvo, de la kaŝitaj ritmoj kaj asonancoj, kiuj kvazaŭ senpere, kvazaŭ hardite en jarcenta literatura tradicio, eksonas. Per la plumoj de Kalocsay kaj liaj samtempuloj Esperanto atingis sian maturecon.

La poezia persono de Kalocsay plendis, ke li estas "poeto sen popolo" – ne ĉar mankas parolantoj de Esperanto, sed ĉar eĉ ĝiaj parolantoj ne plene komprenas ĝian signifon. Laŭ Kalocsay, Esperanto estis simple neevitebla, plenmajstra kultura fakto, kaj li konscie "por genio post mi venonta" transprenis la rolon de ŝirmanto kaj nutranto de tiu timige impona fenomeno. Kiel rimarkigis Tárkony en *Ora duopo* (Kökeny 1966: 103), Kalocsay, pli ol ĉiu alia, "sekvis la zamenhofan postulon: surpreni malfacilajn traduktaskojn" – sed Kalocsay ne limigis sin al malfacilaj *tradukaj* taskoj. Mankis gramatika studo: kun Waringhien li kreis ĝin. Mankis poetiko: la sama mirinda duopo kreis ĝin. Mankis literatura revuo: li surprenis la eksterordinaran organizan taskon ĝoje kaj entuziasme. Mankis enciklopedio, mankis teknika terminaro poetika, mankis eĉ amoraj poemoj – li kreis aŭ verkis aŭ helpis al aliaj elkrei ilin ĉiujn.

Kaj li protektis kaj subtenis alies talentojn. Junaj verkistoj trovis agrablan azilon en la paĝoj de la revuo *Literatura Mondo*; li vigle korespondis kun ĉiuspecaj verkistoj kaj esperantologoj; li impete sed saĝe argumentis kontraŭ tiuj, kiuj ne komprenis la esencon de aferoj; dum novaj verkistoj trovis helpon, malnovaj nove brilis en liaj adaptoj kaj revizioj – van Schoor, Vallienne kaj aliaj. Kun kelkaj, antaŭ ĉio Waringhien, li trovis kunlaboron mirakle kaj senfine fekundan. Kaj apenaŭ ekzistas hodiaŭa Esperanta poeto netuŝita de Kalocsay – Rossetti, Boulton, Goodheir, Tárkony ĉiuj notinde montras lian influon.

---

4   Ĝi fine aperis en du volumoj en 1981, eldonita en Budapeŝto de la Hungara Esperanto-Asocio.

Kaj lia persono? Mi konis lin nur malfrue en lia vivo. En 1963, junulo, ekipita per portebla magnetofono kaj impertinenta aplombo, mi vizitis lin en Budapeŝto. Ni parolis pri poezio, Esperanta kaj monda, pri tradukado, pri la Esperanto-movado, la lingvo, la historio. Kun tiu eksterordinara energio, laŭ kiu li estis ĉiam konata, li engaĝis sian tutan personon, sian tutan korpon, en nia konversacio. Dum unu tuta tago, dum la tramoj ruliĝis ekster la fenestro kaj la familio alportis bonvenigojn kaj manĝaĵojn, la sonbendoj turniĝis kaj Kalocsay parolis. La moviĝemaj manoj, la fluida vizaĝo – samtempe ironia kaj sincera, la frape kalva kapo, la varioplena voĉo: ĉio kombiniĝis por stimuli kaj iasence humiligi min. Poste li legis sian poezion, kaj la grinca magnetofono faris sian eblon kapti ĝin, kaj apenaŭ sukcesis, redonante hodiaŭ palan proksimaĵon de tiu riĉa kaj vivoplena voĉo. Tárkony venis viziti. Ankaŭ li legis. La magnetofono servile sekvis dum la junulo gapis.

Kalocsay estis unu el tiuj malmultaj homoj ĉe kiuj la mito egalas la realon. Mi sentas min honorita, ke mi konis ne nur homon sed ankaŭ historian fenomenon, ne nur amikon sed enkarniĝon de la esperantismo en la plej bona, plej nobla senco. Lia spirito ĉiam restos. Ni estu profunde dankaj, ke Kalocsay vivis, kaj semis, kaj iagrade rikoltis. En 1931, tiu mirinda jaro de la publikigo de la poemaro *Streĉita kordo*, li verkis pri la ĵusmortinta Théophile Cart vortojn aplikeblajn 45 jarojn poste kun sama pravo al li mem:

Konfuze kaj senhelpe ni ĝemas sub ĉi plago.
Sed por animoj grandaj la mort' ne estas fin'!
Li pasis, ve, li pasis, sed restis lia Ago.

CITITAJ VERKOJ

Auld, William, red. 1984. *Esperanta antologio: Poemoj 1887-1981*. Rotterdam: UEA.

Auld, William. 1956. *La infana raso*. La Laguna: Stafeto.

Brüggemann, K. 1923. *Tra la literaturo*. Revuo.

Kalocsay, Kálmán. 1921. *Mondo kaj koro*. Budapest: Markovits.

Kalocsay, Kálmán. 1931. *Streĉita kordo*. Budapest: Literatura Mondo.

Kalocsay, Kálmán. 1931. *Rimportretoj*. Budapest: Literatura Mondo.

Kalocsay, Kálmán. 1931. *Lingvo stilo formo*. Budapest: Literatura Mondo.

Kalocsay, Kálmán. 1977. *Izolo*. Dua eld. Rotterdam: Universala Esperanto-Asocio.

Kalocsay, Kálmán, trad. 1981. *Tutmonda sonoro: Poezia antologio en Esperanto*. 2 vol. Budapest: Hungara Esperanto-Asocio.

Kalocsay, Kalmán, k Gaston Waringhien. 1938. *Plena gramatiko de Esperanto*. Budapest: Literatura Mondo.

Kalocsay, Kálmán, Gaston Waringhien, k Roger Bernard. 1968. *Parnasa Gvidlibro*. Dua eld. Varsovio: PEA kaj Heroldo de Esperanto.

Kökeny, Ludoviko, red. 1966. *Ora duopo: Jubilea libro pri Julio Baghy kaj Kolomano Kalocsay*. Budapest: Hungara Esperanto-Asocio.

Peneter, Peter (Kálmán Kalocsay). 1932. *Sekretaj sonetoj*. Budapest: Literatura Mondo.

Vatré, Henry [tiel!]. 1937. Kion mi lernis de Kalocsay? En V. Bleier k F. Szilágyi, red. *Arĝenta duopo: Jubilea libro pri Julio Baghy kaj Kolomano Kalocsay*. Unua volumo. Budapest: Literatura Mondo. 110-115.

11. La poezio de Baldur Ragnarsson: Tradiciismo renkontas modernismon[1]

1.

La kontribuoj de Baldur Ragnarsson al Esperanto kaj precipe al la Esperanto-literaturo estas grandaj. Indas, ke tiu ĉi kolekto de liaj verkoj aperu nun, kvin jardekojn post la komenco de lia publika apero en la paĝoj de la revuoj – bona tempo por pritaksi tiujn kontribuojn kaj ankaŭ memorigi nin pri la eksterordinara graveco de liaj fruaj verkoj. Sed lia ĝisnuna kontribuo ja ne estas sole kiel poeto. Dum jaroj li okupas la rolon de ĉefa animanto de la islanda Esperanto-movado. Estis li, ekzemple, kiu unuavice konvinkis Universalan Esperanto-Asocion organizi la Universalan Kongreson de Esperanto en Rejkjaviko en 1977, kaj, kiel prezidanto de la Loka Kongresa Komitato, estis li, kiu kunmetis programon tiel kulture riĉan, ke ĝi restas ĝis hodiaŭ preskaŭ sen rivalo. Li povis tion fari parte pro tio, ke, kiel beletristo kaj edukisto, li estas egale bone konata kaj influa inter siaj samlandanoj kiel en la Esperanto-movado. Parte tiu rekono kuŝas en liaj kontribuoj kiel tradukisto, ĉu en la islandan ĉu en Esperanton. Se temas pri Esperanto, liaj tradukoj el la islanda al la Internacia estas modeloj de flueco kaj natura redono en la nova lingvo de la ecoj de la originala.

Sed en tiu ĉi malgranda eseo mi traktos nur unu aspekton de la kontribuo de Ragnarsson, nome lian originalan poezion en Esperanto. Kiel atestas la kolekto *La lingvo serena,* liaj poezie produktivaj jaroj venis frue. La poezia volumeto *Ŝtupoj sen nomo* (1959) estis publikigita de Stafeto jardekon post lia esperantistiĝo. *Esploroj* sekvis en 1973. Depost tiam, ĝis 2007, originalaj poemoj maloftis: esence la interesoj de Ragnarsson iris aliloken – parte al tradukado, parte en la direkton de la Esperanto-movado: li ne nur prezidis la Lokan Kongresan Komitaton en 1977 sed ankaŭ elektiĝis vicprezidanto de UEA en 1980. Tamen la "malfruaj" poemoj restas fortaj: ne estis manko

1   En Mauro Nervi, red. *La lingvo serena: Plena originala verkaro de Baldur Ragnarsson.* Pisa: Edistudio, 2007. 73-93.

de teknika talento, kiu sekigis la fluon. Same, lia kvazaŭ profesia juĝkapablo pri la literaturo restas firma: lia serio de prelegoj, farita en 1986, pri *La poezia arto* restas inter la plej elstaraj ekzemploj de literatura kritiko en nia lingvo: ni povas nur bedaŭri, ke li ne verkas pli abunde en tiu ĝenro. Sed oni ja rajtas sin demandi kial tiel riĉa talento ne pludaŭris ankaŭ en formo de publikigitaj poemoj.[2]

2.

Mi havas malklaran memoron, ke mi iam recenzis la libron *Ŝtupoj sen nomo*, dum epoko kiam ankaŭ mi estis nova esperantisto. Se jes, la recenzo malaperis en la forgesujon de malgrandaj Esperanto-bultenoj. Certe estas, ke tiu libro estis inter la unuaj, kiujn mi studis detale – dum periodo kiam mi legadis abunde en la Esperanto-poezio, kiun mi nove eltrovis en la Biblioteko Butler en Londono kaj iom post iom komencis aĉeti. Auld, evidente, multe okupis mian tempon – ne nur liaj propraj verkoj, sed ankaŭ la nove aperinta *Esperanta Antologio*; kaj same Kalocsay.

Ŝtupoj sen nomo estas verko de relative novbakita esperantisto (Ragnarsson esperantistiĝis en 1949, dek jarojn antaŭ ĝia publikigo), kiu gloras pri la freŝeco de la lingvo – malgraŭ la ofte pesimismaj temoj. La poezio de Ragnarsson ne estas, en konvencia senco, facila: ĝi postulas engaĝiĝon de la intelekto kaj emocioj. Nek li faciligas al la leganto la vojon: liaj poemoj plejparte ne dancas antaŭen kiel tiuj de iu Hohlov aŭ Baghy. "Inteligenta sinteno al poezio rilatas unuavice al la senco, pli specife, al la poezia senco de poemoj," li skribas en *La poezia arto*. "En poemoj la senco estas unuaranga, ne ĝia sonaranĝo." Notu, ke ĉi tie li faras distingon inter tio, kion oni povus nomi la laŭlitera senco, kaj tio, kion oni nomu la poezia senco. Poezio, laŭ lia prologo al *Esploroj*, "per vortoj esploras ... realaĵojn trans la limojn de ordinaraj spertoj. Ofte tiu esploro ŝajnas egali kreon, sed efektive ĝi

---

2   Tiu aserto feliĉe montriĝis tro hasta: en la jaroj post publikigo de *La lingvo serena*, venis tuta fluo de maturaj originalaĵoj kaj tradukoj poeziaj: kvar volumoj de originalaj poemoj (*La neceso akceptebla* 2008, *La fontoj nevideblaj* 2010, *Laŭ neplanitaj padoj* 2013, kaj *Momentoj kaj meditoj* 2016) kaj kvar librolongaj tradukoj: *La Edda de Snorri Sturluson* 2008, la *Sagao de la Volsungoj* 2011, *Sagao de Egil* 2011, kaj *Nevundebla loko,* poemkolekto de nuntempa islanda poeto Gerður Kristný 2009.

ĉiam estas trovo de io ekzistanta, sed antaŭe nekonita aŭ nespertita aŭ nerimarkita." Ĝia unua tasko do estas fideleco al la senco, al la realo.

Se li ne tiom interesiĝas pri la ritmo – pri la parola formo de la poezio – Ragnarsson tamen nepre interesiĝas pri la prozodio: frapa karakterizo de *Ŝtupoj sen nomo* estas la diverso de aliroj al poezia esprimiĝo kaj la abundo de formoj per kiuj li eksperimentas. Kaj ne nur eksperimentas – sed majstras. La simpla tristrofa poemo komence de la volumo kvazaŭ anoncas tute klare, ke temas pri nova talento jam arte elstara, kiu bone konas ankaŭ la konvenciojn de la poezia tradicio kaj intencas apliki ilin:

> Mi vidas Shakespeare, Milton sur la tron',
> kun ili Dante, Byron, kaj aliaj
> spiritoj grandaj lumas sur la fon',
> kaj post la vida ring' sin kaŝas pliaj.

> Sed ankaŭ apartenas al la rond'
> de la poetoj, kies famo restas,
> la humilantoj de la muza mond'
> en kies verkoj ĉio nur modestas.

> Kaj se ankoraŭ restas ia lok'
> por la plej simpla inter humilantoj,
> esperas mi, ke mia velka vok'
> kunsonos en la grup' de l' aspirantoj.

Ragnarsson estas universitata diplomito pri la angla, kaj tiu trempiĝo en la angla literatura tradicio estas sentebla je ĉiu angulo. Shakespeare kaj Milton estas starigitaj kiel modeloj – kune kun, iom malpli probable, Byron. La ĉeesto de Dante apud la anglalingvaj poeziaj gigantoj ankaŭ montriĝas justa, ĉar la grupo de sep sonetoj, kiuj komencas la libron, sekvas en kvin okazoj la escepte malfacilan italan rimaranĝon uzatan de Dante kaj Petrarca (kaj, cetere, Milton en la angla), kontraste al la pli facila ŝekspira formo (uzata en numeroj 4 kaj 8). Se Ragnarsson apartenas al "la humilantoj de la muza mond'", li triumfe pruvas la malĝuston de la propra aserto per la kvalito de la poemo.

La redono de tradiciaj poeziaj formoj laŭ konataj modeloj ne finiĝas per tiu ĉi komenca grupo de sonetoj: sekvas aliaj tradiciaj formoj. Bela ekzemplo de danteska *terza rima* aperas en "Ni kaŝe kuŝis, rest' de l' homa hordo" (*Ŝtupoj* 2/1), kaj la kulmino de la tuto estas spirhaltiga sestino, "Sur monto kruda kabanaĉo kaŭras" (*Ŝtupoj* 1/20). El ĉiuj okcidentaj fiksitaj poeziaj formoj sestinoj estas eble la plej malfacilaj.

Kiel oni atendus en juna poeto, la okazaj poeziaj influoj abundas en la tekstoj de la poemoj. Ni klare vidas, kion Ragnarsson legis, kaj kiu influis lin. La dokteco de la poeto pri la enhavo kaj spirito de la anglalingva literaturo estas ĉie spurebla, ne nur en la unua volumo sed ankaŭ en la dua. La modeloj estas tre diversaj: ideoj de la angla Gerard Manley Hopkins kaj de la usona Wallace Stevens aperas en pluraj poemoj; ni rekonas la usonan Longfellow en "Pri la valoro de la vaka scenejo" (*Esploroj*); foje ni sentas la moviĝon de la poezia voĉo de T. S. Eliot. La voĉo de Baudelaire estas ankaŭ aŭdebla – kaj konanto de la islanda poezio certe trovus eĥojn de islandaj poetoj kaj poeziaj formoj (vidu ekzemple, la internajn duonrimojn de *Ŝtupoj* 1/19).

Sed oni ankaŭ vidas Ragnarsson barakti kun la fortoj de la tradicio Esperanta kaj neesperanta. Mi uzas la vorton "barakti" en la senco, ke ĉiu poeto ne nur trovas necese omaĝi al siaj antaŭuloj sed ankaŭ kontraŭbatali ilin por trovi la propran voĉon. Oni devas demandi sin ĉu sen la poezia ekzemplo de Auld, jam esprimita en *Kvaropo* (1952) kaj precipe en *La infana raso* (1956), la atingoj de Ragnarsson estus eblaj (kaj ĉe *Kvaropo* ni ne ignoru ankaŭ la vojmontron de Dinwoodie kaj de Francis): tiu estis inspira epoko en la evoluo de la Esperanto-poezio. La jam menciitaj sonetoj montras ankaŭ la influon de Kalocsay, precipe la dua (1/3: "Tra valo arda mi soife iris"), kiu memorigas pri la kaloĉajaj "La celoj ĉie dronas" kaj "Sur la Monto Nebo". Sed lia legado en la Esperanto-literaturo estis jam larĝa: Ragnarsson mem memoras, ke inter liaj unuaj legaĵoj en Esperanto estis kelkaj plej fruaj Esperanto-verkoj, de la komenco de la dudeka jarcento. Ni vidas en liaj poemoj iom arkaismajn parolturnojn el tiu epoko: "leĝon la gravitan" en *Ŝtupoj* 1/7, ekzemple; "mondo la muĝa" kaj "homo la horda" en 2/4. Same kiel ĉe Auld, ankaŭ la eksperimentoj de Mihalski (kiu siavice konstruis ilin sur la ekzemplon de Grabowski) estas sekvataj de Ragnarsson (vidu *Ŝtupoj* 2/11: "Ĉielo maras. Ŝtalegriza fluo / muras"). Ankaŭ aŭdeblas la voĉo de Kurzens (*Ŝtupoj* 1/12).

3.

La prologo de *Ŝtupoj sen nomo* rakontas eksterordinaran historion. La eldonisto Juan Régulo Pérez detaligas tutan serion da paneoj survoje al publikigo: unue Auld promesis verki enkondukon al la jam finita manuskripto, sed pro malsano ne povis plenumi la taskon. Kiam Ragnarsson poste petis Kalocsay tion fari, tiu ne plenumis la taskon – pro ia verkista bloko (aŭ, pli precize, bloko de leganto). Marek Wajsblum, en Londono, konsentis verki, sed ankaŭ li estis malhelpata tion fari. Fine, do Régulo mem verkis prologon: kun ĝi finfine la poemaro aperis.

Sed granda parto de la prologo de Régulo traktas ĝuste la rifuzon de Kalocsay fini sian taskon. Kalocsay skribis al Ragnarsson:

> Multe mi batalis kaj baraktis super via poemkolekto. Taksi, prijuĝi, komentarii, rekomendi – jen estis mia tasko, kaj, kompreneble, tiun taskon oni povas fari nur post ĝisfunda trakompreno aŭ trasento de la poemoj.... Mia longa silento devenas ĝuste el tio, ke mi ree kaj ree prenis la poemojn, studis, gustumis ilin, kaj, poste, laciĝinte, mi ĉiam flankenmetis ilin por posta fojo de okupiĝo. Tiel pasis la tempo.... Fine mi decidis skribi al vi la opinion en mi formiĝintan dum tiu longa-longa tempo.

Tiu opinio montriĝas samtempe interesa kaj ŝoka. "Kiam mi legas poemon de nova speco kaj mia prijuĝo estas malfavora," li skribis, "mi ne povas esti certa, ĉu mi mem aŭ la poemo estas kulpa pri tio: ĉu mi ne postrestis la evoluon per kelkaj jardekoj. Mi do ne estas firma en la nova poezio, kiu parolas malpli al la intelekto ol al aliaj sferoj."

Tia gusta konservativo surprizas nin se ni rigardas ekzemple la liberformajn poeziaĵojn de Kalocsay (kontraste al tiuj en striktaj formoj), kiuj aperis en *Streĉita kordo,* sed ĝi ja sugestas, ke la forta sindediĉo de Kalocsay al starigo de poeziaj normoj en Esperanto fontis ne nur el strategia neceso en periodo de formiĝo de literatura tradicio, sed ankaŭ el propraj preferoj. Ĉiel ajn, Kalocsay ja estis firma en sia opinio pri unu afero, nome la kvalito de la poemaro de nia islanda poeto: "Finfine mi tamen ne povas ne diri tion, kion mi devas: mi konsilas al vi *ne eldonigi ankoraŭ* tiujn ĉi poemojn."

Ĉu la vorto "ankoraŭ" en tiu frazo estis ĝentila maniero diri "neniam ajn"? Eble jes – ĉar estas malfacile imagi kiel oni povus aliigi la poemojn por akordigi ilin kun la tradiciaj normoj de la poezio akcepteblaj al Kalocsay. Sed la esenca maltrankvilo de la pli aĝa poeto ne rilatis al formo, sed al enhavo:

Se mallonge esprimi, kion oni sentas dum kaj post la legado de via poem-kolekto, oni estas premata de ia koŝmaro. Ĉie malespero, barakto, morto, sango. Kaj la drastan premon ankoraŭ pliigas, ke la poemojn plenajn de *contradictio in adjecto* [terminaj kontraŭdiroj] oni devas solvi kvazaŭ enigmojn, per cerbostreĉo.

La pliaj rimarkoj de Kalocsay ja ŝajne sugestas, ke ekzistas ankoraŭ iu baro inter la ideoj kaj ilia lingva esprimiĝo, superebla per pli da klareco kaj pli da atento al lingva taŭgeco. Sed ja povus esti, ke mankas ne *lingva kapablo* sed *lingvo entute kapabla* esprimi tion, kion Ragnarsson volas esprimi – aŭ, pli precize, kapablo traduki la sperton en lingvon entute.

Leganto de tiu stranga prologo povas surpriziĝi, ke ĉiuj tiuj malpuraj tolaĵoj entute laviĝis publike. Kial Ragnarsson aŭ Kalocsay permesis, ke aperu tiu longa citaĵo el privata letero, kaj kial venis en la menson de la tamen senpaciencigita eldonisto meti ĉion ĉi en prefacon al nova libro – precipe kiam tiu nova libro estis debuta volumo de nova serio de "Beletraj Kajeroj de Stafeto"? La vortoj de Kalocsay ja apenaŭ igas la libron rekomendinda. Régulo havis sian obstinan flankon. Tamen, tiel estas – kaj la rezulto estas tute interesa enrigardeto al la interna politiko de la literatura mondo esperantista.

Se Kalocsay perdiĝis en tiu ombro sur interna pejzaĝo (por citi la titolon de alia interesa Esperanto-verko), tio ne estas plene surpriza. La ofte malfacile penetrebla surfaco de tiuj ĉi poemoj povas lasi la leganton kvazaŭ senrimeda. Leganto de *Ŝtupoj sen nomo* povas facile havi la impreson, ke li/ŝi eniras mondon esence senhoman – aŭ, pli precize, kie la parolanto de la poemoj mem okupiĝas ne pri la homaj interagoj sed pri la komplika interna pejzaĝo de la propra menso.

Memorindajn karakterojn, distingeblajn *personojn*, oni apenaŭ renkontas en la poemoj de Ragnarsson. Estas vere, ke tiu interna pejzaĝo estas samtempe ekstera pejzaĝo, sed ne tiom en normala senco, ĉar la ekstera pejzaĝo, se entute ĝi priskribiĝas, estas nura metaforo de la pli vasta kosma areno de la homa ekzisto kiel parto de iu vivanta tuto – de iu universala "penspavimo":

> Vidante neĝon cigni krudosubon
> mi sentas flokoflagron en l' animo,
> sur mensovolbo puroŝutan nubon
> kaj haltos ĝoje sur la penspavimo;
>
> rigardas kiel kovras mensokoton
> kristaloj de eterna bel' kaj paco,
> kaj mi decidas rompi mian troton
> por ne makuli puron de l' surfaco;
>
> spiritkomplikon benas dolĉa laco.

(*Ŝtupoj* 2/13)

Se ni rigardas ĉion ĉi kun kaloĉaja perplekso, ni tamen ankaŭ rekonu la realan pejzaĝon – la rokan, senkompatan landon de la aŭtoro. Tiu lando kvazaŭ metaforas la eble malplenan universon. Ankaŭ ni, vizitante Islandon, foje supozas, ke la ekstera pejzaĝo estas la interna: la malpleno de la ĉirkaŭo eĥas la pejzaĝon de deprimiĝo. Eble Ragnarsson foje suferas je la spleno de la juna poeto, eble randas ĉe klinika deprimiĝo....

4.

Ŝlosila poemo tamen estas numero 1/22 de *Ŝtupoj*, poemo "memore al d-ro Helgi Pjeturss, islanda filozofo." Tiu poemo prezentas (per nekutima dektrisilaba distiko, kaj en nekutima longo de 122 versoj) la nocion, ke la vivo fontas el ia kosma radiado, ia povo tutuniversa, kies perilo estas la amo: "La Amo la Radio estas, kiu deas / el la mistera Forto, kiu mondojn kreas." Ju pli forta tiu sento de amo, tiu spirito en la universo, des pli kompleta la transformiĝo – tiel ke, super la kapablo de normaj homoj, "Gedioj renkontiĝas en amo plej liberaj, / ĉar la natur' sublima de entoj superaj / alcelas multobliĝon kaj konstantan kreskon."

Temas verdire pri ia materiisma platonismo (se tio ne estas en si mem kontraŭdiro) popularigita en Islando siatempe de islanda geologo Helgi Pjeturss (1879-1949), kies problemoplenaj ideoj pri la propra kulturo kaj pri la kosmo tamen havis kaj havas siajn sekvantojn en Islando kaj eksterlande. Pjeturss, kies filozofio aperis en la libro *Nyall* en la 1920aj jaroj, ankaŭ kredis, ke la surtera vivo venis de aliaj planedoj, kaj ke post la morto ni reiras al tiuj planedoj. Pjeturss interalie deklaris (en artikolo tradukita en Esperanton en la revueto *Voĉo de Islando* de julio 1959), ke "kredeble ne estas troigo diri, ke tri kvaronoj de la islanda popolo ... estas spiritistoj aŭ havas inklinon al tiu doktrino." Se oni vivas en lando tiel batata de la naturaj fortoj, eble tio estas komprenebla konsekvenco. Ĉiuokaze, kontraste al la luterana eklezio en aliaj skandinavaj landoj, tiu de Islando montriĝis tra la jaroj iom malferma al spiritistaj ideoj, kaj eble pro tio la nocioj de Pjeturss trovis fekundan grundon en la severa islanda ĉirkaŭaĵo.

La demando ĉu nia islanda poeto estas kredanto je tiu stranga filozofio (li mem sugestas, ke ĝi estas "iom ekstravaganca") ne estas la esenca demando (similajn demandojn oni levas pri la granda irlanda poeto W. B. Yeats kaj pri multaj aliaj eminentaj artistoj – kvazaŭ la vorto "kredi" havus simplan unuvalentan sencon), sed ĝi evidente formas konvenan bazon por la mondo, kiun Ragnarsson eniras en multaj siaj poemoj. En tiu senco, tiu ĉi poemo estas ŝlosila.

Oni renkontas similajn ideojn en simpla formo ekzemple en *Ŝtupoj* 1/11 (Al ni Genez' proklamas) kaj 1/13 (Akceptu mian manon, infaneto). Ĉi-lasta trovas ligon inter la unuopa estaĵo ("ereto el la kosma kvanto") kaj la kosma tuto same kiel tion faras ankaŭ *Ŝtupoj* 1/14:

> La sci' ke l' forto venas el ekstero
> nin liberigas el la fikarcero
> de l' materio, kaj la pensojn gvidas
> al novaj fontoj, kie pli validas
> ol materio la spirit-mistero.

Lanĉiĝo de la leganto en ian kosman spacon havas sian precedenton ankaŭ en *La Infana Raso* kaj precipe en la eposo de Francis *La Kosmo*, en *Kvarope.* Tiuj jaroj estis tempo kiam oni unue serioze imagis, kaj eĉ plenumis, realan (kontraste al fikcian) vojaĝadon en la spaco. Same kiel Pjeturss (kaj kiel diversaj aliaj popularaj pensantoj – la romanisto kaj dramisto J. B. Priestley kaj la filozofo J. W Dunne en Britio, ekzemple) Ragnarsson intense interesiĝis pri sonĝoj kaj la subkonscio – ekzemple en *Ŝtupoj* 2.8 kaj ties mistera nigra floro, aŭ en "Akvoj" (*Esploroj*):

> En la dormo
> sian kvieton reakiras
> la speguloj
> la bildoj brilas denove
> mondo kunordiĝas
>
> atendas novan pereon
> je mateniĝo.

La interesiĝo pri sonĝado fontas el interesiĝo pri la rilato inter la individua konscio kaj la kosmo, kaj pri la limoj inter vivo kaj morto, ekzemple en *Ŝtupoj* 2/12:

> En koro mia malluma
> velka voĉo ululas,
> tremanta noktoblovo
> fride kordojn modulas.
>
> Mi sentas la palajn lipojn
> tuŝeti koron nudan,
> kaj tamen mi ne forpelas
> la tombokison trudan.
>
> Ĉar sombrokisoj tiaj
> kaj voĉo fride fantoma
> estas limogardistoj
> de regno eksterhoma.

La demandon plej rekte traktas verse tre lerta poemo 1/17, kiu nomiĝis en sia unua aperigo (*Voĉo de Islando* 3/1 1958) "Intervjuo kun Dio." Forigo de tiu titolo en la poste publikigita libro facile donas al la leganto la impreson – ĝis la fina verso – ke temas pri la voĉo de la poeto, kiu cetere en tiuj distikoj brile reproduktas la stilon de la angla Alexander Pope. La poemo emfazas denove la ligon inter la individuo kaj la pli granda kosma forto: "Vi ploras, eta hom', sed via larmo / spegulas brilon el la transoĉarmo." Se temas pri la stilo de Pope, temas ankaŭ pri la pli teologie akceptata penso de Hopkins: vidu lian poemon "Spring and Fall" ("Printempo kaj Folifalo").

Sed la lasta, parenteza verso de la poemo "(Finiĝas jen kun Di' la intervjuo)" ĉarme subfosas la memstaran seriozon de la poeto kaj memorigas nin, ke, eĉ se la mensaj esploroj de Ragnarsson estas iasence plene seriozaj, li tamen retenas sian senton de proporcio – malgraŭ, ŝajne, la opinio de Kalocsay.

5.

Aŭ eble oni diru, ke Ragnarsson sidas iel malkomforte en sia filozofia kosmo. Skribante en 1957 pri *La infana raso*, li rimarkas jene:

> Auld suferas de kosma nostalgio. Ĝi tamen ne sinonimas fuĝ-emon for de la turmentita Tero, sed brakumpreton de la poeto por ĉia vivo ĉie; por li la Tero nur egalas polveron en la senfina spaco, kie ŝvebas sennombraj sunoj kaj planedoj, kiuj plej certe naskis vivon, fremdan aŭ similan al la Tera. Li tamen ne ŝajnas vidi iun supersaĝan racion post la kosma meĥanismo: la homa vivo estas nur frajo de kosma akcidento, kiu egale kredeble povus okazi kie ajn. Sen la korpo la animo ne ekzistas. (*La lingvo serena*, 472-73)

Nu, ankaŭ Pjeturss, se mi ĝuste komprenas lian filozofian sistemon, argumentus, ke la enkorpigo de la spirito estas esenca – sed, kontraste al Auld, Ragnarsson insistas pri la intenca kunligiteco de ĉio pere de la spirito. Sed ĉu li plene akceptas tion? Ĉu eble, kiel Ragnarsson raportas (en *La poezia arto*) pri la studo de Hawkes-Teeples pri li kaj Auld, la influo de la ekzistencialismo estas tiel forta, ke ĝi dubigas pri ĉio alia? En *Esploroj*, en la poemo "La celo sen difino", Ragnarsson ŝajne konfirmas tion:

La demando estas ne kiel vojon plani,
vojo estas longa, aŭ ĝi estas mallonga
sed evidente ĝi kondukas ĉiam ien
kio indas nur moderan laŭdon.

Nek estas la demando kiel starigi domon
kvankam oni ja devas agnoski ĝian utilon
kun la dikaj muroj kaj la tegmento
(modelaj signoj pri la konservemo)
ankaŭ ĝi proponas nenian solvon.

Kio validas por nia kazo prefere
estas du fortaj piedoj
koro kuraĝa
kaj drasta senfina strebo al la horizontoj
super ŝtonoj kaj lafrokoj
terbuloj kaj ĉiuspecaj malebenaĵoj
trans lagoj kaj riveroj
marĉoj kaj ĉiuspecaj malsekaĵoj
inter montoj kaj urboj
homoj kaj ĉiuspecaj elstaraĵoj
por ĉiam daŭrigi sen iu celo difinita
ĉar ĝuste tiu estas la plej bela
plej liberiga, sen iu ajn ĉirkaŭstringo.

Kaj en la vesperoj, kiam benas ripoz'
muskolojn lacigitajn post la taga paŝado,
estas ĝue tiam mediti
pri la pejzaĝo kiu tiel evidentas
ke ĝi estas konstatebla de absolute ĉiuj
kiam ajn kaj ĉiuloke, se nur
la emo troviĝas iomete klini
oblikve la kapon, negrave kiuflanke,

por aliformigi la mondon je tridek gradoj,
ni diru, ĉar tio sufiĉas, kaj subite jen
brilas per vasta konstanta lumoŝvelo
la celo sen difino
sed tamen tiu kiu la sola faros
liberaj nin – iuj jam pruvis tion.

"Mi ne estas amatoro de la antiintelekta poezio, nek ĝia eksperto," Kalocsay resume skribis al Ragnarsson. Eble ŝajnas strange sugesti, ke la poemoj de Ragnarsson, tiel malfacile deĉifreblaj, estas kontraŭintelektaj – sed la reago de Kalocsay estis evidente tiu de beletristo malkomforta inter modernistoj. En *La Poezia Arto* Ragnarsson sumigas sian komprenon de modernismo, klare identigante sin mem kun tiu tendenco:

Eble la plej rimarkindaj strategioj de la modernismo en ĝia plej pura formo estas ĝiaj provoj pritrakti la subkonsciecon cele al produkto de mitokrea ordigo, kio validas pri tiaj verkistoj kiel Yeats, Joyce kaj Eliot, kiuj, sentante la mankon de akceptebla mita materialo por ordigi siajn imagajn provojn esprimi la sencon de spertoj, konscie kreis siajn proprajn mitajn kadrojn por siaj verkoj. Oni ofte asertas, kiel Kalocsay laŭ mia antaŭa cito, ke la modernismo estas esence antiintelekta, ke ĝi celebras pasion kaj volon super racio kaj sistemigo. Al tio ligiĝas la sinteno de la ekzistencialistoj, kiuj emfazas la neadekvatecon de la homa racio por klarigi la enigmon de la universo. Oni povas ankaŭ diri, ke la modernistoj unuavice emas al esploro pri la aktualeco, kiu ekzistas en la menso de la verkisto, kiu ofte riveliĝas en denseco kaj ŝajna malordo de esprimado, praktikaj kaj sistemigitaj aferoj estas ja pli-malpli fremdaj al tiu maniero. Tiu emfazo pri la interno pli ol pri la ekstero rezultis en multflanka eksperimentado de la modernistoj rilate al lingvo kaj formo, simboloj kaj mitoj.

6.

Inter la diversaj rimarkoj en la prologo de Régulo al *Ŝtupoj sen Nomo* estis la malkovro, ke, dum la manuskripto flosis jen kaj jen inter Skotlando, Hungario kaj Anglio, kun pluraj haltoj en la Kanariaj Insuloj, Ragnarsson daŭre primartelis kaj reordigis siajn poemojn. La titolo de la libro mem esprimas unu signifan ŝanĝon: eĉ se ili havis titolojn en pli frua publikiĝo, ĉi tie la poemoj aperis sen nomoj. En sia fina aranĝo, ili estas grupigitaj en tri partojn, 22 en la unua, 22 en la dua, kaj 22 en la tria – do entute 66 (ĉu numerologie signifa, tion ni lasas al la leganto). Ili estas "ŝtupoj" sed al kio? Al kompreno de la homa sorto, al maturiĝo de la poeto? Ĉu ili estas prefere koncepteblaj kiel unu longa ŝtuparo, kiu montras al iu celo? Eble la sola gvidilo, kiun ni havas estas la prefaco de Ragnarsson mem al la konscie nomata poemaro *Esploroj*: "Por mi poezio estas esploro; kaj maniero kapti disfluantajn sentojn kaj impresojn por ilin fiksi en spaco kaj tempo." Tamen, finfine, eble al tiu celo, kiel ni jam sugestis, mankas difino....

En tiu procedo de fiksado, kiun Ragnarsson aludas, evidente la lingvo estas esenca ilo: oni ne nur fiksas sentojn *en* spaco kaj tempo – igas ilin kvazaŭ tuŝeblaj – sed oni fiksas ilin *pere de* lingvo. Esperanto estas por Ragnarsson aparte efika: aludante al la poezio de Boulton en la revueto *Juna Amiko* 110 (2004), li faras la jenan observon: "Esperanto ne tiom dependas de lingvaj kutimoj kaj kliŝoj kiel la naciaj lingvoj. Kaj ne nur tio: kiel transnacia lingvo ĝi ankaŭ ebligas liberiĝon el tiuj nevideblaj katenoj, kiuj pli-malpli akompanas la medion de la naciaj lingvoj. El tio sekvas, ke serioza poeto povas senti sin pli libera kaj pli sekura por esprimi siajn plej intimajn sentojn kaj pensojn per la Esperanta vorto."

La manko de balasto tamen povas ankaŭ limigi la esprimpovon. Se Ragnarsson estas foje malfacile komprenebla (kaj se komprenebla estas entute unu el la fundamentaj ecoj de poezio – demando almenaŭ ankoraŭ malferma), tio ne estas pro uzo de obskuraj vortoj: kompare kun, ni diru De Kock, aŭ eĉ Auld mem, lia poezio ne uzas vortojn, kiujn li mem kreis, nek vortojn tre malofte uzatajn en ordinara Esperanto: lia leksika elekto estas rimarkinde pura.

Se iuj homoj emas al neologismoj, Ragnarsson emas al neomorfismoj – foje brile sukcesaj, foje ne. Per la esprimo "neomorfismoj" mi celas nekutimajn kunmetojn, eble laŭokaze formulitajn, kies senco foje ne estas tuj evidenta. Ragnarsson prave atentigas, ke "Oni povas konsideri tion avantaĝo, ke la Esperantista poeto havas je sia dispono lingvon, kies vortfaradaj (strukturaj) kapabloj probable estas unike dinamikaj inter lingvoj, kaj sekve esplorpotencaj." Tamen la rezulto ne ĉiam estas sukcesa (ekzemple, "diskonscie", "seneme" – ambaŭ neklaraj esprimoj en la poemetserio "Difinoj" en *Esploroj* – aŭ "malhieraŭa" *Ŝtupoj* 2.5, "fandorul'" *Ŝtupoj* 2.5). Se entute temas pri obskuro, tiuj kunmetaĵoj estas foje kontribuantoj al tiu stato. Oni ankaŭ notu, ke de tempo al tempo la gramatika klareco diskolapsas (ekzemple en la fino de la tamen grava poemo "La celo sen difino", supre prezentita).

7.

Sed, ĝenerale pri Ragnarsson, kiam venas sukceso ĝi estas brila. Mi jam menciis la teknikan sukceson de la sestino "Filozofio" (tiel nomata en sia unua aperigo). Oni povus ankaŭ atentigi pri la delikataj reverkoj de klasikaj mitoj, en "Glacio" 1, ekzemple (*Esploroj*) aŭ en la pli malfruaj (se pli malfruaj?) poemoj "Odino" kaj "Medo". Oni povus mencii la belan paŭson de la greka Cavafy en "La Ĉerizarbo de Lucullo" (*Esploroj*). Oni ankaŭ povus mencii tiujn esence optimismajn poemojn, kiuj kontraŭpezas la ŝarĝon de la aliaj (kaj kiuj sajne eskapis la atenton de la normale akrevida Kalocsay) – la pritrakton de printempa reviviĝo en *Ŝtupoj* 2/22 ("Mi dormas vintron vastan") kaj la brilan "Nova vivo" (*Esploroj*), kiu sin demandadas kial ni insistas mizeri en ĉirkaŭaĵo promesplena. En *Ŝtupoj* 3.19 ni legas (preskaŭ fine de la poemaro, ni notu) pri retrovo de simplaj plezuroj, eĉ se la ripeto de la komenco de la poemo en la fino sugestas daŭran cirklon de forgesemo:

Ni forgesis
ke ankaŭ hodiaŭ matene
sin levis la suno
la floroj malfermis la petalojn
la birdoj kantis kiel ordinare
la infanoj prenis siajn ludilojn
kaj la dolĉa vento kunportis iliajn ridojn
en la serenan bluon.

Unika en la poemaro estas "Kiam maria kuris tre", poemo kiu trans-
formas ĉiujn makulojn troveblajn jen kaj jen en la du poemaroj en
sukcesojn – kaj memorigas nin pri la neceso eviti troan kritikan has-
ton. La poemo estas reinterpreto de la (kristana) Anonco, konata ne
nur el la Biblio sed el centoj de pentraj reprezentoj. Ĝi minuskligas
Maria-n en kvazaŭ feinon de la (vegetara) naturo, aperantan el digi-
tala floro, dum la "gabriela vir'" de la poemo malpli similas anĝelon
ol superseksan junulon, kiu gajnigas al si fortojn per lasta alkoholaĵo
sur la teraso antaŭ ol plonĝi en la domon por kapti sian virinan pre-
don. Sed tiuj du komplete diversaj mondoj, de karno kaj de vegetaĵo
– unuiĝas per la "spirito", varianto de tiu sama spirito, kiun ni trovis
en la filozofio de Pjeturss. La novmorfismoj ("tralaringi", ekzemple,
aŭ "eksterverda") delikate kaptas la senton; la ŝajnaj maleligantaĵoj
("Kiam maria kuris tre") aldonas preskaŭ infanecan ĉarmon; la du-
sencaĵoj ("gineceo" kaj "placento" estas samtempe botanikaj terminoj
kaj alisencaj esprimoj) kvazaŭ lingve unuigas la du apartajn regnojn
vegetan kaj karnan. Kaj la tuto fluas kun la facila moviĝo de plene
kapabla poeto. Se tiu ŝtupo havus nomon, ĝi nomiĝus "matureco"....

Kiam maria kuris tre
el ganta fingro de petal'
restis orfa la ginece'
de korefika digital'.

Roze mienis ĉe la fin'
de kuro trans la klorofil',
vangis ek la karmezin'
de eksterverda asimil'.

Glitis maria dolĉe for
dum sekvis ŝin okulavid'.
Ŝin tamen tenis tro la flor',
do ŝvebis plu trans aminsid'.

Ĉe tablo gabriela vir'
ekster pordo sur la teras'
lasis guton de eliksir'
tralaringi el sia glas'.

Suno sopranis sur la mur'
ĝis ombra baso sub tegment',
supre paŝtelo de lazur'
spongon alfaris de placent'.

Blovis buletojn gabriel'
tra posttagmeza varmotuŝ',
flavon neŭtralis asfodel',
fluge briletis eĉ ne muŝ'.

Blankis maria tra pupil'
je arda fon' de materi',
en la animo klorofil'
sen karna teno, sen pasi'.

Glitis renkonten la sendit',
ŝin antaŭhaltis je pia klin':
frukta vi estos de la spirit'!
Kaj ventis for el palestin'.

Karakterizo de tiu ĉi poemo estas tio, ke ĝi ne estas strukture eksperimenta, kaj ke ĝi estas bazita sur jam konata historio aŭ mito. La leganto povas orientiĝi pro la komuna kultura memoro (eĉ se la kristanismo ne estas universale aplikebla), kaj ne estas devigata trabarakti iun kamparon de la menso kie nenio konatas. Kiam Ragnarsson ne tiras sin kvazaŭ perforte al poeziaj efektoj li plej brile verkas (fina konvinka ekzemplo: la hanta, sed tute konvencia, soneto fine de *Esploroj*, "Je sunleviĝo, kiam benas dormo"). Ĉu eble Kalocsay iasence pravis? Ĉu eventuale Ragnarsson estas pli poezie konservativa ol li tiel insiste ŝajnigas? Eble tio estas nur ankoraŭ unu plia mistero, unu plia celo sen difino, plia ŝtupo sen nomo.

CITITAJ VERKOJ

Auld, William, red. 1984. *Esperanta antologio: Poemoj 1887-1981.* Rotterdam: UEA.

Auld, William. 1956. *La infana raso.* La Laguna: Stafeto.

Auld, William; J.S. Dinwoodie; John Francis k Reto Rossetti. 1952. *Kvaropo.* La Laguna: Stafeto.

Hawkes-Teeples, Stephen B. 1987. Ekzistencialisma kritiko de la poeziaj antologioj de William Auld kaj Baldur Ragnarsson. *Fonto* 7/78: 5-16.

Kristný, Gerður. 2009. *Nevundebla loko,* trad. Baldur Ragnarsson. New York: Mondial.

Pjeturss, Helgi. 1959. La granda kontrakto. *Voĉo de Islando* 4/1: 13-16.

Ragnarsson, Baldur. 1988. *La poezia arto.* Saarbrücken: Iltis.

Ragnarsson, Baldur. 2004. Nia kultura heredaĵo: Marjorie Boulton. *Juna Amiko* 31/110: 22-24.

Ragnarsson, Baldur. 2007. *La lingvo serena: Plena originala verkaro de Baldur Ragnarsson,* red. Mauro Nervi. Pisa: Edistudio.

Ragnarsson, Baldur. 2008. *La neceso akceptebla.* New York: Mondial.

Ragnarsson, Baldur. 2010. *La fontoj nevideblaj.* New York: Mondial.

Ragnarsson, Baldur. 2013. *Laŭ neplanitaj padoj.* New York: Mondial.

Ragnarsson, Baldur. 2016. *Momentoj kaj meditoj.* New York: Mondial.

Ragnarsson, Baldur, trad. 2008. *La Edda de Snorri Sturluson.* New York: Mondial.

Ragnarsson, Baldur, trad. 2011. *La Sagao de la Volsungoj kaj ĝiaj fontoj.* New York: Mondial.

Ragnarsson, Baldur, trad. 2011. *Sagao de Egil.* New York: Mondial.

12. Marjorie Boulton, poeto fajre kora[1]

Kiam homoj ekscias, ke la internacia lingvo Esperanto estas uzata kaj parolata de tutmonda komunumo kaj ke la lingvo daŭre floras kaj ekspansias, ili tamen surpriziĝas kiam ili eltrovas, ke la lingvo posedas konsiderindan literaturon. Kiamaniere (ili demandas) lingvo artefarita povus porti kun si semantikan riĉecon similan al tiu portita de etna lingvo uzata tra multaj generacioj? Kiel envenus ies menson la ideo verki en tiu lingvo kiam homo povus verki en sia gepatra lingvo? Kaj se tamen homo verkus en Esperanto, kial tiu homo entute atendus trovi legantaron kiam la eventualaj legantoj povus legi pli facile en la lingvoj, kiujn ili konas denaske? Jen la misteroj de la Esperanto-literaturo.

Unu kialo de verkado en Esperanto povus esti, ke la Esperanta libromerkato, aŭ la tutmonda Esperanta legantaro, pligrandus ol tiu de la lingvo de la verkanto. Estas ja tute eble, ke Baldur Ragnarsson, kies denaska lingvo estas la islanda kaj kiu estas inter la plej bone konataj Esperanto-verkistoj, povus trovi pli grandan legantaron de sia poezio en Esperanto ol en la islanda. Povus esti, ke aŭtoroj el Estonio, aŭ Albanio, aŭ eĉ Hungario povus atingi pli vastan *diversecon* de legantoj per verkado en Esperanto ol per verkado en la propraj lingvoj.

Sed se tia situacio ekzistas por la islanda aŭ la estona, ĝi certe ne aplikiĝas la la angla. Kiel klarigi, ke, tra la jaroj, tiel multaj gravaj verkistoj en Esperanto devenis el Britio? Dum Kálmán Kalocsay, el Hungario, estis, inter multaj legantoj kaj tra multaj jaroj, rigardata kiel la plej granda Esperanto-poeto, estas pli malfacile klarigi, ke lia literatura posteulo, William Auld, eble eĉ pli kapabla poeto, havis la anglan kiel sian unuan lingvon. Li estis unu el kvar britaj poetoj kiuj en la 1950aj jaroj aperigis kvaraŭtoran kolekton de originala poezio en Esperanto (*Kvaropo,* 1952). Preskaŭ tuj poste, en 1955, venis granda kaj flua volumo de alia brita poeto, Marjorie Boulton (*Kontralte,* 1955). *La infana raso,* de Auld, sekvis en 1956. Eksterordinaraj jaroj!

---

1   *Beletra Almanako* 8 (2014), 20: 56-66. Unue prezentita kiel prelego en Malferma Tago de la Centra Oficejo de Universala Esperanto-Asocio, Rotterdam, 10 majo 2014, okaze de la 90-jariĝo de la poeto.

Marjorie Boulton naskiĝis en 1924 en Teddington en la provinco Middlesex, tuj apud Londono, en senpretenda familio; sed ŝi kreskis ĉefe en norda Anglio, kien la familio baldaŭ migris. Studema kaj impresiĝema knabino, sola infano, kiu vaste legis kaj komencis verki ekde frua aĝo, ŝi venis sub la pozitivan influon de lerta instruisto de la angla literaturo, kiu helpis ŝin kandidatiĝi por eniro en la Kolegion Somerville, en la Oksforda Universitato, tiutempe unu el tri virinaj kolegioj en la universitato. La Kolegio donis al ŝi malavaran stipendion. En Oksfordo, vera kolono de privilegio, kiu tiutempe nur paŝete ekmalfermis sin al tiuj, al kiuj mankis tiaj avantaĝoj, tiu studentino el norda Anglio verkis poezion, kaj eĉ aperigis poemokolekton, *Preliminaries* (antaŭpreparoj), nur du jarojn post diplomiĝo. Mi posedas ekzempleron de tiu kolekto de kvindeko da anglalingvaj poemoj, prezentita al mi de la aŭtoro kun la dediĉo "Ŝi estis nematura, sed ŝi estis honesta." Verdire, la poemoj ne estis tiom nematuraj kiom baraktaj en la serĉo de propra voĉo inter amaso da antaŭuloj – W. H. Auden, Herbert Read, George Barker. Same kiel tiuj samtempaj britaj poetoj, ŝi celis kombini tradiciajn lirikajn formojn kun nuntempa idiomo, en ŝia kazo ofte kun abundo de komplikaj figuroj kaj imagoj, kiuj minacis faligi la poemojn per propra pezo. La poezio estas sprita, persona, forme tradicia, sed samtempe maltrankviliga.

Unu poemo, "Spring Betrayed" (printempo perfidita) omaĝas al patro "kiu iras en Egiption por funebri sian solan filon, mortigitan en milita servo." La poemo, verkita en varianto de la itala okverso, utiligas la ideon, tro oftan en tempoj de milito, ke patroj devus morti antaŭ la morto de la filoj, nepre ne inverse. "O son in long sands set, O scholar denied all reasons, / where is a word, a light, to restore the reversal of seasons" (Ho filo en longaj sablaroj situa, ho klerulo rifuzita klarigojn / Kie trovi vorton, lumon, por nuligi inversigon de l' sezonoj). Ĉio, la poeto sugestas, havas sian sezonon. Nur homa vanteco kaj stulteco povas ŝanĝi tion. Temas pri potenca kaj elkora diro – kies aŭtoro estis tamen simpla bakalaŭra studento. Tiu junulino klopodas kompreni la militon kiu formis parton de ŝia maturiĝo, realecon, kiu frakasis la vivojn de multaj ŝiaj ĉirkaŭuloj. Jarojn poste, en 1984, tiu ĉi poemo reaperis en antologio de poetinoj de ŝia generacio, en kolekto nomata *Chaos of the Night: Women's Poetry and Verse of the Second World War* (Kaoso de la nokto: Virinaj poeziaĵoj kaj versaĵoj de la Dua Mondmilito).

Pluraj poemoj en *Preliminaries* traktas naturon, ofte tamen kun bildoj de vundoj, putro, kaj (precipe) izoleco: "Tenebrae" ekzemple emfazas la limojn kaj limigojn de lingvado: "Within itself beyond the word / organic mind lies cold in bareness / of final silent solitude / ringed in its narrow mute awareness" (Ene de si, preter la vorto / la organa menso kuŝas malvarma en nudeco / de fina silenta soleco / ĉirkaŭita de malvasta muta konscio) – temo, kiu reaperos en ŝia Esperanto-poezio. Kaj la unua poemo en la kolekto, "Stone Mother" (ŝtona patrino), same reeĥos esperantilingve.

En la sama jaro en kiu aperis *Preliminaries,* 1949, Marjorie Boulton eltrovis Esperanton. Je tiu stadio ŝi jam instruis la anglan literaturon en instruistina kolegio kaj jam komencis verki la unuan el pluraj popularaj enkondukoj al literaturo, *The Anatomy of Poetry,* kiu aperis en 1953 kaj kiun sekvis *The Anatomy of Prose* (1954), *Saying What We Mean: The Anatomy of Language* (1959), *The Anatomy of Drama* (1960), *Words in Real Life* (1965), *Reading for Real Life* (1971), *The Anatomy of the Novel* (1975) kaj *The Anatomy of Literary Studies* (1980) – ĉiuj verkoj notindaj pro ties praktika kaj senpretenda aliro al la koncernaj temoj. La libroj celis ĝeneralan legantaron, precipe studentan.

Ŝia eltrovo de Esperanto, kiun ŝi lernis kaj mastris laŭ nekutima rapideco, malligis ŝian poezian sentemon, longe limigitan de la pezo de la angla literatura tradicio. Ja temis pri iuspeca liberiĝo. Harold Bloom, en sia bone konata literatura studo *The Anxiety of Influence* (la malkvieto de influiĝo), teoriis, ke ĉiu nova verkisto devas barakti kun siaj antaŭuloj por trovi lingvan spacon, devas mortigi la patron por solidariĝi kun pli fruaj generacioj. Tiu malkvieto de influiĝo, tiel forta premo en la angla lingvo, estas multe malpli peza en juna lingvo kiel Esperanto, kie tradicioj, ĝenroj, esprimmanieroj, ankoraŭ formiĝas. Al Boulton, same kiel al pluraj aliaj verkistoj, Esperanto malfermis novan literaturan kaj socian pejzaĝon – alternativan realaĵon plenan je novaj perspektivoj.

Lastatempa artikolo en *New York Times* mencias novelon en la nova kolekto de Francesca Marciano *La alia lingvo,* kie juna italino enamiĝas al la angla lingvo (aŭ eble la angla knabo kiu tuthazarde ĝin parolas). Ĉiuokaze, "ŝi ne sciis, de kio ŝi eskapas," la rakontanto de Marciano klarigas, "sed la alia lingvo estis la boato per kiu ŝi forfuĝis."[2]

---

2   Iom similan sperton havis la verkistino Jhumpa Lahiri: vidu la postan ĉapitron en tiu ĉi libro.

Tio ne limiĝas nur al fikciaj italaj junuloj. Marciano mem trairis similan sperton kiam en siaj dudekaj jaroj ŝi transiris el Italio al Novjorko, kaj el Novjorko al Kenjo. Ŝi elektis la anglan kiel sian literaturan idiomon, anstaŭ la italan, ĉar, ŝi diras, "Oni eltrovas ne nur vortojn sed ankaŭ novajn aferojn pri si mem kiam oni lernas lingvon ... Mi estas aliigita ĉar mi enamiĝis al la angla." Tiaj verkantoj ofte rilatas al sia nova lingvo per sento de ludado – speco de ekscitiĝo, kiun ni vidas ekzemple en tiaj verkistoj kiaj Nabokov, kiu fine forlasis sian denaskan rusan favore al la angla; aŭ Joseph Conrad, kiu samon faris kiam li migris de la pola lingvo al la angla lingvo en sia nova hejmo en Britio. Dua lingvo proponas novan senton de libereco, ne nur ĉar la lernanto estas devigata konstrui ĝin ekde la fundamento, sed ankaŭ ĉar tiu lernanto povas trovi signifon en la internodiĝoj de la lingvo – anguloj kie denaskaj parolantoj ne plu rigardas ĉar ilia lingva domo (por prunti esprimon de Dasgupta) estas jam plene konstruita, kaj ili internigis, kvazaŭ per muskola memoro, tiujn elementojn lingvajn, kiuj estas ankoraŭ novaj por la adoptanto de la koncerna lingvo.

La angla lingvo allogis tra la jaroj multajn tiajn verkistojn – el Japanio, el Ĉinio, el Barato, el Afriko, kaj ne sole pro la granda anglalingva merkato. Ili memorigas nin, ke ni ne senpense traktu niajn lingvojn, kaj ankaŭ, ke ni ne permesu al niaj antaŭuloj, ke ili daŭre hantu nin fantome.

Resume, do: foje ni supozas, ke verkistoj elektas alian lingvon ĉar ili ne ĝuas verkan sukceson en la propra. Forlasi la anglan favore al Esperanto povus ŝajni plene freneze. Vendojn en Esperanto oni kalkulas plej favore en centoj; vendojn en la angla en milionoj. Iuj asertus, ke al Esperanto, konstruita lingvo, mankas la profundo de tradicio, kiun ni trovas en la grandaj literaturaj lingvoj, kiel la angla, franca aŭ itala; kaj la nuancaj signifoj, kiujn ni trovas en tiuj pli multe trapasataj teritorioj. Iusence ili ne malpravas: tamen, Esperanto permesas novajn apudmetojn, novajn vortoformojn, novajn formojn de esprimo, tiel gajnante en freŝeco tion kion ĝi perdas en tradicio. En multaj rilatoj ĝi similas aliajn lingvojn, sed en aliaj rilatoj ne. Mi memoras konversacion, antaŭ multaj jaroj, kun la granda fakulo pri kompara literaturo Harry Levin, pri la strukturo de Esperanto. Levin tuj komprenis: kun tia flekseblo, li sugestis, "Oni devus povi verki mirindan poezion." Li pravis.

Jen tio, kio kaptis la atenton de Marjorie Boulton. Ŝi enamiĝis al Esperanto. Ene de tri jaroj post eklerno, ŝi jam verkis poezion en la lingvo, kaj post nuraj ses jaroj depost la esperantistiĝo ŝi produktis sian unuan volumon, *Kontralte* (1955), kuraĝe aperigitan de Juan Régulo Perez ĉe la eldonejo Stafeto. Temis pri grandega volumo – tricent paĝoj da fajne fasonitaj, zorge strukturitaj versaĵoj. William Auld, antaŭparole, notas la sincerecon, honestecon, de ŝia unika voĉo – voĉo plene virina, kiu rigardas la mondon ankaŭ el la vidpunkto de instruanto – homo kies koro fajras sed kies poezio sekvas formojn klasikajn. Auld skribas en la enkonduko, ke kiam li unue vidis unu el ŝiaj poemoj, "Marborda ŝtono," li sendis al ŝi admiran leteron, en kiu li petis vidi pliajn ŝiajn verkojn en Esperanto. Ŝi modeste respondis, ke tio ne eblas, ĉar "Marborda ŝtono" estas la *unua* ŝia Esperanta poemo...

Mi marŝis apud la marbordo;
La suno estis ruĝa sfero,
Koagulaĵo de vespero;
Kaj mia koro sen akordo
Sangis pro mia senespero.

Sur roko griza kaj malmola
Mi staris; horizonto tedis
Okulojn, kaj mizer' obsedis;
Mi pro doloro staris sola,
Nenian estontecon kredis.

Tro kara mia karegulo
Devis foriri trans la maron;
Li fundenpuŝis sonĝŝiparon
Kaj mia vivo iĝis nulo
Perdinte sian kor-cezaron.

Inter la rokoj stranga trovo
Altiris mian ekrigardon
Kaj mi rimarkis la hazardon:
Jen ova ŝtono, ŝtona ovo:
Ĉu trankviligos ĝi am-ardon?

> Mi prenis ĝin. En mia mano
> Bekfrapis jam la ŝtonkokido,
> La bruo de estonta fido,
> Espero nova, mensa sano:
> Jen sur la maro, lunlumrido!
>
> (*Kontralte*)

Eble ni povus kritiki la hazardajn makulojn de esprimado, sed ni verŝajne ne pridemandus la aŭtentikecon de sentoj en la poemo: la virino forlasita ĉe la marbordo, la amato kiu forvelas – jen la regno de la baladisto. Cento da tradiciaj kantoj kaj baladoj anglalingvaj ekzistas pri tia forlasiĝo, kaj la lingvaĵo de tiaj baladoj estis rekreita de poetoj kiel William Butler Yeats, Thomas Hardy, W. H. Auden. Sed jen troviĝas la originaleco de Boulton: ŝi kaptis tion, kio alikaze katenus ŝin se ŝi verkus en la angla, kaj transformis ĝin en alian idiomon, kie ĝi brilas per tia freŝo ne plu atingebla en la angla. Konsideru la bone konatan poemon de Auden "As I Walked Out One Evening" (Dum mi elpromenis vespere).

> As I walked out one evening,
> Walking down Bristol Street,
> The crowds upon the pavement
> Were fields of harvest wheat....

(Dum mi elpromenis vespere / Marŝante laŭ Bristol-strato, / La homoj trotuare / estis kampoj da rikolta tritiko.)

En tradiciaj baladoj, la parolanto elpromenas matene, ne vespere, kaj certe ne enmarŝas urban pejzaĝon – kaj kiam tiu urba pejzaĝo transformas sin en "kampojn da rikolta tritiko," nin frapas la metafora signifo de la kampoj, ne ilia fizika esto. Same, en la poemo de Boulton, promeni laŭ marbordo estas en si mem simpla afero, sed priskribi la vesperon kiel "koagulaĵon," tio kaptas la atenton de la leganto ĝuste pro sia nekongruo. (Cetere, ĝi memorigas pri la malferma tropo de la poemo de T. S. Eliot, "The Love Song of J. Alfred Prufrock".)

Kaj kiam la parolanto de la poemo de Boulton prenas rondan ŝtonon en sia mano, temas pri "*ova* ŝtono, *ŝtona* ovo." Sed (ni protestas), la du objektoj, ŝtono kaj ovo, estas tre malsimilaj – la unu simbolo de malespero, la alia de espero. Ĉu la bekfrapo de la "ŝtonkokido" estas signo de espero aŭ memtrompo? Kaj kiam la lunlumo ridas sur la maro, ĉu ĝi ridas *kun* la parolanto aŭ *kontraŭ* la parolanto? La obstina naiveco de la parolanto, ŝia insisto kredi, transformas pozitivan aserton en fenomenon paradoksan, misteran, ene de si konfliktan. Jen la produktivaj streĉitecoj, kiuj trafluas grandan parton de la poezio de Boulton.

Tiu poezio lavangis el ŝia plumo. En 1957 sekvis *Cent ĝojkantoj* – simplaj kaj plejparte optimismaj versaĵoj, kontraste al la pecoj aperintaj en *Kontralte*. Jen en 1959 venis plia grava volumo – iaj 360 paĝoj da aldonaj poemoj – la kolekto *Eroj*. Dum tiuj ĉi jaroj Boulton vaste legis la Esperanto-literaturon, kaj ŝi komencis tiujn fortajn amikecojn kun aliaj Esperanto-verkistoj, kiuj kreis por ŝi kvazaŭ paralelan societon al tiu de la "normala" anglalingva vivo. En la jaro 1956 ŝi unuafoje renkontis Julion Baghy, kies elstara poezia tekniko forte impresis ŝin, kaj kiu, kvankam personece tute kontrasta al ŝi, plej bone modelis tion, kion ŝi volis atingi kiel verkisto. Baghy, pli ol ĉiuj aliaj ĝistiamaj Esperanto-poetoj, mastris la poezian *metion,* la kapablon flue versi en ofte komplikaj formoj. Kiel delonga instru-anto de Esperanto, kaj aŭtoro de lernolibro por hungaroj, Baghy komprenis, ke la Esperanto-legantaro konsistas ne nur (eĉ ne ĉefe) el plene kapablaj parolantoj de la lingvo. Sekve li celis unuavice klar-econ de esprimiĝo, kaj klopodis en sia verkado uzi "la *parolatan* lingvon *popolan* por la poezio kaj ne lingvon, kiu *eble* estos uzata post jardekoj" (citita de Boulton 1983:92). Tiel li skribis en unu el la abundaj leteroj, kiujn li kaj Boulton interŝanĝis ekde tiu jaro.

Baghy finfine ne celis ian literaturan Parnason, sed klopodis dediĉi sin per sia verkado al la (por tiel diri) enhejmigo de esperantistoj en Esperanton. Li verkis populare; li verkis por komencantoj; li verkis en ĝenroj kiuj bezonis atenton por riĉigi la lingvon; li sin dediĉis al la ordinaraj esperantistoj. La fakto, ke Boulton aperigis la kolekton de malgrandaj versaĵoj *Cent ĝojkantoj* en 1957 estis eble influata de Baghy. Ĝi reprezentas forturniĝon de la seriozo de *Kontralte* por rimarkigi (laŭ la prefaco) "al miaj homaj gefratoj pli konsciii pri siaj grandaj kaj malgrandaj ĝojoj." Kvankam la granda poezia atingo de *Eroj* sekvis en 1959, la posta verkista kariero de Boulton en multaj sencoj respegulis tiun de Baghy.

Post tiu elstara kontribuo al la poezio Esperanta, la atento de Boulton rapide moviĝis aliloken – al biografio (ŝia biografio de Zamenhof aperis en la angla en 1960, kaj poste en iom alia formo en Esperanto en 1962), kaj al teatro (*Virino ĉe la landlimo* estis eldonita en 1959). De tiam ĝis hodiaŭ,[3] Boulton daŭre verkas (vidu plenan liston en Sutton 2008) – okazajn poemojn, literaturan kritikon, eseojn, novelojn (*Okuloj* 1967), facilajn legaĵojn (*Faktoj kaj Fantazioj* 1984) – sed tiuj du volumoj de poemoj el la 1950aj jaroj ĉefe fundamentas ŝian reputacion. Eble plej rimarkinda pri la poezio estas ĝia konscia simpleco – forneo de kompliko (la granda malamiko de ŝia anglalingva poezio) je nivelo preskaŭ karakteriza de la brita romantika poeto Wordsworth (kiu, 160 jarojn pli frue, insistis uzi "la lingvaĵon normale uzatan de la homoj") , favore al esprimado ensorbebla de kiu ajn leganto. La ideala leganto de Boulton estas ia Esperanta ordinarulo (aŭ ordinarulino): la poemoj estas, surface, facile alireblaj, eĉ se ili levas komplikajn demandojn kaj sin esprimas paradokse. Konsidere ke la parolantoj kaj uzantoj de Esperanto posedas tiun lingvon kiel duan aŭ trian lingvon, aparte gravas celi alireblon. Boulton mastras tiun arton.

La prefaco al *Kontralte* proponas enirgardon en la karakteron de ŝia esplorado pri la homaro. La poemoj estas samtempe profunde personaj kaj profunde striktigitaj: la emocioj, kiujn ili elmontras, foje riskas superpezi la raciecon de esprimo – se ili ne estus strikte tenata en la formalaj strukturoj de la poezio. Jen en la streĉiteco inter formo kaj emocio kuŝas la potenco de Boulton kiel poeto (tiun ĉi poemon mi citis, en iom alia kunteksto, pli frue en la nuna libro):

> Mi estas tri. La digna lektorino
> Kun la krajon' kritika libron legas.
> En nigra robo, pri la origino
> De l' dramo primitiva ŝi prelegas.

---

3   Marjorie Boulton mortis en 2017.

Dume, en koro, primitiva dramo
Okazas, ĉiam freŝa kaj terura;
Sub nigra robo brulas nun pro amo
Virino simpla en dezir' tortura.

La lektorino pensas. La virino
Baraktas, krias, nur angoron sentas.
Sed la Poet', per arta disciplino,
Observas ilin ambaŭ, kaj komentas.

(*Kontralte*)

Kaj la aparta instrumento de la poeto, la rimedo, kiu igas ŝin distanciĝi kiel observanto, estas la poezia formo. Boulton lernis tiun formon el sia intensa studo de la angla literaturo – la poetoj de la dudeka jarcento; sed ankaŭ la poetoj de la angla renesanco – tiuj poetoj, kiujn C. S. Lewis debateble nomis la oraj poetoj de la Elizabeta epoko. Ŝi ankaŭ studis alilingvajn poetojn, francajn kaj italajn. *Kontralte* malfermiĝas per ciklo de 28 sonetoj kun la titolo *Trista tenereco: Sonetoj el virina kolegio,* en kiu la parolanto dividas kun ni, je doloriga distanco, la kreskantan konscion, la naivon, la emocian freŝecon, de siaj studentinoj, ĉiam konscia pri la tensio inter junaj emocioj kaj la procezo de ensociigo kiu samtempe limigos sed tamen estingos tiun fervoron. Temas pri dolĉacida streĉiteco – tenita en sia loko de la poezia formo.

En posta sonetserio, ŝi esploras malfeliĉan amaferon. Jen temas pri Ŝekspiro, majstra sonetisto, kies voĉo estas perata de la poeto:

Kiom mi amis vin kaj vin malamis!
La duobleco ĉiam min turmentis;
Mi vin malamis kaj angore pentis;
Mi amis vin kaj tiel mi inflamis
Per la mizer'; neniu ĝin balzamis,
La ambiguon mi torture sentis,
Ŝtorme kaj brue la pasio ventis;
Tra tia ŝtorm', lacega, mi nur lamis.

Min vidi ŝajne igis vin vomema,
Sed vi deziris ĉiam min posedi
Kaj ĉirkaŭbrakis min per ŝtala ĉeno.
Mi apud vi balbutis, staris trema;
Kiel vi povis tiel min obsedi,
Vi, ho ĥimero mia, ho malbeno?

Atenta leganto tuj rimarkos, ke ĉi tie ne temas pri la poezia formo de
Ŝekspiro sed la formo de la itala soneto uzata de Petrarko kaj aliaj
– pli malfacile mastrebla ol tiu de Ŝekspiro. La distingo gravas. Ĝi
memorigas nin ne nur pri tio, ke Boulton etendas sin preter angla-
lingvaj modeloj, serĉante en Esperanto tiujn trajtojn, kiuj ligas la
lingvon al ĝiaj latinidaj antaŭuloj, sed ĝi ankaŭ memorigas nin ke
precize la malfacileco de la versoformo allogas ŝin: por priskribi
emociojn, kiujn ŝi devas piedpremi, strebe kunteni, enkadrigi en la
striktajn versoformojn, kiujn ŝi heredis kiel parton de sia edukiĝo.
Tiel multaj poemoj traktas forpuŝon, aŭ mankon de memfido ("Mi
apud vi balbutis, staris trema"), kaj solecon. "Amo devas esti ago," ŝi
skribas en la poemo "Nenaskotaj infanoj," ekstrema ekzemplo de la
doloro spertata de solulino en mondo de familioj, kaj ligoj, kaj amoro.
Tamen, je la sama tempo, ni ĉiuj estas izolitaj en la propraj haŭtoj,
kaj senŝirmaj antaŭ aliuloj: "Senfina alieco nin malbenas" ("Alieco").
Oni rimarkas ĉi tie la samajn sentojn, kiuj manifestiĝis en la pli frua
anglalingva *Preliminaries.*

En Esperanto Boulton trovis ne nur lingvon sed ankaŭ komunumon
– internacian movadon kie oni alte taksis ŝin pro ŝia poezia produkto
kaj ŝia klereco, kaj kie oni rekonis ŝin publike en maniero parte
kompensa al la desapontoj de la privata vivo. Ŝi agnoskas tiun ligon
al la Esperanto-movado en sekcioj ĉe la fino de *Kontralte* kaj *Eroj.* La
sepa kaj fina sekcio de *Kontralte* enhavas serion da rondeloj adresitaj
al Esperanto-amikoj, laŭ la stilo originale uzata de Kalocsay en
ties *Rimportretoj. Eroj* enhavas sekcion, *Bildoj el mia albumo,* same
konsista je poemoj al amikoj en la Esperanto-movado (Baghy aperas
tie ĉi, sed ne en la antaŭa volumo, kiu aperis antaŭ ŝia ĉeesto en la
kopenhaga Universala Kongreso en 1956). Kun William Auld ŝi verkis
serion da ĉarmaj *Rimleteroj* (1976), kaj kun Poul Thorsen la kolekton
Du el (1985). Ĉio ĉi atestas pri ŝia eksterordinara flueco kiel versisto.

Ekster la sekcioj dediĉitaj al individuaj esperantistoj en *Kontralte* kaj *Eroj,* relative malmultaj poemoj en la du kolektoj traktas Esperanton. Eble plej bone konata estas "La okulisto" en *Eroj:*

> La okulisto skribis post noktmezo.
> Kiam la homa gefrataro pacos?
> Kia mistera manko, kia lezo
> Duonblindigas? Kiu ĝin kuracos?
> Kaj kion povas fari unuopa
> Malriĉa homo por homar' miopa?

Interese, tra la ok strofoj de tiu ĉi iom sentimentala rerakonto de la luktoj de Zamenhof por aŭdigi sian mesaĝon de paco, ne venas eĉ mencio de Esperanto aŭ lingvoj entute. Anstataŭe, la poemo variacias ĉirkaŭ la ideo de okulisto, kiu igas la mondon vidi, kaj de verdo – la koloro ligita al Esperanto kaj al espero.

> Ni ne feliĉos. Sed la posteuloj
> Eble feliĉos; malfrateco ŝtormas
> Sed pliklariĝas kelkaj hom-okuloj.
> La okulist' en Varsovio dormas,
> testamentinte paradoksan certon,
> Ke verdo povas venki la dezerton.

Dum Boulton daŭrigis iagrade sian verkadon de poezio, la apero de *Eroj,* kiel ni jam notis, markis certan turniĝon for de la poezio dum Boulton dediĉis sin al aliaj formoj, kaj precipe klopodoj pligrandigi la diversecon de Esperanto-literaturo kaj helpi en la peno igi Esperanto-kulturon alirebla de ĉiuj homoj. Konkerinte la poezian idiomon, ŝi pluiris al aliaj aferoj, kombinante la vivon de esploristo kun la vivo de esperantisto. Sed se ŝia esperantista memo aperas nur oblikve en la poezio, ĝi tion faras foje kun granda potenco. Unu el la plej rimarkindaj ŝiaj poeziaj atingoj venis frue: la poemo "Memnon" estis verkita en 1953, nur kvar jarojn post la komenco de ŝia esperantista vivo, kiam Esperanto ankoraŭ novis al ŝi – teritorio esplorenda kaj eltrovenda. Tiu ĉi poemo, jam traktita en pli frua ĉapitro de la nuna libro, transprenas, kvankam en pli larĝa skalo, motivojn el "Marborda ŝtono" – la malmolon de la statuo, la paradokson de la homa vivo kiu iel susuras ene.

Kiel mi jam sugestis, la poemo ne nur implicas inan korpon ŝtonigitan (komparu la enkondukan poemon de *Preliminaries*...), nekapablan agi sed kapablan senti doloron, sed ĝi ankaŭ proponas strangan esperon – de ŝtonaj lipoj tuŝataj de la "facila vento" de la lingvo – eble tiu de Esperanto. Mi volus kredi ke en Esperanto Marjorie Boulton trovis feliĉon – lokon kie ŝia spirita malavaro trovis reciprokan amon kaj kie ŝi havis la eblecon provi kaj elmontri siajn kapablojn en novaj manieroj. En Esperanto Boulton trovis tiun alternativan lingvon kiun Francesca Marciano trovis en la angla, kune kun multaj aliaj verkistoj en lingvoj aliaj ol la propraj. Kiel la poeto Shelley sugestis en sia poemo "Ozymandias" (poemo pri kiu Boulton certe pensis), eĉ ruinoj kapablas transdoni sian mesaĝon. Kaj kompreneble Boulton povas tiel klare aludi al la poemo de Shelley precize ĉar ŝi *ne* verkas en la angla.

Ni rajtas plene feliĉi, ke Marjorie Boulton dum tiom da jaroj kontribuis al nia kolektiva Afero. Ŝiaj verkoj atingis milojn da homoj kaj milojn inspiris.

Postparolo

Marjorie Boulton mortis la 30-an de aŭgusto 2017, post longa, produktiva kaj multrilate sukcesa vivo, malgraŭ obstakloj kaj malgraŭ esperorenversoj. En la oktobra numero de la tiujara revuo *Esperanto* aperis mia nekrologo.[4] Permesu al mi iom larĝe citi el ĝi.

"Per la forpaso de Marjorie Boulton," mi skribis, "la Esperanto-literaturo perdis unu el siaj plej elstaraj figuroj kaj la Esperanto-movado unu el siaj plej sindonaj aktivuloj... Ŝia eltrovo de Esperanto, kiun ŝi lernis kaj mastris rapide, liberigis ŝian poezian sentemon, longe limigitan de la pezo de la anglalingva literatura tradicio kaj la malfacileco trabati vojon por trovi personan voĉon en tia kakofonio de konkuraj voĉoj. Juna lingvo kiel Esperanto, kie tradicioj, ĝenroj, esprimstiloj ankoraŭ formiĝas, proponis emocian kaj intelektan

---

4   Marjorie Boulton 1924-2017: La gramatik' de grandanimo. *Esperanto* 110 (2017), 10: 210-211.

liberon. Al Boulton, same kiel al pluraj aliaj verkistoj, Esperanto malfermis novan literaturan pejzaĝon – allogan realaĵon de novaj perspektivoj.

"En Esperanto Boulton trovis ne nur lingvon sed komunumon – internacian movadon kie oni alte taksis ŝin pro ŝia poezia produkto kaj ŝia klereco. Ŝi agnoskas tiun ligon al la Esperanto-movado en sekcioj ĉe la fino de *Kontralte* kaj *Eroj*. *Kontralte* enhavas serion da rondeloj adresitaj al Esperanto-amikoj, laŭ la stilo de Kalocsay en ties *Rimportretoj*. *Eroj* havas sekcion, *Bildoj el mia albumo*, same konsistan je poemoj al amikoj en la Esperanto-movado. Tamen, ekster tiuj sekcioj en *Kontralte* kaj *Eroj*, relative malmultaj poemoj en la du kolektoj traktas Esperanton: Boulton ne estis kontenta rimi pri Esperanto, sed celis poezii en Esperanto pri la vivo.

"Mi unue renkontis ŝin en la kopenhaga Universala Kongreso de 1956, mia unua. Niaj vivoj ofte intertuŝiĝis inter tiam kaj la lasta intervido, en la UK en Lillo antaŭ duo da jaroj. Ŝi estis grandanima subtenanto de la brita TEJO-sekcio, kiun mi kaj aliaj fondis en tiuj fruaj jaroj: ni aranĝis semajnfinajn renkontiĝojn en Ambleside, kie Marjorie samtempe toleris niajn ekscesojn kaj multe ridis kun ni. En 1963, post transmigro al Usono, mi faris novan viziton por prelegi al la studentinoj pri usona literaturo. Kaj, ankoraŭ pli poste, lige kun siaj literaturaj esploroj, ŝi venis al Usono kaj gastis ĉe ni en Filadelfio. Dum la jaro 1975-76, kiam mi gastesploris en la oksforda universitato, mia edzino kaj mi loĝis nur kelkajn stratojn for kaj estis oftaj tetrinkaj vizitantoj.

"Tra ĉiuj tiuj jaroj, ŝi laboris por Esperanto, ekzemple kiel gvidanto de someraj lernejoj en Barlastono, kiel ano de la Akademio de Esperanto, sekretario de la Internacia Somera Universitato (nun la Internacia Kongresa Universitato) kaj kiel bonveniganto de esperantistaj studentoj en Oksfordo, inter ili Marcos Cramer kaj Geoffrey Greatrex. La prezidanto de la Akademio, Probal Dasgupta, en eksterordinare sentoplena memoraĵo, espereble aperonta ie en publika forumo, skribis, ke 'Ŝi sisteme prezentis sin kiel neorganizitan, socie mallertan kaj cerbe nur mezkapablan sinjorinon, pro konsideroj strategie klarvidaj' nome inkluzivado de la ordinaraj homoj ĉirkaŭ si. Fakte, ŝi posedis akran menson, eksterordinare kompletan scion pri literaturo kaj amaso da aliaj temoj, kaj tranĉan humursenton. Meta

Auld, en lastatempa mesaĝo al mi, nomis ŝin 'tiel firma kaj fidela amiko, tiel dolĉa, kompatoplena, sprita kaj humurplena, kiu donacis al ni ĉiuj amason da plezuro.' Antonio de Salvo prezentis ŝiamemore delikate satiran poemon, kiun ŝi sendis al Radio Vatikano antaŭ kvindeko da jaroj (ĝi poste aperis en la libro de Boulton kaj Thorsen, *Du el*):

> ... Se iu vivas en mizero
> kiu kapablus esti riĉa,
> sed per servado kaj ofero
> sin igas fakte pli feliĉa,
> se tiu dum la viv' persistas,
> hardita, dediĉita ilo,
> en tia homo jam ekzistas
> la pura zamenhofa stilo.

"Kaj, pli poste:

> La vortoj estas vortoj nur,
> facila vento, nur kutimo;
> pli gravas viva stilopur',
> la gramatik' de grandanimo;
> se du pri stilo ekdebatas,
> ĉiu sin konas erarpova,
> kaj la alian daŭre ŝatas,
> jen jam la stilo zamenhofa.

"Jes, kara Marjorie," mi skribis fine de mia nekrologo, "vi ne nur verkis pri tiu stilo sed ankaŭ plene ĝin vivis. Ni ĉiuj restos porĉiame viaj ŝuldantoj."

CITITAJ VERKOJ

Auld, William. 1956. *La infana raso.* La Laguna: Stafeto.

Auld, William; J.S. Dinwoodie; John Francis k Reto Rossetti. 1952. *Kvaropo.* La Laguna: Stafeto.

Bloom, Harold. 1973. *The Anxiety of Influence.* Oxford: Oxford University Press.

Boulton, Marjorie. 1949. *Preliminaries.* London: Fortune Press.

Boulton, Marjorie. 1953. *The Anatomy of Poetry.* London: Routledge and Kegan Paul.

Boulton, Marjorie. 1954. *The Anatomy of Prose.* London: Routledge and Kegan Paul.

Boulton, Marjorie. 1955. *Kontralte.* La Laguna: Stafeto.

Boulton, Marjorie. 1957. *Cent ĝojkantoj.* Stoke-on-Trent: La aŭtoro.

Boulton, Marjorie. 1959. *Saying What We Mean: The Anatomy of Language.* London: Routledge and Kegan Paul.

Boulton, Marjorie. 1959. *Virino ĉe la landlimo.* Kopenhago: Koko.

Boulton, Marjorie. 1960. *The Anatomy of Drama.* London: Routledge and Kegan Paul.

Boulton, Marjorie. 1962. *Zamenhof, kreinto de Esperanto.* La Laguna: Stafeto.

Boulton, Marjorie. 1965. *Words in Real Life.* London: Routledge and Kegan Paul.

Boulton, Marjorie. 1967. *Okuloj.* La Laguna: Stafeto.

Boulton, Marjorie. 1971. *Reading for Real Life.* London: Routledge and Kegan Paul.

Boulton, Marjorie. 1975. *The Anatomy of the Novel.* London: Routledge and Kegan Paul.

Boulton, Marjorie. 1980. *The Anatomy of Literary Studies.* London: Routledge and Kegan Paul.

Boulton, Marjorie. 1983. *Poeto fajrakora: La verkaro de Julio Baghy.* Saarbrücken: Iltis.

Boulton, Marjorie. 1984. *Faktoj kaj fantazioj.* Rotterdam: UEA.

Boulton, Marjorie. 1959. *Eroj.* La Laguna: Stafeto.

Boulton, Marjorie k William Auld. 1976. *Rimleteroj.* Manchester: Esperantaj Kajeroj.

Boulton, Marjorie k Poul Thorsen. 1985. *Du el.* Antverpeno: TK / La Laguna: Stafeto.

Marciano, Francesca. 2014. *The Other Language.* New York: Viking.

Reilly, Catherine, red. 1984. *Chaos of the Night: Women's Poetry and Verse of the Second World War.* London: Virago.

Sutton, Geoffrey. 2008. *Concise Encyclopedia of the Original Literature of Esperanto*. New York: Mondial.

Tonkin, Humphrey. 2002. *La Espero*: Esperanto-poetoj pri Esperanto. En Roy McCoy, red., *Internacia Kongresa Universitato, Fortalezo, Brazilo 3-10 aŭgusto 2002*. Rotterdam: UEA. 46-67. (Vidu ankaŭ la unuan ĉapitron en la nuna volumo.)

Tonkin, Humphrey. 2017. Marjorie Boulton 1924-2017: La gramatik' de grandanimo. *Esperanto* 110/10: 210-211.

13. Literatura historio: ĉu plu verkebla?

Prologo

En oktobro 1999 mi skribis mallongan mesaĝon al István Ertl, tiutempe redaktoro de la revuo *Esperanto,* reage al apero de eta skizo de la Esperanto-literaturo kiu nove aperis en la Esperanto-libromerkato. "Nuntempe okazas en la sino de la Akademio de Esperanto," mi skribis, "debato pri tio, ĉu la Akademio iniciatu klopodon verki historion de la Esperanto-literaturo." La debaton stimulis prof. Carlo Minnaja, alte respektata kaj escepte aktiva membro de la Akademio. La Akademio, institucio pli helika ol helica, fine decidis ne decidi – sed evidente ĝia membro ne forlasis sian ideon – kaj 15 jarojn poste, fakte en 2015, la ideo plenumiĝis en publikigo de impona, pli ol 700-paĝa *Historio de la esperanta literaturo,* de Carlo Minnaja mem, en kunlaboro kun Giorgio Silfer.

Indas re-prezenti ĉi tie la mallongan artikolon, kiun mi verkis en 1999 por la revuo redaktata de István Ertl, ne pro ĝia aparta saĝo, sed pro tio, ke ĝi levas kelkajn fundamentajn demandojn kiujn neeviteble historiisto de la Esperanto-literaturo devus alfronti: la rilaton inter originala kaj traduka literaturo, la interrilaton de literaturo en Esperanto kun la literaturoj en aliaj lingvoj, la fenditan personecon de Esperanto-aŭtoro kiu pendas (aŭ peras) inter sia denaska lingvo kaj sia adoptita lingvo Esperanto, la rilaton inter Esperanto-literaturo kaj pli vasta Esperanto-kulturo (por ne paroli pri la monda kulturo ĝenerale).

Siatempe, ĉiuj grandaj literaturoj havis siajn historiojn kaj histori-istojn. Trovi vojon tra la avenuoj de tiuj literaturoj estis ĉiam navige defie, sed almenaŭ temis pri avenuoj: vicoj de arboj en rektaj linioj. Ekzistis ĝenerale akceptita kanono de literaturaj verkoj: la rolo de la kompilanto estis esence iom reordigi, iom vastigi, iom reinterpreti laŭ la ŝanĝiĝantaj normoj, moroj kaj kriterioj. La suno ja moviĝis, kaj la ombroj; la arboj ne. Tiu kanono identiĝis, pli aŭ malpli firme, kun elito de profesoroj, instruistoj kaj arbitraciantoj de la gustoj; ĝi estis vira; ĝi estis rase aŭ gente identigebla; ĝi uzis rekonatan formon de la nacia lingvo.

La okazintaĵoj de la pasinta kvindeko da jaroj ŝanĝis tiun trankvilan pejzaĝon. Neglektataj aŭ maljuste traktataj sociaj grupoj strebis ŝanĝi la kanonon por inkluzivi la proprajn reprezentajn aŭtorojn; ŝanĝiĝis la aliro al historiaj demandoj; ŝanĝiĝis ankaŭ la fluo de tekstoj inter lingvoj kaj kulturoj. Trabati vojon tra tiuj streĉitecoj por trovi ekvilibran interpreton de la literatura historio fariĝis multe pli malfacile.

Ne temas simple pri tio, ke novaj grupoj volas aŭdi sian propran voĉon en la historiografio, sed ke la premisoj mem de la interpreto de historio ŝanĝiĝis, kune kun la metodologio. Por doni simplan (aŭ eble malsimplan...) ekzemplon, Greil Marcus kaj Werner Sollors, verkante tion kion ili nomis nova literatura historio de Usono (*A New Literary History of America*, 2009), celis priskribi la konkurencon ĉirkaŭ kreado de kultura imagaro de la lando, en kiu luktis kaj luktas jen unu grupo jen alia, jen unu lingvo jen alia, jen unu teksto jen alia. Kun Marc Shell, Sollors kompilis multlingvan antologion de usona literaturo. Eĉ planlingvo, laŭ Shell kaj Sollors, estas potenciala kunluktanto. Anstataŭ klopodi paŭsi unu centran historian linion, ili intence iris al la periferio, al la batalkampo de ideoj – batalo kiu ja konstante daŭros kaj laŭdifine neniam produktos plenan venkon por iu ajn grupo. La literatura historio estas do la historio de tiuj bataloj, de la nestabilo.

Kaj ili ne estas solaj: literaturaj historioj laŭ la malnovaj konvencioj esence ĉesis aperi, almenaŭ se temas pri anglalingvujo.

En tiu kunteksto, ni legu miajn vortojn de 1999...

Kiam venos verko ĉirkaŭbraka?

Kvankam ne nula, la serioza kritika verkaro pri la Esperanto-literaturo estas ĝis nun tre minimuma. Eseoj de Tarkony kaj precipe de Kalocsay en la antaŭmilita periodo montris la vojon, kaj lastatempe venis la unua serioza klopodo verki literaturan biografion (*Poeto fajrakora,* de Marjorie Boulton, pri Julio Baghy, 1983), la unua historio de la romano en Esperanto (*Vereco, distro, stilo,* de William Auld, 1981), kaj kolektoj de kompetentaj studoj pri unuopaj verkistoj aŭ temoj (*Studoj pri la Esperanta literaturo* de Vilmos Benczik, 1980; *Beletraj eseoj*, de Georgi Miĥalkov, 1987, kaj aliaj). Aperis dise tra festlibroj kaj aliaj kolektoj similaj tiaj seriozaj studoj. La du eldonoj de la *Esperanta antologio* de Auld, per siaj kritika elekto, enkondukoj kaj biografietoj, markis vojon tra la vepro poezia.

Efektive nur Auld, en sia *Enkonduko en la originalan literaturon de Esperanto* (1979), klopodis doni kritikan superrigardon de la tuta historio de nia (originala) literaturo: *Kvar prelegoj pri esperanta literaturo* de Drago Kralj (1960), la sola alia tia kandidato, kvankam utila, estas apenaŭ pli ol kronologio, stile simila al aliaj katalogecaj verkoj, kiel ekzemple la literatura parto de *Esperanto en perspektivo* (1974), kaj la *Skizo pri la esperanta literaturo* de Vlastimil Novobilský (1956) aŭ, laste, *Skizo de la esperanta literaturo* de Eduard V. Tvarozek.

Kvankam ĉi-lasta utilos kiel facile malfermebla konsultlibro, ĝia prezento de unuopaj aŭtoroj ne preteriras listigon (foje mankan aŭ erarhavan) de verkoj kaj mallongajn priskribojn, ĝia organizo en naciajn "skolojn" ne donas klaran bildon pri la rilatoj inter la unuopaj verkistoj kaj iliaj verkoj, kaj pri certaj kategorioj de verkistoj (ekstereŭropaj ekzemple, kaj lastatempaj) ĝi estas neadekvata. Tie ĉi vi ne trovos Zee, aŭ Su, aŭ Ueyama – nek Sadler, aŭ Nervi, aŭ Seabra, aŭ Montagut.

La burĝonanta literaturo de Esperanto pli kaj pli insiste levas la bezonon de verkoj, kiuj povas ĉirkaŭbraki la tuton kaj ĝin interpreti kompreneble, kritike kaj senteme. Serioza interesiĝanto pri la Esperanto-literaturo dume aĉetu la menciitajn verkojn de Auld, Boulton kaj Benczik, al kiuj nepre aldoniĝu la unuaklasaj eseoj de Waringhien.

Sed kiam venos tia inkluziva historio de nia literaturo? Verki historion de kiu ajn literaturo iĝis pli malfacile en nia epoko, pro duboj profundaj pri kio konsistigas literaturan "gravecon": verki historion estas preni politikan pozicion, kaj preni politikan pozicion estas kvazaŭ konfesi la eblecon, ke ekzistas aliaj malsimilaj tiaj pozicioj. Leviĝas ankaŭ ĉiam pli insista demando pri la konsisto mem de difinita literaturo. Kiugrade la usona literaturo kaj la brita estas klare divideblaj? En mondo kie hindaj verkistoj verkas en la angla por esence internacia legantaro, aŭ kie latinamerikaj verkistoj antaŭvidas, ke oni legos pli da ekzempleroj de iliaj verkoj en angla traduko ol en la hispana originalo, aŭ kiam duono de la romanoj (aŭ pli), kiuj cirkulas en Germanio, venas el britaj kaj usonaj originaloj, nek geografio nek lingvo ŝajnas adekvate difinita bazo por verki literaturan historion. Niaj kulturaj komunaĵoj pli kaj pli ofte transsaltas geografion kaj lingvojn.

En Esperanto la problemo estas aparte malfacila. Niaj fruaj verkistoj plejparte verkis nur por pruvi, ke oni (*oni*, ne *ili*) entute povas verki en inventita lingvo: ili celis imiti la ekzistantajn literaturojn. Jam de la komenco Zamenhof kaj liaj samtempuloj faris tradukojn – por evoluigi la literaturan lingvon, por kvazaŭ verŝi en la naskiĝantan Esperanto-literaturon la influon de plej bonaj literaturaj modeloj, kaj verŝi en la lingvon novajn esprimojn kaj defiojn. Kiam, spronate de Kalocsay, Baghy kaj aliaj, komencis konturiĝi distingeble aparta Esperanto-literaturo, ĝi restis profunde influata de diversaj fluoj, naciaj kaj regionaj, kiujn niaj kritikistoj plejparte ne alfrontas en siaj eseoj (krom eble iagrade Waringhien). Se, kiel Auld pretendas en *Kulturo kaj internacia lingvo* (1986), Esperanto komencas naski vere internacian kulturon, kiel tiu internacia kulturo rilatas al la naciaj? Kaj ĉu aliaj formoj de internaciaj kulturoj ekestas, ekzemple pere de la angla lingvo? Eventuale eĉ oni povas nun difini ian tutmondan kulturon de la ĉiulanda elito, kiu pere de siaj diversaj komunikkanaloj kvazaŭ silente interkonsentas pri la tekstoj, kiujn ĝi traktos, eĉ se tiuj verkoj originas en diversaj lingvoj kaj estas legataj en diverslingvaj tradukoj. Tiu internacia literatura kulturo estas unuavice difinita de romanoj kaj filmoj kaj certagrade ankaŭ de televido. Ne temas ankoraŭ pri tio, ke ili ĉiuj membras en la sama libroklubo, sed ili ĉiuj ja submetiĝas al similaj merkataj influoj.

Kunlaboro inter niaj plej talentaj literaturaj kritikistoj povus, laŭ mia imago, krei inkluzivan literaturan historion de Esperanto, kiu ne nur ekzamenus la rilatojn inter la diversaj verkoj kaj aŭtoroj ene de la Esperanto-komunumo, sed ankaŭ esplorus la rilaton inter la originala literaturo kaj la traduka kaj, preter tio, difinus la rilaton de tiuj verkoj kaj aŭtoroj al la pli vastaj ekster-Esperantaj influoj kulturaj, poitikaj kaj sociaj, kiuj formis ilian rilaton al Esperanto, ĝia literaturo kaj ĝia lingvoevoluo. Temus pri malfacila tasko, en kiu nepre devus kunlabori homoj kiuj bone konas la internacian kulturan medion, kiuj samtempe scias kiel loki iun Bakin, Ragnarsson aŭ Montagut ene de la propraj literaturaj kaj kulturaj medioj, kaj kiuj sentas sin ĉehejme

en la ĝangalo de la postmoderna kritikista medio. Ĉu troviĝas inter ni
la homoj pretaj kaj kapablaj alproprigi tiun taskon?

Kiom grandaj estas viaj brakoj?

La pakaĵo alvenis al mia ŝtupo, iun tagon en 2015, kiel tambura frapo.
Ĝi estis grandformata, multpaĝa, kun malgranda tiparo en longaj
horizontalaj linioj. Kun peza papero poŝtodefia. La kovrilon ornamis
bildo de io kio similis skribmaŝinon aŭ fruan komputilon. Kion fari?
Historio ja laŭdifine pritraktas pasintecon...
    Nu, unu afero, kiun mi ne faros tie ĉi estas recenzi ĝin. Tio postulus
pli detalan trastudon ol mi sukcesis trovi en la intervenaj jaroj,
kvankam mi ofte kaj plezure utiligas la volumon kaj trovas ĝin notinde
fidinda. Ĝi plenplenas je utilaj informoj, sukcesis kunskrapi ŝajne
ĉiun literaturan produkton en Esperanto depost 1887, kaj, kvankam
ĝia eksplicita celo estas trakti la originalan literaturon, donas spacon
ankaŭ al tradukoj kaj, laŭ la kapabloj de siaj du doktaj kompilintoj,
klopodas certagrade loki la verkojn ne nur en la Esperanto-literaturo
sed ankaŭ en rilato kun la naciaj literaturoj. Sed neeviteble ĝi estas
pli kronika ol analiza: ĉiu verkisto ricevas sian lokon, ĉiu verko sian
mencion – sed la dua stadio, nome sekvi kaj elmapi la evoluon de la
literatura lingvaĵo kaj la literaturaj formoj estas malpli plene atingita.
Ĉirkaŭbrakebla ĝi ne estas, nek povus esti.
    Aliflanke, ĝi atingis tion kion neniu antaŭe sukcesis atingi: meti
en unu panoraman verkon la detalojn de la historio de nia literaturo
kaj doni iom da perspektivo pri la rilatoj inter la diversaj rolantoj
kaj iliaj favorataj literaturaj formoj. Mi min demandas ĉu ĝi incitos
niajn aliajn literaturamantojn utiligi tiujn bazajn informojn por trovi
novajn padojn tra la Esperanto-literaturo kaj pli bone loki ĝin inter la
literaturoj ĝenerale. Tio estu nia espero por tiu ĉi gratulinda verko.
    Ĝin ĉirkaŭas kelkaj aliaj utilaj iloj, novaj depost mia eseeto de
1999 – unuavice la granda enciklopedio de Geoffrey Sutton *Concise
Encyclopedia of the Original Literature of Esperanto* (2008), kies
atento al detaloj estas egale impona kiel ĝia ĉionenhavo, kaj la iom
malpli metode kompilita *Ordeno de verda plumo: Leksikono pri*

esperantlingvaj verkistoj (2006) de Josip Pleadin, plus la kompreneble daŭre vastiĝanta Esperanto-Vikipedio. Ĉu nun venos la saĝaj kritikistoj kaj analizantoj, kiuj utiligu la verkon de Minnaja kaj Silfer por espori alternativajn alirojn, por ekzameni la ligojn inter Esperanto-literaturo kaj la naciaj literaturoj, kaj por finfine difini la unikecojn kaj komunaĵojn de tiu ĉi aparta sed samtempe tutmonde integrita literaturo? Minnaja kaj Silfer atentigas, ke la Esperanta estas "intenca" literaturo, en la senco, ke la verkistoj specife *elektas* ĝin anstataŭ spontane verki en la propraj lingvoj. Nun necesas simila intencemo fare de niaj historiistoj kaj kritikistoj, por konstrui sur tiun fundamenton la proprajn variajn interpretojn kaj kontraŭajn viziojn, ĉar funkcio de kompetenta literatura historio estas ne nur prezenti specifan bildon de la pasinteco sed ankaŭ doni la bazon por novaj literaturaj vojoj en la estonteco. Entute gravas denove labori por krei ene de la Esperanto-komunumo vibran kaj viglan interŝanĝon de literaturaj opinioj surbaze de legado kaj verkado.

CITITAJ VERKOJ

Auld, William, red. 1984. *Esperanta antologio: poemoj 1887-1981.* Rotterdam: UEA.

Auld, William. 1979. *Enkonduko en la originalan literaturon de Esperanto.* Saarbrücken: Iltis.

Auld, William. 1981. *Vereco, distro, stilo: Romanoj en Esperanto.* Saarbrücken: Iltis.

Auld, William. 1986. *Kulturo kaj internacia lingvo.* Chapecó, Brazilo: Fonto.

Benczik, Vilmos. 1980. *Studoj pri la esperanta literaturo.* Takasago, Japanio: La Kritikanto.

Boulton, Marjorie. 1983. *Poeto fajrakora: La verkaro de Julio Baghy.* Saarbrücken: Iltis.

Kralj, Drago. 1960. *Kvar prelegoj pri la esperanta literaturo.* Ljubljana: Slovenia Esperanto-Ligo.

Lapenna, Ivo, Ulrich Lins k Tazio Carlevaro. 1974. *Esperanto en perspektivo.* London: CED / Rotterdam: UEA.

Marcus, Greil, k Werner Sollors, red. 2009. *A New Literary History of America.* Cambridge MA: Harvard University Press.

Miĥalkov, Georgi. 1980. *Beletraj eseoj.* Sofio: Bulgara Esperantista Asocio.

Minnaja, Carlo k Giorgio Silfer. 2015. *Historio de la esperanta literaturo.* La Chaux-de-Fonds, Svislando: Kooperativo de Literatura Foiro.

Novobilský, Vlastimil. 1956. *Skizo pri la esperanta literaturo.* Opava: Esperanto-Junularo ĉe Domo de Kulturo.

Pleadin, Josip. 2006. *Ordeno de verda plumo: Leksikono pri esperantlingvaj verkistoj.* Đurđevac: Grafokom.

Shell, Marc k Werner Sollors, red. 2000. *The Multilingual Anthology of American Literature.* New York: New York University Press.

Sutton, Geoffrey. 2008. *Concise Encyclopedia of the Original Literature of Esperanto.* New York: Mondial.

Tonkin, Humphrey. 1999. Kiam venos verko ĉirkaŭbraka? *Esperanto* 92/12: 212

Tvarozek, Eduard V. 2004. *Skizo de la esperanta literaturo.* Dua eld. Bratislava: SKEF.

Waringhien, Gaston. 1987. *Beletro, sed ne el katedro.* Antverpeno: Flandra Esperanto-Ligo.

Waringhien, Gaston. 1983. *Kaj la ceter' – nur literaturo.* Antwerp/La Laguna: TK/Stafeto.

Waringhien, Gaston. 1989. *Lingvo kaj vivo: Esperantologiaj eseoj.* Dua eld. Rotterdam: Universala Esperanto-Asocio. [Unua eld. La Laguna: Régulo, 1959.]

14. Esperanto kaj monda literaturo[1]

Kiel estas konate, ekzistas sentebla interligiteco inter la naciaj lingvoj kaj la naciaj kulturoj. Same la internacia lingvo bezonas (kaj fakte havas) sian internacian kulturon. Pri la nuna stadio kaj perspektivoj de tiu internacia kulturo la opinioj povas esti diversaj, sed pri ĝia ekzisto kaj neceso malmultaj esperantistoj dubas.

William Auld, en la unua numero de la revuo *Monda Kulturo*, aŭtuno 1962

Enkonduko: Literaturo minacata

Kiam en 2008 la japana romanverkistino Minae Mizumura publikigis sian verkon *Kiam la japana lingvo falas: En la epoko de la angla,*[2] la libro tuj kaŭzis sensacion en Japanio. Mizumura prezentis tre simplan sed skuigan demandon: Kian estontecon atendas la japanaj lingvo kaj literaturo fronte al la kresko kaj disvastiĝo de la angla? Fakte, kian estontecon atendas la naciaj literaturoj ĝenerale? Se oni konsideras, ke la eldonado estas esence komerca agado, kaj se oni konsideras, ke la disvastiĝo de la angla lingvo daŭre intensiĝas, kian ŝancon havas la japana literaturo – literaturo kun longa kaj komplika historio sed limigita al la propra lando – kontraŭ la potenco de la angla lingvo?

La demando kiun Mizumura prezentis forte frapis la mezan civitanon en Japanio – kvankam tiu demando en diversaj formoj jam longe cirkulas en intelektaj rondoj, kaj ne nur en Japanio. La meza civitano, kiel mezaj civitanoj tra la tuta mondo, rimarkas, ke, en la epoko de reta komunikado, de internaciaj entreprenoj, de facila moviĝo inter la diversaj mondopartoj, la malnovaj moroj, bonaj kaj malbonaj, cedas grundon al nova homogeniĝo. Ĉu la diverseco de lingvoj

---

1   En Gotoo Hitosi, José Antonio Vergara k Kimura Goro Christoph, red. 2018. *En la mondon venis nova lingvo: Festlibro por la 75-jariĝo de Ulrich Lins*. New York: Mondial. 542-572.

2   *Nihongo ga horobiru toki: Eigo no seiki no naka de* (Tokio: Ĉikuma Ŝobo, 2008). Angla traduko: Mizumura 2015.

povas rezisti tiun homogeniĝon? Kion ni faru por samtempe certigi facilan internacian komunikadon kaj konservi la diferencojn de vivostilo kiuj formas nian senton de identeco? Pri la aktualeco de tiu demando neniu povas dubi. La fortoj de tutmondiĝo, en Japanio kiel tra la tuta mondo, forfrotas la diferencojn inter la socioj. La efikoj ĉe la unuopa homo varias: se ĝenerale ili levas la kvaliton de la vivo, ili ne faras tion egale: iuj gajnas, iuj ne; iuj kapablas adaptiĝi, iuj ne. Tiuj kiuj ne adaptiĝas aŭ ne povas adaptiĝi, en okcidenta Azio, en Eŭropo, en Ameriko, reagante al tiu malklara minaco kontraŭ la sento de identeco, puŝas la homojn en izolismon, kontraŭ tiuj kiuj entuziasme (iuj dirus ruze aŭ naive) deklaras la malfermiĝon de la mondo al internacia komerco, internaciaj normoj de civitana konduto, kaj integriĝo de la popoloj de la mondo.

Mallonge dirite, la entuziasmo aŭ oportunismo malantaŭ la ideo de malfermaj landlimoj kaj facilaj interrilatoj trans la terglobo – ideoj karaj al multaj tiuj kiuj parolas Esperanton – favoras ankaŭ la ideon pri tutmonda interlingvo. Sola problemo: tiu lingvo estas la angla, ne la zamenhofa. Aliflanke, rezisto al tiu malfermiĝo facile portas nin esperantistojn en la tendaron de la izolistoj, kiuj ŝajne trafis sian momenton en la novaj politikaj evoluoj precize en la fortikejo de la angla lingvo, nome Britio kaj Usono, sed ankaŭ aliloke en Eŭropo kaj la mondo.

Per sia libro, Mizumura celis konsciigi siajn legantojn pri la perdoj kiuj akompanas tutmondiĝon – perdoj de lingvoj, perdoj de tradicioj ligitaj al la skriba lingvo, perdoj de kreivo kaj identeco – sen samtempe fali en tiun reakcian izolismon kiu kondutas al rompo de internacia integriĝo. Temas pri malfacile atingebla ekvilibro.

Minae Mizimura mem estas interesa ekzemplo de la nova mondo kiun ni eniras – mondo plena je kontraŭdiroj, je kontraŭaj kulturaj fluoj, en kiu multaj iam firme establitaj konstantecoj fariĝis subite kondiĉaj. Ŝia persona historio ilustras tion. Naskiĝinte en Japanio, en sia dekdua jaro ŝi translokiĝis kun sia familio al Usono, kie ŝi vivis dudek jarojn antaŭ ol reveni al Japanio. La familio loĝis en Usono pro profesiaj kialoj, do ne kiel enmigrintoj, kaj ŝi konsciis, ke ŝi iam revenos al la propra lando. Ŝi hodiaŭ rakontas, ke dum tiuj dudek jaroj ŝi samtempe lernis sed rezistis la anglan lingvon, trempante sin en legadon de japanaj klasikaj aŭtoroj, kaj interesiĝante, kvazaŭ proteste kontraŭ la angla, pri la franca lingvo, kiun ŝi studis universitate en Usono. En tiu senco, kaj kun tia persona historio, ŝi fariĝis karakterize kosmopolito, kiel multaj aliaj ŝiaj samgeneracianoj, precipe tiuj kies familioj tiris sian privilegian vivostilon el kombino de bona financa stato kaj la facileco de moviĝo kiu akompanis la internacian transportan revolucion de antaŭ sesdeko da jaroj, nome la alvenon de komercaj jetaviadiloj.

Literaturo kaj lingvo

Edukita en la angla kaj profunde konanta la francan, Mizumura estas do ano de tiu internacia klaso kiu moviĝas libere inter landoj. Konsiderante la fakton, ke la angla lingvo estas parolata kaj komprenata de tiel granda nombro de konsumantoj de literaturo, kaj la franca lingvo same havas vastan legantaron kaj altan prestiĝon, ne estus surprize se ŝi elektus fariĝi verkisto en unu aŭ ambaŭ tiuj lingvoj, prefere al, aŭ eble kune kun, la japana – precipe se oni konsideras, ke ŝi maturiĝis en anglalingva medio.

Sed tio ne okazis. Ĝuste tiu fluideco de idento maltrankviligis Mizumura, ĉar en mondo kie la angla estas prestiĝa lingvo, tro facile oni komencas opinii la propran lingvon – kaj la morojn kiuj akompanas ĝin – iel malpli valora. Tiuj kiuj ne estas monoglotoj emas kompari siajn lingvojn, pesi iliajn plusojn kaj minusojn, adapti sin laŭ la lingvoj je sia dispono. Mizumura, kiu rezistas la impreson, kiun legantoj eble unuavide havus, ke ŝi estas iel reakcia aŭ naciista, volis esti libera ĝui la propran skriban lingvon kaj ĝuigi per ĝi: ŝi volis esti kaj resti kulture japana. Kiel homo sentema pri lingvoj, kaj kiel verkisto, en la japana ŝi trovis specialajn karakterizojn kiuj indis ekspluaton, ekzemple la mezan vojon kiun ĝi okupas inter la reprezentado de konceptoj, kiun ĝi heredis el la ĉina lingvo, kaj la fonogramoj, la reprezentado de sonoj kiel en eŭropaj lingvoj.

Tamen, nun kiam mi pli spertis ambaŭ lingvojn [la anglan kaj la japanan], mi estas pli sentema pri la unikeco de la japana. Eble la plej fascina aspekto de la lingvo por mi estas la maniero laŭ kiu ĝia skribaĵo uzas tri specojn de signoj: ĉinajn karaktrojn – kiuj plejparte funkcias kiel ideogramoj – kaj du kompletojn de fonogramoj. La rezulta teksto montras neregeble multajn riĉaĵojn, kiujn ne eblas redoni en aliaj lingvoj. Mi klarigu... Imagu, ke vi legas paĝon kiu priskribas florĝardenon. Nomoj de floroj elsaltas al vi. Ili estas redonataj en komplikaj ĉinaj karaktroj kiuj neeviteble elstaras ĉar ili troviĝas inter fonogramoj forme multe pli simplaj. Kaj pro tio ke flornomoj en ideogramoj kutime portas poeziajn konotaciojn, kiam vi rigardas la paĝon ŝajnas, ke vi rigardas ĝardenon plenplenan je amasiĝoj de parfumaj kaj belaj floroj.

(traduko de HT; http://www.bookslut.com/features/2015_03_021151.php)

Minacas tiun ĝuon de la unikeco de la japana lingvo tamen la alianco inter lingvo kaj kapitalo: eldonado en la angla estas pli profitiga ol eldonado en eĉ meze grandaj lingvoj kiel la japana, kaj ĝi atingas pli multajn legantojn, ĉu en presita ĉu en bitlibra formo. Ne eblas plene (se entute) dividi kvaliton disde profito kaj konveno. Mizumura esprimas la timon, ke tia tutmondeco produktos palajn kreaĵojn plaĉetajn al ĉiuj – do, ian descendon al komuna denominatoro – kaj, forigante la diferencojn, forigos ankaŭ la unikajn kontribuaĵojn de la diversaj kulturoj. Ŝi distingas tri specojn de lingvoj: universalaj, naciaj, kaj lokaj. Hodiaŭ la angla ludas la rolon de la ĉefa "universala" lingvo, trovebla ĉie, uzata por ĉio, kaj rolanta kiel ligilo inter la pli malfortaj lingvoj. Ĝia antaŭulo estis la latina, kiu simile ligis la intelektulojn en okcidento kaj formis bazon de politikaj interŝanĝoj. Similan rolon ludis en oriento la ĉina. Naciaj lingvoj estas ekzemple la japana. Lokaj lingvoj havas nur limigitan potencon kaj nur en malgrandaj teritorioj.

Ĉiuj tiuj naciaj kaj lokaj lingvoj estas, laŭ Mizumura, minacataj. Kiel konservi ilin en mondo kiu pli kaj pli plenas je homoj kiel ŝi – idoj de tutmonda sistemo, homoj sen klara identiĝo kun unu loko, unu vivostilo?

La monda literatura sistemo

En sia libro *La république mondiale des lettres* (1999),[3] la franca kritik-istino Pascale Casanova distingas inter tiuj kosmopolitaj aŭtoroj kiuj elektas asimiliĝon en la mondan sistemon kaj tiuj kiuj rezistas ĝin kaj ribelas kontraŭ ĝi. Evidente Mizumura apartenas al tiu dua kategorio. Samkiel Mizumura, Casanova konstatas, ke la literaturon pelas speco de kapitalo: la monda literaturo estas ligita al eldona aparato kies funkciado estas ebligata de mono, plej ofte de maksimuma profito. Tamen, sekvante la francan sociologon Pierre Bourdieu, kiu inter-alie detale studis la internacian lingvan merkaton (Bourdieu 1982), Casanova distingas inter kultura kapitalo kaj financa kapitalo, argu-mentante, ke provinca verkisto devas unue sin establi en medio po-sedanta altan kulturan kapitalon por entute prosperi. Sekve, certa nivelo de asimiliĝo estas necesa por entute ricevi rekonon en la inter-nacia literatura ekonomio.

Casanova konceptas sian literaturan ekonomion kiel centrojn kaj disbranĉajn periferiojn. Per foje iom inĝeniaj interpretoj de la lite-ratura historio, ŝi montras kiel la linioj de internacia rekono kaj de prestiĝo iras tra du-tri kulturaj ĉefurboj, unuavice Parizo. Ekirante el esence provinca ĉirkaŭaĵo, James Joyce gravitas unue al Triesto, poste al Parizo; Samuel Beckett, forlasante Dublinon, verkas en du lingvoj dum sia restado en Parizo; same Strindberg; same Nabokov. Eĉ Faulkner establas sian reputacion dank' al la atento de parizaj kritikistoj. Ja neniu dubas, ke la grandurboj, centroj de intelekta vivo, urboj de eldonado kaj de patronoj de la artoj, disdonas belartan kapitalon al tiuj kiuj alvenadas el provincoj, kaj ke sen tiu aproba stampo la verkistoj malfacile trabatas vojon. Londono ludas similan rolon (kvankam, Casanova atentigas, malpli fortan) ĉefe rilate anglalingvanojn – kaj Barcelono rilate la hispanlingvajn landojn. En la dudeka jarcento aldoniĝis Novjorko.

Casanova emfazas, ke tiu kapitalo ne estas pure franclingva, angla-lingva, hispanlingva, aŭ, pli precize, ne ŝtata, sed kulture internacia. Ŝi donas ekzemplojn de tiuj kiuj trovis krean liberecon en la grandaj urboj kaj de aliaj kiuj rezistis, same kiel (kion ni rimarkis) Mizumura

---

3   Paris: Éditions du Seuil, 1999. Angla traduko: Casanova 2004.

rezistis la fortojn de la angla lingvo dum sia restado en Usono – sed, eble signife, elektis la lingvon de Parizo.

Gravas noti, ke la kapitalo fluas ambaŭdirekten – de la periferio al la centro kaj de la centro al la periferio. Estus nepenseble imagi la anglan literaturon sen la irlandanoj Joyce kaj Beckett; kaj klera hispanlingvano apenaŭ konsiderus sian literaturan scion kompleta sen konsidero de Borges, Octavio Paz, aŭ Gabriel Garcia Márquez. Tamen, samtempe tiuj tri grandaj amerikanoj kreis sian propran literaturan teritorion en ia komuna sento de literaturo de hispanlingva Ameriko. Tio siavice levas demandon pri la rolo de la lingvo en la formiĝo de literaturoj. Ni povas koncepti la aferon kiel du retojn, unu sternita super la alian. Unu reto estas tiu de lingvoj; la alia estas tiu de literaturoj. Pro kialoj kiuj espereble klariĝos en la daŭro de tiu ĉi eseo, literaturoj estas parte identigitaj kun ŝtatoj: oni distingas ion kion oni povas nomi brita literaturo, kiu ankaŭ havas siajn subkategoriojn skota literaturo, kimra literaturo; ekzistas tio kion oni nomas amerika (usona) literaturo; tria kategorio malpli difinita portas diversajn nomojn – jen kolonia literaturo, jen Komunuma literaturo (t.e. la Brita Komunumo). Aŭstralia literaturo formas certagrade apartan kategorion; same kanada literaturo. Similaj subkategorioj ekzistas se temas pri franca literaturo, kaj precipe ĉe la hispanlingva mondo. Sed kontraŭ tiu sistemo de kategoriigo staras alia kategoria sistemo surbaze de lingvo. Ĉu la franclingvaj verkoj svisromandaj ne apartenas iasence al la franca literaturo? Kaj tiuj el Valonio? Tiuj el la iamaj francaj kolonioj? Tiuj el Kebekio? Evidente la kebeka literaturo estas samtempe parto de la franclingva literatura sfero kaj ankaŭ de la (plurlingva) kanada.

Ĉio ĉi estus nur amuza ludo se ne temus pri realaj konsekvencoj. La malnovaj kategorioj, kiuj klare distingis la literaturojn laŭ teritorioj, ligitaj al naciaj merkatoj, cedas al internaciaj merkatoj kiuj apenaŭ rekonas tiujn limojn. Almenaŭ ĉe tiuj lingvoj kiuj transas landlimojn – la plej grandaj lingvoj, sed ankaŭ pluraj relative minoraj lingvoj – la malnova koncepto de fermita nacia literaturo cedas al pli vasta vido. Restas tamen kelkaj relative grandaj lingvoj kiuj ne havas signifan internacian cirkulon sed ja havas fortan literaturan konscion kaj konsiderindan libromerkaton, unuavice la japana. En tiu senco, la japana trovas sin kaptita inter la tradicia koncepto de naciaj literaturoj kaj la kreskanta koncepto de monda literatura sistemo.

En sia studo, Casanova aludas al la koncepto de la nederlanda sociologo Abram de Swaan (2001) pri monda lingva sistemo. Same kiel pli poste faros Mizumura, de Swaan prezentas tri specojn de lingvoj, kiujn li komparas kun sunsistemoj. Centre staras suno (ekzemple grandlingvo, ni diru la angla: Mizumura nomus ĝin universala), ĉirkaŭ kiu moviĝas la planedoj (establitaj regionaj lingvoj; ni diru la germana), kaj ĉirkaŭ la planedoj moviĝas la diversaj subplanedoj (malpli fortaj lingvoj; ni diru la ĉeĥa). Ĉiu lingvo estas iel ligita al aliaj lingvoj.

La modelo estas fleksebla en la senco, ke la rolon de suno povas ludi malpli forta lingvo, sed kun simila hierarkio: germana/nederlanda/frisa, ekzemple.

De Swaan atentigas, ke oni povas ankaŭ aranĝi la lingvojn en komplementan modelon: hierarkion, kun la grandaj lingvoj ĉe la pinto, la etaj ĉe la subo. En tiu modelo, la lingvoj povas ŝanĝi sian pozicion laŭ ŝanĝiĝantaj kondiĉoj, ekzemple politikaj, kaj ĉefe laŭ sia dezirindo kiel komunikiloj. De Swaan prezentas la nocion de "Q-faktoro": volante lerni aŭ uzi lingvon, la individuo turnos sin al tiu lingvo kiu en difinita kunteksto donos maksimuman komunikadajn eblecojn kaj forturniĝos de tiuj kies komunikadaj perspektivoj estas plej minimumaj. Lingvoj kun alta Q-faktoro gajnas parolantojn; tiuj kun malalta Q-faktoro perdas aktivajn parolantojn. En la normalaj mondaj interŝanĝoj, tio igas la anglan pli forta ol Esperanto, sed ne ĉiam: neesperantisto troviĝanta meze de Universala Kongreso supozeble emus lerni Esperanton prefere eĉ al la angla.

Fina atentigo de nia nederlanda sociologo koncernas la rolon de la pligloto (aŭ en nia nuna nomenklaturo, la kosmopolito): la tuta monda sistemo de lingvoj dependas de la kapablo de iuj homoj moviĝi inter-lingve – interpreti unu lingvon en la idiomo de alia. Ni sekve notu, ke esenca faktoro en la interplektiĝo de la literaturoj de la mondo estas la ekzisto de homoj kiuj traduke aŭ imite transprenas ideojn el unu lingvo kaj ilin plantas en alian. Sen tradukado inter la lingvoj, la tuta sistemo ne funkcius.

Casanova sugestas, ke simila hierarkio kiel la lingva hierarkio priskribita ĉe De Swaan regas rilate la literaturon, kvankam ĉi tie temas ne nur pri komunikaj eblecoj sed ankaŭ pri prestiĝo, pri literatura kapitalo. Ekzistas, do, en la senco de De Swaan, monda literatura sistemo simila al la monda lingva sistemo, kun siaj sunsistemoj (kaj ankaŭ, notinde, kun siaj tradukantoj). Oni povas rezisti la gravitan tiradon de la centro, sed tiu centro tamen regos.

Rezisto kaj asimiliĝo: la nova kosmopolito

Se iuj rezistas, aliaj asimiliĝas – sed eventuale nur parte, ĉar la nova mondo de facila kaj libera moviĝemo permesas posedon de pluraj identecoj samtempe – eĉ se oni rezistas tiujn identecojn, kiel faris Mizumura rilate la usonan. El tiuj cirkonstancoj ekestas klaso de verkistoj kiuj staras kvazaŭ inter la kulturoj.

La konata haitia-usona romanverkisto Edwidge Danticat naskiĝis en Port au Prince, Haitio. Ene de la unuaj jaroj de ŝia vivo, ŝiaj gepatroj transmigris al Usono. Ŝi restis en Haitio, kie ŝi estis prizorgata de geonkloj. Hejme ŝi parolis la haitian kreolan lingvon, kaj en la lernejo la francan. Kiam ŝi havis dekdu jarojn, ŝi reunuiĝis kun la gepatroj en Usono kaj la cetero de ŝia klerigo okazis en la angla lingvo. Ŝi ekverkis en la angla kaj fariĝis establita usona romanisto; sed ŝi ankoraŭ konsideras Haition kiel hejmon kaj fizike pendolas inter la du landoj.

Lastatempe Danticat verkis nefikcian libron pri la morto[4] – ne en si mem surpriza evoluo, speciale se oni konsideras, ke la morto estas ofta temo en ŝiaj romanoj, sed iom rimarkinda pro la vasta gamo de ŝiaj citoj: el la nuntempa romanisto Taiye Selasi, el Gabriel García Márquez, el Tolstoj, Camus, Ĉeĥov kaj abundaj aliaj, inter kiuj ŝi vagadas libere en esence internacia spaco. Ŝi ja ne estas la unua dokta verkanto pri la morto – sed tio kio frapas la leganton estas la facila moviĝo inter figuroj el diversaj mondopartoj kaj spertoj: ne temas pri verkisto kiu esprimas sin el fiksa loko, sed kiu iasence ĉehejmas ĉie.

Unu el la romanistoj kiujn Danticat mencias, Taiye Selasi, naskiĝis en Londono, kie la gepatroj estis medicinistoj. Ankaŭ ŝia patrino naskiĝis en Londono, filino de okcidentafrikaj gepatroj, sed ŝi kreskis en Niĝerio. Same kiel Danticat, Selasi edukiĝis en Usono, kien migris la patrino kiam Selasi estis tute juna. La patro de Selasi naskiĝis en

---

4 *The Art of Death* 2017. Ĝi estis verkita okaze de la morto de ŝia patrino.

Ganao, tiam ankoraŭ brita kolonio, sed nun loĝas en Sauda Arabio. Selasi regule vojaĝas al Ganao por viziti la patrinon, kiu ekloĝis en Ganao; sed Selasi loĝas ĉefe en Britio kaj Usono. "Mi ne estas naciano," ŝi diras pri si mem; "Mi estas lokano – multlokano... Kiel mi apartenu al nacio? Kiel homo povas aparteni al koncepto?" Regnoj, ŝi asertas, havas mallongan historion de nur kelkaj centoj da jaroj: ili estas konceptoj, ne fundamentaĵoj. Fundamentaj estas la propraj spertoj en specifaj lokoj.

Parolante pri unu el siaj geamikoj kiu nun loĝas en Germanio, Selasi diras, ke tiu amiko "parolas la joruban kun angla akĉento, la anglan kun germana akĉento." Li estas, ŝi sugestas, ne "multnacia" sed "multloka." Oni povas forpreni ies pasporton, sed oni ne povas forpreni ties surlokajn spertojn.[5]

Iom similan senton esprimis nia Zamenhof, en sia parolado en Guildhall en Londono en 1907. Li distingis inter ŝovinismo, kiu estas bazita en malamo al aliaj, kaj patriotismo, kies radikoj estas amaj. Preskaŭ samaĝa kiel Danticat kiam ŝi transiris el Haitio al Novjorko, li kun sia familio forlasis sian naskiĝurbon Bjalistoko kaj ekloĝis en Varsovio. En sia Londona parolado Zamenhof nostalgie memoris pri la jaroj en Bjalistoko: "Vi, kiun mi ofte vidas en miaj sonĝoj, vi, kiun nenia alia parto de la tero iam povos anstataŭi en mia koro, vi atestu, kiu vin pli multe, pli kore kaj pli sincere amas."[6] Ankaŭ Zamenhof estis "lokano" kiu samtempe, en la propraj vortoj, predikis "reciprokan justecon kaj fratecon inter la popoloj."

Danticat, kiel nedenaska parolanto de la angla, kaj Selasi, kiel denaska angleparolanto de iom unika speco, verkas en la angla lingvo kaj, laŭ ĉiu normala difino de tiu koncepto, estus konsiderataj anoj de tiu tamen pli kaj pli nestabila kategorio kiun ni nomas la angla literaturo. Ambaŭ tamen kreskis en multlingva medio: ili ne rezistis lingvojn sed ilin akumulis. Kaj se ilia multlingva sperto animas iliajn anglalingvajn verkojn, tiu sperto denove multlingviĝas dank' al tradukado: ambaŭ verkistoj estas abunde tradukataj.

Tiu nova, aŭ relative nova, fenomeno de la "multloka" kosmopolita verkisto metas plian demandosignon ĉe la tradiciaj literaturaj

---

5   Vidu ŝian paroladon ĉe www.ted.com.

6   Zamenhof 1929: 383.

kategorioj kaj konsistigas plian kialon por koncepti la literaturon kiel tutmondan sistemon kiu egale transiras landlimojn kaj lingvolimojn. Temas pri alia kaj iom nova aliro al la identeco de verkistoj.

Lingvaj starpunktoj kaj paradoksoj

Jam delonge firme starigita kiel branĉo de socilingvistiko estas la studo de lingvaj starpunktoj (tio kion oni nomas en la angla lingvo "language attitudes"). Ŝajne ĉiu homo havas sian opinion pri unuopaj lingvoj kaj lingvaj varioj...

Kiam Britio kaj Francio, kaj aliaj eŭropaj landoj, koloniis grandajn partojn de la mondo tra kvaro da jarcentoj (je iu stadio en la 19-a jarcento, Britio regis super kvarono de la tera surfaco de la mondo), kaj kiam universala elementa edukado enkondukiĝis en la 19-a jarcento en okcidenta kaj meza Eŭropo, farante grandajn partojn de la mondo skribi- kaj legipova (se entute) en la lingvoj de Eŭropo, la koloniaj potencoj eble ne antaŭvidis, ke tiuj kiujn ili koloniis fine komencos respondi al ili en iliaj lingvoj – ke iu Frantz Fanon muldus la pensadon de la franca elito, ke iu Mahatma Gandhi aliformigus politikan agadon en okcidento. En la hodiaŭa postkolonia mondo, la varia sperto de verkistoj kiel Chinua Achebe aŭ Salman Rushdie, nedenaskaj parolantoj de la angla, enpenetris la literaturan konscion de parolantoj de la angla kaj, pere de tradukado, multaj aliaj legantoj de eŭropaj lingvoj; dum ankoraŭ aliaj, kiel ekzemple Jhumpa Lahiri, ŝajnas egale ĉehejme en la angla, sed samtempe akute konsciaj ne tiom pri la malsameco de lingvoj kiom pri ilia plureco. Temas pri homoj kiuj, pro siaj propraj eduko kaj situacio, estas aparte sentemaj pri la rolo de lingvoj ĉar ili naskiĝis aŭ kreskis en medioj kie lingvoj estis esence elekteblaj. Kiel homoj el la periferio (en la senco esprimita de Casanova), ili havas ĉiam pli fortan influon ĉe la centro.

Aparta karakterizo de la nova kosmopolito estas ties vidpunktoj pri la unuopaj lingvoj, inkluzive de la angla.

La jam menciita Lahiri, kies bengalaj gepatroj loĝis en Londono, venis al Usono kiam ŝi havis du jarojn, tiel ke ŝi konsideras sin "esence usona". Ŝia frua edukiĝo alportis al ŝi du lingvojn – la anglan kaj la bengalan – el kiuj ŝi priskribas la anglan kiel sian "dominan" lingvon. Tamen, ŝia rilato al lingvoj estas iasence pli relativa, pli larĝama, sed samtempe pli komplika, ol la rilato de kutima denaska parolanto de la angla al ties denaska angla. De multaj jaroj, Lahiri studas la italan lingvon. Lastatempa ŝia libreto priskribas ŝian rilaton al tiu lingvo.[7] Kiam ŝi unue vizitis Italion, ŝajnis ke la itala "estis jam ene de mi kaj samtempe komplete ekstere. Ĝi ne ŝajnas fremda lingvo, kvankam mi konscias, ke ĝi ja estas. Ĝi ŝajnas strange familiara…"

> Kion mi rekonas? Ĝi belas certe, sed beleco ne estas la demando. Ĝi ŝajnas lingvo kun kiu mi devas nepre rilati. Ĝi similas homon kiun mi renkontis iun tagon kvazaŭ hazarde, sed al kiu mi tuj sentis ŝaton … Mi sentas ligon sed samtempe apartecon, Temas pri io fizika, neklarigebla. Ĝi kreas maldiskretan, absurdan sopiradon. Fajnan tension. Amon je unua vido. (p. 15)

Aliloke, Lahiri sugestas, ke la allogo de la itala estas la libereco ne-perfekti: se oni ne respondecas pri la libere adoptita lingvo, oni ne respondecas pri la propraj eraroj – aŭ almenaŭ ne en la senco en kiu oni respondecas pri la propra "domina" lingvo. Novulo en nova lando, certe Lahiri en siaj unuaj parolaj jaroj strebis konformiĝi al la lingvo kiun ŝi aŭdis en sia usona medio, kaj tion faris malavantaĝe: bengalaj gepatroj, rasa diferenco, sento de ekstereco. Mastrinte la anglan, Lahiri do fariĝis samtempe aparte sentema pri la angla lingvo sed aparte konscia pri la sento de liberiĝo kiu rezultas el la uzo de aliaj lingvoj.

Tia translingvismo estas fenomeno facile rekonebla de multaj parolantoj de Esperanto: parolante en Esperanto, oni ne sentas sin "respondeca" pri la lingvo sammaniere kiel oni respondecas pri la propra lingvo. Esperanto proponas duoblan liberecon, nome liber-econ el eraroj (jes, ni faras ilin, sed ili estas iasence pardoneblaj, en la nomo de io pli esenca, nome la interlingva komunikado) kaj liberecon transiri lingvajn barojn: finfine la celo estas kompreni kaj komprenigi sin, ne nepre modeli perfektan lingvaĵon. Ĉe multaj parolantoj de Esperanto (ĉi-volume, mi mencias la ekzemplon de Marjorie Boulton),

---

7   Jumpa Lahiri, *In Other Words* 2016. Citaĵoj tradukitaj de HT.

la lingvo reprezentas specon de liberigo. Kaj foje ja temas pri "amo je unua vido".

Pli ekstrema, kaj fundamente alia, kazo (sed kazo rekonebla en tiu ĉi kunteksto) estas tiu de Yiyun Li, verkisto de noveloj kaj romanoj, kiu venis al Usono kiel plenkreskulo kaj elektis ekstreman formon de asimiliĝo, en kiu ŝi flankenmetis sian denaskan ĉinan entute kaj adoptis la anglan kiel sian. Ŝi difinas tiun decidon ne kiel konscian elekton de la angla ("La angla estas por mi egale hazarda elekto kiel ĉiu alia lingvo. Tio kion oni aliras estas malpli definitiva ol tio de kiu oni forturniĝas") sed kiel konscian forpuŝon de sia ĉinlingveco: "Oni transiras la landlimon por fariĝi nova homo."[8]

Yiyun Li (ne tute aprobe – ĉar ja temas pri tute alia lingva starpunkto) citas Vladimir Nabokov, kiu, devigate forlasi la propran landon, priskribis sian forlason de la rusa lingvo: "Mia privata tragedio, kiu ne povas, nek devus, esti perturbo ĉe aliaj, estas, ke mi devis forlasi mian naturan lingvon, mian naturan parolon." La rezulto, ĉe Nabokov, kiel ni ĉiuj scias, estis eksterordinara kaj delikata sentemo pri la uzo de la adoptita lingvo – la starpunkto de eksterulo kiu, vole-nevole, deziris plaĉi al siaj novaj samlandanoj, sed samtempe sentis sin, tamen same kiel Danticat kaj Selasi, apartenanto al multaj kulturoj, multaj "lokoj".

En tia ĉirkaŭaĵo, kaj traktante tiajn verkistojn, ŝajnas preskaŭ absurde imagi ion kion oni nomu angla literaturo aŭ eĉ literaturo en la angla. La interplektitaj fluoj de tradukado kaj la kapitalista bazo de eldonado movas la tekstojn de lingvo al lingvo serĉe al legantoj kaj profitoj, kaj la (neanglalingva) elita legantaro fariĝas ankoraŭ pli multlingva per aldono (laŭ la Q-faktoro) de la angla lingvo al sia repertuaro – kvankam ĝi legas tiujn librojn el la perspektivo de la propra loka kaj lingva sperto.

La monda literatura merkato

Jen la paradokso kiu okupas Mizumura. Kiel instigi multlingvecon inter ĉiuj legantoj, anglalingvaj kaj neanglalingvaj, por eviti anglalingvan monopolon; kaj kiel kultivi sentemon pri la *lingveco* de tekstoj dum

---

8   Yiyun Li 2017. Citaĵoj tradukitaj de HT.

samtempe tiuj tekstoj moviĝas inter lingvoj? Kiel malhelpi, ke la dominado de la angla lingvo simple forpelu la merkaton kaj sekve la kulturon de literaturoj en aliaj lingvoj?

Tiurilate, la internacia merkato de fikciaĵoj[9] similas la novan televidan merkaton. Antaŭ nur malmultaj jaroj, televido estis nacie kaj regione bazita; usonanoj spektis limigitan nombron de televidaj retoj; la britoj kaj francoj kaj aliaj spektis esence ŝtate sponsoritajn kanalojn kun iom da komercaj kanaloj dependaj de naciaj kapitalistaj merkatoj. Okazis iom da interŝanĝo inter tiuj nacie bazitaj medioj, samlingvaj aŭ dublitaj, sed limigita. Hodiaŭ, nek tempo nek spaco multe gravas: internaciaj merkatoj kaj ilia mastrumado tiel kreskis, ke programoj transiras barojn naciajn kaj lingvajn relative libere, kaj laŭmenda programado nuligas horarojn. Tio kio aplikiĝas al televido aplikiĝas same al literaturo.

Ĉu ĉio ĉi konsistigas ekaperon de monda literaturo? Tio estas demando forte kontestata de tiuj kiuj okupiĝas pri komentario literaturα. Iuj asertas, ke estas vane (aŭ orgojle) klopodi koncepti la tutan literaturan produkton de la mondo kiel unu sistemon, ĉu komercan ĉu semantikan. Aliaj dubas pri la ĉiam pli trapenetrataj kaj esence artefaritaj disdividoj de la literaturo. Vivo kaj morto, kiel Danticat atentigas, konas neniujn limojn; lingvoj, kiel sugestas Selasi kaj Danticat, estas tralasivaj, trapenetreblaj, interŝanĝeblaj. Tio kio ne estas interŝanĝebla estas la spertoj kiujn aŭtoroj kaj iliaj legantoj alportas al la tablo...

Sed ĉu vere? Lastatempa libro de Adam Kirsch pri tio kion li nomas "la tutmonda romano"[10] sugestas, ke kiam establita verkisto kiel Orhan Pamuk verkas romanon en, ĉi-kaze, la turka, li scias, ke ĝi estos tradukita en la anglan kaj ke multe pli da legantoj legos ĝin en tiu lingvo ol legos ĝin en lia denaska turka. Ĉu tio igas lin filtri sian materialon tra "fremda" aŭ angalingva filtrilo, pesante la spertojn laŭ ilia akcepteblo al angleparolanta legantaro? Kaj ĉu la rezulta teksto redonas esence turkan aŭ esence kosmopolitan sperton? Iasence, la demando estas falsa: aŭtoroj ĉiam sin koncernis pri siaj legantoj,

---

9   Kaj ne nur fikciaĵoj. Ankaŭ la poezio moviĝas inter lingvoj, almenaŭ ĉe la komerce plej sukcesaj, kiel ekzemple la polaj poetoj Wisława Szymborska (kiu aperis ankaŭ en Esperanto-traduko: Mi inventas la mondon [Bjalistoko, 2015]) kaj Czesław Miłosz.

10   Kirsch 2016. Vidu precipe p. 29-39.

aŭ almenaŭ pri la sentoj de siaj eldonistoj, kaj, en la vojkruciĝo inter kapitalo kaj profito, ili ĉiam verkis tion kion ili opinias la legantojn pretaj konsumi. Cinikulo eble eĉ dirus, ke "brutala honesteco" estas negocebla produkto, same kiel ĉio alia. Pamuk pene kaj atente lokalizas siajn romanojn, sed eble tio en si mem estas nenio alia ol nutrado de la merkato por literatura turismo, same kiel Skandinava Nigro lastatempe, almenaŭ en Usono, kaptis la merkaton de krimromanoj kaj krimtelevido.

Tradukado

Rilata al la diskuto pri la ebla ekapero de monda literaturo estas egale fekunda diskuto pri tradukeblo kaj la interŝanĝeblo de tradukoj. Ĉu gravas se difinita verko estas kreita en unu lingvo prefere al alia? Ĉu la lingvo mem muldas nian percepton de la signifo de la originala teksto, kiel sugestas Mizumura? Same, ĉu verkisto kiu verkas por internacia legantaro intence evitas la unikecojn de individuaj lingvoj favore al facile tradukebla produkto de kiu li forfrotis la akrajn pikilojn de lingva diferenco? Alivorte dirite, ĉu la nocio de monda literaturo kaj monda literatura merkato nuligas diferencojn favore al sensuka interlingvismo? Aŭ ĉu la dinamiko iras malen: ĉu tradukado lokalizas la tutmondecon kaj fekundigas literaturojn en aliaj lingvoj, ĉefe lingvoj aliaj ol la angla? En multaj mondopartoj oni energie debatas pri la inunda efiko de tradukoj ĉe lokaj lingvaj merkatoj – do ne levante la valoron de la loka kapitalo sed konkurante kun ĝi.

En nia Esperanto-mondo la rolo de la traduka literaturo estas, aŭ historie estis, aparte signifa. Inter la unuaj taskoj de la unuaj esperantistoj estis establi la lingvon: helpi homojn entute uzi ĝin, vastigi la kampojn en kiuj ĝi estas uzebla, starigi imitindajn modelojn, krei lingvan kaj espriman estetikon. Kontraste al la eltrovantoj de naciaj literaturoj, ili komencis de nulo: nulaj verkoj, nulaj parolantoj. Kaj la lingvo kiun ili proponis estis esence dua lingvo por ĉiu – sen historio de denaskaj parolantoj, sen hejma uzo entute. Tradukoj rolis kiel lerniloj, kiel orientiloj, modeloj – kaj ankaŭ kiel ekzemploj de tio al kio la parolantoj de la nova lingvo povu aspiri. Por konvinki novajn lernantojn, gravis, ke la lingvo aspektu "normala", natura kiel ĉiuj aliaj lingvoj.

Mi aliloke argumentis, ke la Esperanto-kulturo, la Esperanto-literaturo estas esence tradukita: imitaĵo de la jam ekzistantaj kulturoj kaj literaturoj kiuj ĉirkaŭas ĝin. En tiu senco, ĝi estas pli ekstrema ekzemplo de tio kio okazas en la procedo de kreo de nova regiona aŭ nacia literaturo en nova literatura lingvo: ĝi serĉas eksterajn modelojn kaj kreas internajn surbaze de ili. Foje ili estas rektaj tradukoj, foje transportoj de ideoj kaj formoj el ekstere. Je tiu komenca stadio, originaleco estas malpli alta valoro ol konformo: oni komencu (tiel oni povus rezoni) per ia Grabowski, kiu brile transprenas en la novan lingvon konatajn verkojn el aliaj lingvoj, aŭ ia Zamenhof, kiu imitas la literaturajn formojn kiujn li trovas en la lingvoj ĉirkaŭ si. Estos tempo poste por fosi en la unikaĵojn de la nova lingvo, kiel faris Mihalski, aŭ Auld en *La infana raso* – kvankam ankaŭ ili trovis siajn modernistajn formojn en aliaj literaturoj.

Reale, neniu nacia literaturo povus funkcii sen importo de nova materialo el aliaj literaturoj – kaj Esperanto, kun sia mallonga reala kultura historio estas granda importanto. Tamen, en ĉiuj lingvoj la tradukado ĉiam ludis kaj ankoraŭ ludas fundamentan rolon en la kreo de kohera literatura kanono. Ni vidos en la kazo de Goethe, ke alproprigo de Shakespeare kaj aliaj helpis fiksi la direkton de germana literaturo, kaj, eble eĉ pli grave, influi ĝian formon. Tamen necesas noti samtempe, ke enpreno de majstroverkoj en literaturon ankoraŭ formiĝantan povas krei certan maltrankvilon inter indiĝenaj verkistoj, kiuj sentas la pezon de talentaj antaŭuloj el aliaj lingvaj kaj kulturaj orientiĝoj. Tia importado samtempe kreas pozitivan defion kaj kirlas tiun "maltrankvilon de influiĝo" kiun fame priskribis Harold Bloom (1973). Leviĝas ankaŭ demando pri la statuso de tradukitaj tekstoj en rilato al originalaj. Kiel mi jam rimarkis, ĉe Esperanto tiu statuso estas signife alia ol ĉe la etnaj lingvoj.

Emily Apter rekte frontas la problemon de tradukado en sia libro *Kontraŭ monda literaturo: La politiko de netradukeblo* (2013),[11] libro

---

11 *Against World Literature: On the Politics of Untranslatability* (Apter 2013). Vidu ankaŭ la rimarkindan kompilaĵon de Barbara Cassin, *Vocabulaire européen des philosophies: Dictionnaire des intraduisibles* [Vortlisto de filozofioj: Vortaro de netradukebloj], tradukitan en la anglan kiel *Dictionary of Untranslatables: A Philosophical Lexicon* (Cassin 2004).

kiu ekiras el la hipotezo, ke la koncepto de monda literaturo en si mem levas certajn ontologiajn kaj kritikajn demandojn.

Mi konfirme aplaŭdas la malprovincigon de la kanono kaj la manieron laŭ kiu, en plej bonaj okazoj, ĝi utiligas la tradukarton por liveri surprizajn kognajn pejzaĝojn ... Tamen, mi retenas seriozajn dubojn pri la emo de [la koncepto de] Monda Literaturo reciproke validigi kulturan ekvivalentecon kaj interŝanĝeblon, aŭ laŭdi nacie kaj etne markitajn 'diferencojn' niĉe disvenditajn kiel komercigitajn 'identecojn'. (p.2)

Esence, Apter dubas pri la konkludoj tireblaj el tekstoj anticipe preparitaj por esti signifoplenaj en la nova lingvo kaj sekve eventuale miskomprenataj – kaj pri la eksporteblo de sentoj indiĝenaj en unu loko sed fremdaj en alia. Eventuale ĉio ĉi produktas nur iluzion de kompreneblo.

Kompara literaturo

Tiu aspekto de tielnomata monda literaturo, nome la malfacileco transporti signifadon de unu lingvo al alia, engaĝis la atenton de tiuj, kiuj skeptikas aŭ maltrankvilas pri la efiko de la ekapero de monda merkato de literaturaj produktoj. En sia influa libro *Death of a Discipline* (2003),[12] pri la malfortiĝo de la studkampo kompara literaturo, Gayatri Chakravorty Spivak (naskita, ŝi mem, en Bengalio kaj nun loĝanta en Usono) argumentis favore al nova aliro al la komparado de literaturoj kiu samtempe rekonu la tutmondan gamon de literatura produktado kaj rekonu la neceson diferencigi inter ĝiaj specifaj manifestiĝoj, precipe kiam tiuj manifestiĝoj kontraŭas ian ĉionfaran tutmondismon, ian artefaritan unuecon:

Same kiel socialismo, kiam bone funkcianta, persiste kaj ripete celas forŝiri kapitalon for de kapitalismo, tiel la nova Kompara Literaturo persiste kaj ripete subfosu kaj malnodu la

---

12 Spivak 2003. Spivak estas inter la plej severaj kritikantoj de la koloniismaj impulsoj en literaturaj studoj.

definitivan emon de la dominantoj alproprigi la novaperantojn. Ĝi ne permesu al si, ke ĝi konsistu nur el la postuloj de liberala multkulturismo. (p. 100)

La rimarkoj de Spivak konsistigas respondon al tiu branĉo de la disciplino de kompara literaturo kiu ekestis precipe en usonaj universitatoj en la jaroj tuj antaŭ kaj tuj post la Dua Milito (ĝi havis siajn antaŭulojn precipe en Germanio kaj Francio). Usona interesiĝo pri la disciplino ekestis precipe pro la fuĝado de mezeŭropaj intelektuloj fronte al kreskanta faŝismo kaj antisemitismo en Eŭropo. Tiuj intelektuloj, tiel profunde klerigitaj, ke ili kapablis moviĝi trans kvar aŭ kvin eŭropaj lingvoj sen malfacilaĵoj, aparte interesiĝis pri difinado de la formalaj kaj temaj diferencoj kaj similecoj trans la *naciaj* literaturoj. Tiuj naciaj literaturoj estis difinitaj precipe lingve, kaj ligitaj al naciaj lingvaj identecoj.

Kvankam kompara literaturo celis transponti tiujn diferencojn cele al pli larĝaj tendencoj, eĉ foje celante difinon de literaturaj universaloj,[13] ĝi ekiris el esence eŭropa vidpunkto. "Gravas pensi pri literaturo senkonsidere pri lingvaj distingoj", skribis du el la grandaj fakuloj de kompara literaturo Wellek kaj Warren (1942: 49). "La esenca argumento por 'kompara' aŭ 'ĝenerala' literaturo estas la memevidenta falseco de la ideo de nacia literaturo plene enfermita." Aliflanke, la du fakuloj argumentas por la unueco de tio kion ili nomas *okcidenta* literaturo (do, ne pri literaturo kiel tuto), kaj krome donas relative malmultan atenton al tio kion Casanova kaj aliaj nomus la literatura ekonomio.

En la literatura kritiko de la esperantistoj, precipe du aŭtoroj tuŝis la demandon de kompara literaturo. Gaston Waringhien, en artikolo responde al aserto de Meillet, ke Esperanto ne taŭgas por literatura tradukado, faras nur modestajn asertojn pri la kompara valoro de Esperanto-tradukoj.[14] Ja, unue necesas fronti la bazan pretendon de Meillet, ke aŭtentika literaturo verkado simple ne eblas en sennuanca lingvo de la speco de Esperanto (harstariga pretendo en si mem):

---

13 Analoge al la esence vana serĉado de lingvaj universaloj: vidu Greenberg, *Universals of Language*, 1963.

14 "Esperanto kaj la kompara literaturo": vidu Waringhien 1987: 125-129.

La vero estas, ke ĉia lingvo, kiel ajn primitiva aŭ kruda ĝi estas, se nur ĝi vivas kaj servas al homa komunumo, estos pli malpli frue uzata por literaturaj celoj. Ne ekzistas tiel vulgara dialekto, tiel degenerinta ĵargono, kiu ne posedas siajn kanzonojn.... Esperanto, kiu estas nek primitiva nek kruda idiomo, jam pruve montris siajn meritojn en la beletro kaj liveris tradukojn de mirinda fidelo. (p. 127)

Waringhien trovas meriton en la utiligo de Esperanto por kompari samtemajn verkojn el diversaj lingvoj en Esperanto-traduko, ekzemple la *Ifigenio* de Goethe kaj tiu de Eŭripido, sed li cedas grandan parton de la grundo sugestante, ke Esperanto eble ne posedas la nuancojn de la naciaj lingvoj, "ke la Esperantaj tradukoj havas malpli da koloro, malpli da elvokiveco, ol la nacilingvaj."

Auld, aliflanke, en tre interesa eseo kiu aperis en lia *Facetoj de Esperanto* (1976),[15] pritraktas la esencon de la studkampo de kompara literaturo, trovante ĝin nesufiĉe reprezentata inter la studprogramoj de britaj kaj usonaj universitatoj, parte pro profesiaj duboj ĉu tia komparo entute eblas, parte pro profesia malkuraĝo antaŭ ĝia realigeblo. Li citas el prospekto de unu universitato: "Kompara literaturo estas tiu fako de literatura studado, kiu pritraktas la fundamentajn strukturojn, kiuj subkuŝas ĉiajn literaturajn elmontraĵojn el kiu ajn loko aŭ epoko" (p. 28) kaj notas, ke tiu prospekto samtempe retiras tiun aserton pro praktikaj kialoj, limigante sin al la "literaturoj de Eŭropo kaj Norda Ameriko." Tamen, Auld notas, ke la alveno de Esperanto sur la scenejon malfermas la eblecon uzi tradukojn en Esperanton kiel bazan materialon por kompari tekstojn – Esperantajn tradukojn kutime faritajn de denaskaj parolantoj de la deira, originala, lingvo. Tiu avantaĝo de Esperanto ja ne bagatelas, precipe kiam temas pri komplikaj poeziaj tekstoj.

En tiu ĉi eseo Auld tamen ne tuŝas du fundamentajn demandojn kiuj aktuale staras sur la tagordo de la disciplino: la ekonomikan-politikan rolon de literaturaj verkoj kaj iliaj kuntekstoj en literaturoj kaj lingvoj (la demando kiun rekte levas Spivak), kaj la statuson de la individuaj verkoj kiel komponentoj de naciaj literaturoj aŭ eventuale

---

15 Auld 1976: 27-38. Vidu ankaŭ liajn komentojn pri Esperanto-kulturo en *Kulturo kaj internacia lingvo*: Auld 1986.

tutmonda literaturo. Esperanto restas eta literatura perilo en grand-ega literatura establaĵo, apenaŭ agnoskata de eksterstarantoj – parte pro la unikeco de la lingvo mem, parte ĉar ĝi apenaŭ tuŝas la eldonan komercon. Esenca problemo, tamen, estas nia kolektiva malcerto pri la statuso de literaturo en Esperanto. Ni emas trakti ĝin kvazaŭ temas pri nacia literaturo – la literaturo de tiu mistera lando Esperantujo. Ni celas plivastigi kaj pliprofundigi ĝian verkaron sed samtempe hezitas pro la neceso same plivastigi kaj pliprofundigi ĝian legantaron: sen la dua elemento, la unua estas malplena atingo. Mankas klareco pri la rilato inter tradukita kaj originala literaturo; mi mem argumentus, ke la unua ne estas simple aldono al la dua, sed fundamenta parto de la tuto:[16] la rilato inter originala kaj traduka literaturo ne estas sama kiel en aliaj lingvoj. Eĉ la originalaĵoj estas iasence tradukoj ĉar transportitaj plej ofte el la kultura ĉirkaŭaĵo de la verkinto. Kaj la tradukoj estas originalaĵoj en la senco, ke ili streĉas Esperanton, uzas ĝin por novaj celoj. Hodiaŭ malmultas tiuj (Fernández, Silfer, eble kelkaj aliaj) kiuj plene konscias pri la neceso loki esperantlingvan literaturan produkton ene de la pli larĝaj strukturoj de la monda literaturo, do ne unuavice rigardi la literaturon en Esperanto kiel novaperantan nacian literaturon sed konsideri ĝin parto de pli granda, eĉ se amorfa, monda tuto. Esperanto urĝe bezonas literaturan politikon.

Se la karaktero de Esperanto-literaturo mem neklaras, indas emfazi, ke la statuso eĉ de la plej establitaj literaturoj estas kaj ĉiam estis kontestata. La starigo de klara sento de germana literaturo, ekzemple, samtempe antaŭis kaj helpis difini la germanan nacian identecon. La komencon de la koncepto de franca literaturo oni kutime (kaj iom trosimplige) lokas en 1549, la jaro de la manifesto de la grupo de literatoroj nomataj "La Pléiade" en la verko de Du Bellay *La défense et illustration de la langue française.* Tiu koncepto fortiĝis en la fino de la dekoka jarcento kaj komenco de la deknaŭa kiam la norma franca lingvo – la lingvo de la iama kortego kaj la lingvo de la parizanoj – venkis almenaŭ en doktaj rondoj kontraŭ la konkuraj dialektoj de la dekoka jarcento, farante la norman francan perilo de la valoroj de la t.n Iluminiĝo kaj la revolucio.

---

16 Vidu ĉapitron 3, ĉi-supre kaj "The semantics of invention: Translation into Espe-ranto": Tonkin 2010.

Fakte la pensmaniero de la fakuloj elmigrintaj al Usono, fondintoj de la moderna fako de kompara literaturo, estis formita en etoso de nacilingva konkurenco: nur inter la militoj la angla lingvo fine antaŭkuris la francan kaj la germanan ne nur kiel la lingvo de komerco kaj moderneco sed ankaŭ kiel la lingvo de intelekta interŝanĝo. Germanan dominadon severe damaĝis la malvenko en la Unua Mondmilito kaj la kresko de faŝismo, dum la franca, akceptante parecon kun la angla en la Ligo de Nacioj kaj aliloke, ebligis la prestiĝokreskon de la angla – kaj la esperantistoj surogate sentis la koleron de la francoj, kiuj ne kuraĝis aŭ ne kapablis draŝi la anglalingvanojn kaj sekve ripete surtretis la kompatindajn esperantistojn.[17]

Goethe, Herder kaj *Weltliteratur*

Goethe estis tiu, kiu unue aludis al la nocio de *Weltliteratur,* monda literaturo – plej fame en siaj konversacioj kun Johann Peter Eckermann:

Mi estas pli kaj pli konvinkita, ke poezio estas la universala posedaĵo de la homaro, sin montrante ĉie kaj ĉiam en centoj kaj centoj da homoj ... Tial mi ŝatas ĉirkaŭrigardi en fremdaj nacioj, kaj mi konsilas al ĉiuj personoj fari same. Nacia literaturo estas nun termino iom sen signifo; la epoko de monda literaturo troviĝas ĉemane, kaj ĉiu homo devas strebi por rapidigi ĝian alvenon.[18]

Unu el la apartaj kontribuoj de Goethe kaj Schiller al tiu kampanjo estis alproprigo de la verkoj de Ŝekspiro: tiuj verkoj, en la manoj de la aparte lertaj tradukantoj Schlegel kaj Tieck, fariĝis preskaŭ parto de la germana literaturo. Ne temis pri tio, ke iu mondliteraturo ekaperis, sed ke ĉefaj verkoj de ĉefaj aŭtoroj moviĝis pli libere trans la lingva divido. Jes, la romantikismo, kiun la germanoj aparte alproprigis, etendiĝis tra multaj landoj kaj literaturoj, sed ĝi fortigis la *naciajn*

---

17 Vidu la historion de Esperanto antaŭ la Ligo de Nacioj en Lapenna k.a. 1974: 748-760.

18 Citita enkonduke al David Damrosch, *What Is World Literature?* (Damrosch 2003: 1).

literaturojn (precipe la germanan, kies prestiĝon ĝi altigis) kaj, kun ili, la naciajn lingvojn.

La germanoj alportis alian gravan elementon al tiu ĉi nacia recepto, nome la koncepton de la "popolo". Johann Gottfried von Herder en sia kolektado de popola literaturo, en kiu li trovis spurojn de la praantikveco de la germanoj, emfazis la hipotezon, ke la spirito de la popolo difinas la spiriton de la lingvo kaj ties akompana kulturo (kaj inverse). En sia *Traktato pri la Origino de Lingvoj* (1772) li rimarkis "Pro tio, ke ĉiu popolo estas popolo, ĝi havas sian propran nacian kulturon esprimitan tra la propra lingvo."[19]

La koncepto en si mem, nome la ligo inter unu nacio kaj unu lingvo, ne estis nova, kvankam nova estis la Romantika ideo pri la popolo kiu formas substrukturon de la nacio. Jam de jarcentoj, la ideo ke la lingvo de la reĝa aŭ princa kortego estas la lingvo de la lando estis vaste akceptita en la regnoj kaj princlandoj de Eŭropo, same kiel la religio de la reĝo fariĝu la religio de la popolo. "*Cuius regio, eius religio*" ekzistis en paralelo kun la eĉ pli antikva nocio "*Cuius regio, eius lingua.*"[20] Sed nun, dank' al la elemento aldonita de Herder, la kultura potenco transiris de la regantoj al la regatoj: la ligo lingvo/ŝtato (posteulo de la ligo lingvo/reĝo) fariĝis forta elemento en la revoluciaj movadoj kaj la kreado de novaj ŝtatoj en la deknaŭa kaj dudeka jarcentoj. Tipa ekzemplo inter multaj (jam aludita aliloke en tiu ĉi volumo) estas tiu de la finnoj: jam antaŭ la apero de forta sendependeca movado en Finnlando, Elias Lönnrot travagis la landon kolektante malnovajn popolajn rakontojn kaj poeziaĵojn, kiujn li redonis aŭ adaptis en la tradicia finna trokea metriko, poste kunmetante la tuton en unuigitan popolan epopeon.

Kaj kial epopeon? Ĉar la grekoj kaj romianoj havis siajn epopeojn: Lönnrot modelis sian kompilaĵon laŭ la altprestiĝaj formoj de la klasikaj poetoj, tiel altigante ĝian "literaturan kapitalon".

---

19   "Denn jedes Volk ist Volk; es hat seine National Bildung wie seine Sprache." Citita de Anderson 1983: 67-68.

20   Kies regno, ties religio; kies regno, ties lingvo.

Inventi pasintecon

En sia studo *Imagined Communities*, Benedict Anderson klarigas, ke komunumoj formiĝas el komunaj kredoj kaj komunaj sentoj. Kiel mi atentigis en alia kunteksto,[21] lingvoj ne subite ekestas, sed fontas el jam establita interkonsento pri la signifo de vortoj, nome komuna semantiko. Zamenhof, kiu tiel zorge planis sian gramatikon, kaj, aplikante fajnan estetikon en la elpenso de radikoj kiuj formu lingvon unuavide (kaj unuaaŭde) apenaŭ distingeblan disde "naturaj" lingvoj, tamen transprenis en la lingvon la komunan semantikon de Eŭropo relative senatente. Li ne elspezis amason da tempo je preciza difinado de siaj radikoj: li tion lasis al la komunumo de esperantistoj, kiuj, formante interkonsenton pri la signifo de siaj vortoj, formis en tiu procedo komunumon – des pli fortan pro tiu komuna strebo al signifo (kaj kiu, cetere, venkis kontraŭ la pure *lingvaj* 'plibonigoj' de Ido).

En tiu rilato mi skribis jene: "Komunumo ekestas ne nur pro komunaj celoj sed ankaŭ pro komuna pasinteco, kiu estas kreita parte el la interkonsento kiu kreis la komunumon jam en la komenco. Tion bone komprenas la teoriistoj pri naciismo kaj t.n. 'imagitaj komunumoj' (Anderson 1983, Hastings 1997, Hobsbawm k Ranger 1983). Esperanto restis fidela al si mem ne pro la supereco de tiu aŭ alia *lingva* trajto sed pro la lojaleco de la esperantistoj al komuna internacilingva ideo: la socia aspekto de Esperanto esence venkis kontraŭ la lingva aspekto."[22]

Por formi komunumon, necesas inventi komunan imagaron, komunan pasintecon. Tion Zamenhof strebis fari ankaŭ per sia programo de tradukado, sia poezio, kaj eĉ sia kolekto de proverboj tiritaj el la komuna popola saĝo.

Kiam fine venis la momento kiam Prusio kaj ĝiaj najbaroj formis Germanion, jam preta estis imagaro, eltrovita "popolo", mitaro.

Sed en si mem tio neniel estis nova eltrovaĵo: ĉiu socio laboras por krei komunan historion kaj miton de originoj. Jen unu el la ĉefaj celoj de la grandaj epopeoj de la pasinteco – kaj la kialo de elkreo aŭ eltrovo de "popolaj epopeoj" en pli modernaj tempoj.

Eĉ en epoko kiam nacia ŝovinismo estis ankoraŭ afero de la estont-eco, la relative malgranda nombro de homoj kapablaj legi la latinan lingvon fekundigis la vulgarajn, ofte buŝajn, literaturojn per rakontoj el klasikaj aŭtoroj, kaj fasonis el disaj legendoj rakontajn fadenojn kiuj rapide disvastiĝis tra grandaj partoj de Eŭropo. En socio kie kodoj de lojaleco ofte konfliktis kun personaj sentoj kaj emocioj, legendoj de la Reĝo Arturo, ekzemple, furoris tra vulgaraj literaturoj de Sicilio ĝis Anglio, aperante en la verkoj de Chrétien de Troyes france, Thomas Malory angle, Lodovico Ariosto itale, kaj abunde aliloke. Kreskanta interesiĝo pri klasikaj tekstoj miksis la verkojn de Virgilio kaj Ovidio kun lokaj legendoj, tiel ke komuna trunko de literaturaj temoj disbranĉis en unuopajn lingvojn kaj literaturojn en diversaj formoj. Dum kreskis la lego- kaj skribopovo de la popoloj kaj formiĝis la aparataro de la ĉiam pli kohera organiziĝo de la diversaj ŝtatoj, tiu akumulita materialo formis bazon por la evoluo de rekoneblaj naciaj literaturoj, kiuj ja komenciĝis kiel kulturaj atributoj de kortegoj kaj de regantaj familioj sed baldaŭ transformiĝis en pravigilojn de la legitimeco de ŝtatoj.

En iuj landoj, la fortoj de religia reformo komplikis la situacion. En Anglio, ekzemple, la amasa subpremo kaj malpermeso de lokaj kutimoj (festotagoj, dramoj, rakontoj pri sanktuloj) nome de la re-formita religio necesigis, fare de la posta generacio, selektan retrovon de la fruaj legendoj. Notinda estis la verko de Edmund Spenser, *La Fereĝino* (1590-96), kiu, per enorma reordigo de la heredita pas-inteco, samtempe omaĝis al la Reĝino kaj kreis imagitan paralelan regnon de feoj kaj herooj. Tiu artefarita folkloraĵo, zorge adaptita al formoj hereditaj el la klasika tradicio, iasence anticipis Herder kaj Goethe per siaj pastoralaj aludoj al la ordinara kaj kontenta popolo kiu de tempo al tempo aperas kiel fono malantaŭ la mirindaj atingoj de kavaliroj.

Esperanto kaj monda literaturo

Se ĉiu lingva komunumo bezonas sian mitaron, sian historion. Zamenhof estis devigata inventi pasintecon por sia nova lingvo. Li tion faris per esence du strategioj: anekso de la komuna eŭropa semantiko (kiun, kiel ni jam rimarkis, li kvazaŭ prezentis al la komunumo por ke tiu muldu ĝin en lingvon kaj tiel sentu ĝin la sia), kaj la evoluigo de traduka strategio.

Atakante la plej altajn pintojn de la eŭropa literaturo – unuavice la ŝekspiran *Hamleto*[23] – li celis samtempe pruvi la taŭgecon de Esperanto kaj instali ene de la lingvo kvazaŭan panteonon de la plej grandaj eŭropaj verkistoj. Ni povas supozi, ke tiamaniere li celis alproprigi iom da tiu literatura kapitalo aludita de Bourdieu.

Fundamenta demando ankoraŭ ne plene respondata, eĉ se menciita, estas la statuso, la ontologio, de la Esperanto-literaturo mem. Ĝiaj fondintoj (Zamenhof, Grabowski kaj aliaj) kaj daŭrigantoj (precipe Kalocsay) verŝajne rigardis ĝin kiel paralelon de la tielnomataj naciaj literaturoj. Ili esence celis montri, ke Esperanto kapablas tion kion aliaj naciaj literaturoj kapablas, kaj ili penis krei inventaron de modelaj kaj reprezentaj tekstoj. Ili ankaŭ celis krei la iluzion ke iasence Esperanto ĉiam ekzistis: ja nur temis pri ia rearanĝo de lingvaj elementoj el komuna staplo kaj rakontaj elementoj el komuna saĝo. Ekzemple, en 1904, Grabowski, reaperigante sian *Kondukanton de l' interparolado kaj korespondado*, aldonis kolekton de prozaj "Rakontoj kaj Legendoj" kaj 26 poemoj sub la titolo *Antologio Internacia*. La prozaĵoj portis la leganton en la historion (similan teritorion kiel tiun de la zamenhofaj proverboj); la poemoj same sugestis komunan pasintecon kaj novan perspektivon al la literaturo.

Aliflanke, ne nur temis pri modeloj kaj ne nur temis pri imitaĵo de naciaj literaturoj: Esperanto fariĝis, kaj certagrade daŭre estas, lernejo pri la naciaj literaturoj: abundas en Esperanto antologioj de naciaj literaturoj, parte rezulte de sistema programo flanke de la eldonejo Literatura Mondo inter la militoj, parte rezulte de klopodoj de la unuopaj landaj movadoj oferti al la esperantistaro tradukojn el la propraj naciaj literaturoj kiuj rolun samtempe kiel historiaj ekzemploj. En la antaŭparolo de la unua tia antologio – la pola, de 1906, konsistanta el tradukoj faritaj de Kabe – Théophile Cart sugestas ke Esperanto, eĉ se bazita sur la modelo de naciaj literaturoj, povus superi tiun bazon kaj fariĝi ia montrilo, ia fandejo, de monda literaturo:

---

23 Vidu mian postparolon al L.L. Zamenhof (trad.) *Hamleto, Reĝido de Danujo* (Rotterdam: Universala Esperanto-Asocio, 2006).

Kaj tiamaniere, kiel la vortoj elektitaj el multaj lingvoj fandiĝas, por tiel diri, en nova, internacia, propran vivon havanta lingvo: nia Esperanto, tiel, dank' al tiaj tradukaĵoj, naskiĝos el naciaj literaturoj, en pli malpli baldaŭa estonteco, literaturo nova, vere internacia, la – de l' granda germana poeto Goethe antaŭvidita – *Weltliteratur*, la monda literaturo. (Kabe 1906: iv)

Necesas reiri al la parolado de Zamenhof ĉe Guildhall, unu jaron poste, en kiu la kreinto de Esperanto esence renoncis la ideon de naciismo. Deklarante sin speco de sennaciisto Zamenhof vole-nevole similis tiujn idojn de la nuna epoko Edwidge Danticat, Taiye Selasi kaj Yiyun Li, kiuj pro kombino de vivhazardoj kaj konsciaj decidoj flankenmetis sian konvencian identecon favore al speco de mondcivitaneco. Fariĝinte doktoro Esperanto, Zamenhof redifinis sian judecon, malfermis sin al la tuta mondo, kaj pozitive ekspluatis la plurajn lingvojn kiujn li regis (inkluzive la amatan jidan – lingvo ne de nacio sed de popolo). Kaj ĉu li sentis sin polo aŭ ruso neniu klare kaj definitive scios. La grandaj antaŭenpaŝoj de la pasintaj kelkaj jaroj rilate la biografion de Zamenhof nur montras pli klare kiel malfacile kaptebla estas la esenco de lia personeco.[24] Danticat, Selasi kaj Li estas liaj spiritaj posteuloj.

Sed, por reveni al la literaturo – Kio, do, pri la estonteco? Kelkaj aferoj evidentas. Unuavice, necesas levi la videblon de literaturo en Esperanto inter la ekstera publiko, kiu plejparte ne konscias pri ĝia ekzisto aŭ supozas ĝin neebla. Proponi Esperanto-verkistojn por la Nobel-Premio pri Literaturo eble ŝajnas al iuj esperantistoj iom tro pretende – sed tio tamen gajnis la atenton de eksterstarantoj kaj, almenaŭ en la kazo de William Auld kaj certagrade en tiu de Marjorie Boulton, estis plene meritita. La literaturaj atingoj de Auld estis eksterordinaraj. Iuj skeptikuloj argumentus, ke, se li tiel elstare verkus, li kuraĝus tion fari en la propra lingvo – sed Auld sendube respondus, ke la politika ŝarĝo de la angla lingvo al li kiel skoto kaj konvinkita esperantisto-internaciisto levas amason da nekomfortaj

---

24 Vidu precipe la biografion de Zamenhof de Aleksander Korĵenkov (Korĵenkov 2009). Pri la zamenhofa nacieco vidu ekzemple la rimarkojn de Iia nepo Ludoviko Zaleski-Zamenhof, en Dobrzynski 2003: 113 kaj sekvajn paĝojn.

demandoj.[25] Pli grave, kiel Lahiri ĉe la itala, Esperanto liberigis lin. Ni jam rimarkis, ke adopto de lingvo, intenca elpaŝo el la striktaĵoj de la denaska idiomo, estas ne malofta fenomeno.

Aliflanke, la manko de literatura videblo de Esperanto apenaŭ permesus seriozan konsideron de tiel ambicia propono.

Dua grava prioritato estas informi la eksteran publikon pri Esperanto-literaturo per tradukado de elstaraj originalaj verkoj en aliajn lingvojn. Ege malmultas la nombro de tiaj verkoj – kvankam la momento de verkiĝo de tiu ĉi eseo estas escepto: tri tiaj verkoj aperis en la daŭro de tri monatoj en 2017, nome tradukoj en la anglan de la *Kroata milita noktlibro* de Spomenka Štimec, en la japanan de *Maskerado ĉirkaŭ la morto* de Tivadar Soros, kaj en la germanan de *Tur-strato 4* de Hans Weinhengst. Nur tiam kiam verkoj tradukitaj el Esperanto kaptas la atenton de la publiko, la Esperanto-literaturo komencos amasigi tiun kulturan kapitalon pri kiu ni jam aludis.

Kaj trie, ni devas fariĝi kulturaj geografoj – elmapi la terenon de Esperanto-literaturo, identigi ĝiajn pintajn verkojn kaj ankaŭ subteni seriozajn fakajn studojn de ĉefverkoj kaj verkistoj.

En tiu senco ni devas bonvenigi la historion de Esperanto-literaturo de Minnaja kaj Silfer.[26] Mi ne volas entiriĝi en la malakordojn kiuj kirliĝis ĉirkaŭ la verko en la gazetaro kaj en sociaj medioj post ĝia apero, sed mi ja deziras emfazi pri tiu ĉi verko du aferojn... Unue, ne ekzistas en Esperanto io komparebla: temas pri la unua tia serioza superrigarda literatura historio en nia lingvo – post 130 jaroj da Esperanto-literaturo. Tio en si mem igas la verkon atentinda: simple aŭdaci produkti tiel vastetendan kompilaĵon meritas admiron.

Aliflanke, la koncepto de la verko levas plurajn iom tiklajn demandojn. Mi jam aludis al mia aserto, ke Esperanto-literaturo estas esence tradukita fenomeno: eĉ la originalaĵoj estas certagrade filtrataj tra la naciaj konceptoj de la verkantoj, kiuj ĉiuj iasence pendas inter kreo de Esperanto-verkoj indaj al komparo kun naciaj verkoj kaj kreo de Esperanto-verkoj fidelaj al la formiĝanta Esperanta literatura tradicio. En tiu kunteksto, apartigi la originalan literaturon disde

25 Sed vidu la finan ĉapitron de Auld 1978.

26 Minnaja k Silfer 2015.

la tradukita neeviteble distordas la bildon.[27] Pli grave, verki tiajn literaturajn historiojn, bazitajn sur interkonsentitaj juĝoj pri kvalito kaj kanoneco, signifas levi demandosignojn inter tiuj postmodernistoj, kiuj pridemandas kaj pridubas tiujn kategoriojn, inkluzive tiujn kiujn mi jam menciis kunlige kun la koncepto mondliteraturo. En tiun opiniuraganon brave marŝis niaj literaturhistoriaj kompilintoj, kiuj tamen ŝajnis tute surprizitaj pri la rezultaj ambuskoj.

Tiuj internaj bataloj ne malfortigas la gravecon verki pli da literaturaj studoj, se nur por distingi la trajtojn de la Esperanto-literaturo, ĝian direkton, kaj ĝian pliampleksiĝon. Same gravas atentigi la eksterstarantojn pri la ekzisto de tiu literaturo kaj la ebleco ligi ĝin al komparaj literaturaj studoj kaj al konceptoj de tutmonda literaturo (temo aparte aktuala nuntempe). Ĉi tie ludas rolon (kaj povus fortigi tiun rolon) la meritplenaj revuoj *Beletra Almanako* kaj *Literatura Foiro*. La verkoj de Geoffrey Sutton kaj de la bedaŭrata Paul Gubbins meritas ĉi-kuntekstan mencion. Jam delonge Esperanto havas sian lokon en la *Enciklopedio Princeton pri Poezio kaj Poetiko,* kaj daŭre ampleksiĝas la reta prezento de nia literaturo.[28]

Same kiel Esperanto estas lingvo inter lingvoj – kaj necesas tion emfazi kaj studi – ĝi estas kulturo inter kulturoj, eble de alia speco, sed vigla kaj studinda, kiel Auld, kiun mi citis komence de tiu ĉi eseo, prave asertis en sia rolo kiel redaktoro de la revuo *Monda Kulturo.* Tiu revuo, eldonita de UEA, daŭris nur kvinon da jaroj: la vojo al rekono estas malfacila. Indas ke ni esperantistoj pli zorge atentu niajn jamajn atingojn por povi per ili atingi pli da rekono kaj prestiĝo.

---

27 Tamen ne mankas aludoj al la tradukita literaturo, sed ĝi ne estas enkadrigita en la koncepto kaj realigo de la verko.

28 Sutton 2008, Gubbins 2012, Tonkin 2012.

CITITAJ VERKOJ

Anderson, Benedict. 1983. *Imagined Communities: Reflections on the Origin and Spread of Nationalism.* London and New York: Verso.

Apter, Emily. 2013. *Against World Literature: On the Politics of Untranslatability.* London: Verso.

Auld, William. 1976. *Facetoj de Esperanto.* Londono: Brita Esperanto-Asocio.

Auld, William. 1978. *Pri lingvo kaj aliaj artoj.* Antverpeno / La Laguna: TK.

Auld, William. 1986. *Kulturo kaj internacia lingvo.* Chapecó, Brazilo: Fonto.

Bloom, Harold. 1973. *The Anxiety of Influence.* Oxford: Oxford University Press.

Bourdieu, Pierre. 1982. *Ce que parler veut dire : L'économie des échanges linguistiques.* Paris: Fayard.

de Swaan, Abram. 2001. *Words of the World.* London: Polity Press.

Casanova, Pascale. 1999. *La république mondiale des lettres.* Paris: Éditions du Seuil. Trad. M.B. DeBevoise 2004, kiel *The World Republic of Letters.* Cambridge, MA: Harvard University Press.

Cassin, Barbara. 2004. *Vocabulaire européen des philosophies: Dictionnaire des intraduisibles.* Paris: Éditions de Seuil. Trad. 2014 kiel *Dictionary of Untranslatables: A Philosophical Lexicon.* Princeton: Princeton University Press.

Damrosch, David. 2003. *What Is World Literature?* Princeton: Princeton University Press.

Danticat, Edwidge. 2017. *The Art of Death.* New York: Graywolf Press.

Dobrzynski, Roman. 2003. *La Zamenhof-strato.* Kaunas: Varpas.

Grabowski, Antoni. 1904. *Kondukanto de l' interparolado kaj korespondado.* Parizo: Hachette.

Greenberg, Joseph. 1963. *Universals of Language.* Cambridge, MA: MIT Press.

Gubbins, Paul, red. 2012. *Star in a Night Sky: An Anthology of Esperanto Literature.* London: Francis Boutle.

Hastings, Adrian. 1997. *The Construction of Nationhood.* Cambridge: Cambridge University Press.

Hobsbawm, Eric, k Terence Ranger, red. 1983. *The Invention of Tradition.* Cambridge: Cambridge University Press.

Kabe (Kazimierz Bein), trad. 1906. *Pola Antologio.* Parizo: Hachette.

Kirsch, Adam. 2016. *The Global Novel: Writing the World in the 21st Century.* New York: Columbia Global Reports.

Korĵenkov, Aleksander. 2009. *Homarano: La vivo, verkoj kaj ideoj de d-ro L.L. Zamenhof.* Kaliningrado: Sezonoj / Kaunas: Litova Esperanto-Asocio.

Lahiri, Jumpa. 2016. *In Other Words,* trad. Ann Goldstein. New York: Knopf.

Lapenna, Ivo, Ulrich Lins k Tazio Carlevaro. 1974. *Esperanto en perspektivo.* London: CED / Rotterdam: UEA.

Li Yiyun. 2017. To speak is to blunder: Choosing to renounce a mother tongue. *New Yorker,* 2 Jan: 30-33.

Minnaja, Carlo, k Giorgio Silfer. 2015. *Historio de la esperanta literaturo.* La Chaux-de-Fonds, Svislando: Literatura Foiro.

Mizumura, Minae. 2015. *The Fall of Language in the Age of English,* trad. Mari Yoshihara k Juliet Winters Carpenter. New York: Columbia University Press.

Selasi, Taiye. Parolado www.ted.com

Spivak, Gayatri Chakravorty. 2003. *Death of a Discipline.* New York: Columbia University Press.

Sutton, Geoffrey. 2008. *Concise Encyclopedia of the Original Literature of Esperanto.* New York: Mondial.

Szymborska, Wisława. 2015. *Mi inventas la mondon,* red. Wojciech Ligęza. Bjalistoko: Podlaĥia Biblioteko Łukasz Górnicki k.a.

Tonkin, Humphrey. 2006. Postparolo. En William Shakespeare, *Hamleto, Reĝido de Danujo,* trad. L.L. Zamenhof. Rotterdam: UEA.

Tonkin, Humphrey. 2010. The semantics of invention: Translation into Esperanto. En Humphrey Tonkin k Maria Esposito Frank, red. *The Translator as Mediator of Cultures.* Amsterdam: Benjamins. 169-190.

Tonkin, Humphrey. 2012. Esperanto poetry. En Roland Greene k Stephen Cushman, red. *The Princeton Encyclopedia of Poetry and Poetics,* kvara eld. Princeton: Princeton University Press. 457-458.

Waringhien, Gaston. 1987. *Beletro, sed ne el katedro.* Antverpeno: Flandra Esperanto-Ligo. [Dua eld. de la verko: *Eseoj I: Beletro,* 1956]

Wellek, René, k Austin Warren. 1942. *Theory of Literature.* New York: Harcourt Brace.

Zamenhof, L.L. 1929. *Originala Verkaro,* red. J. Dietterle. Leipzig: Ferdinand Hirt & Sohn.

Indekso